Leonardo Boff

Die Suche nach dem rechten Maß

THEOLOGIE

Forschung und Wissenschaft

Band 71

LIT

Leonardo Boff

Die Suche nach dem rechten Maß

Wie der Planet Erde wieder ins Gleichgewicht kommt

Deutsche Übersetzung Bruno Kern

LIT

Umschlagbild:
Nadine Respondek, aus: *Karussell oder als wir fortgingen*
(Leipzig 2022) www.nadinerespondek.de

Übersetzung und Druck wurden gefördert durch einen Zuschuss
des Bischöflichen Hilfswerks MISEREOR e. V.

Titel der Originalausgaben:
O pescador ambicioso e o peixe encantado. A busca da justa medida
A busca da justa medida. Como equilibrar o Planeta Terra
erschienen bei Editora Vozes, Petrópolis, 2022

∞

Gedruckt auf alterungsbeständigem Werkdruckpapier entsprechend
ANSI Z3948 DIN ISO 9706

Bibliografische Information der Deutschen Nationalbibliothek
Die Deutsche Nationalbibliothek verzeichnet diese Publikation in der Deutschen Nationalbibliografie; detaillierte bibliografische Daten sind im Internet über http://dnb.dnb.de abrufbar.

ISBN 978-3-643-15387-6 (br.)
ISBN 978-3-643-35387-0 (PDF)

Verlagskontakt:
Fresnostr. 2 D-48159 Münster
Tel. +49 (0) 2 51-62 03 20
E-Mail: lit@lit-verlag.de https://www.lit-verlag.de

Auslieferung:
Deutschland: LIT Verlag, Fresnostr. 2, D-48159 Münster
Tel. +49 (0) 2 51-620 32 22, E-Mail: vertrieb@lit-verlag.de

Für Pedro Ribeiro de Oliveira, beispielhaft für das rechte Maß in seiner Haltung und seinem Urteil als Soziologe, Gesellschaftsanalytiker und engagierter Christ. Für seine Frau Teresa Sartorio, die sich den Armen widmet und sich um sie kümmert.

Inhalt

Zur Einführung

Wohin wir unseren Blick auch richten, sehen wir Übertreibungen jeglicher Art. Im persönlichen Umfeld hält sich die übertriebene Macht des Mannes über die Frau immer noch hartnäckig. Es gibt Gewaltexzesse und Hass zwischen Menschen und Nationen. Innerhalb der Gesellschaft gibt es soziale Konflikte im Übermaß aufgrund der schwerwiegenden sozialen Ungerechtigkeit, rassistischer Vorurteile und Vorbehalte gegenüber Menschen mit anderer sexueller Orientierung und aufgrund des Fundamentalismus einiger Religionen und Kirchen, die all diejenigen ausgrenzen, welche nicht gemäß ihren Lehren denken und handeln. Im Wirtschaftsleben haben wir es mit der übertriebenen und perversen Akkumulation von Reichtum in den Händen einiger weniger und auf der anderen Seite mit der extremen unmenschlichen Armut und dem Elend eines großen Teils der Menschheit zu tun. In ökologischer Hinsicht herrschen eine exzessive Ausbeutung der Güter und Kapazitäten der Natur und die allgemeine Respektlosigkeit gegenüber der Mutter Erde vor. Wir erleben große Hitze auf der einen Seite und große Kälte auf der anderen Seite, den Schwund der Artenvielfalt, die Ausbreitung von Viren, die zum Teil tödlich sind, wie etwa jenes Virus, das im Jahr 2019 den gesamten Planeten heimsuchte, Covid-19, und vieles mehr.

Diese exzessiven Entwicklungen zeigen den Verlust des rechten Maßes und der Mäßigung an – grundlegender Voraussetzungen also, die das Leben der Natur und die persönlichen sowie gesellschaftlichen Beziehungen der Menschen in einem Gleichgewicht halten, welches Nachhaltigkeit und ein gutes Leben garantiert.

Ich bin mir gewiss, dass das Ausmaß der Schädigung des Planeten Erde und die Art und Weise, wie sich Menschen und Nationen zueinander in Beziehung setzen, nicht so weitergehen können wie bisher. Die *Erd-Charta*, ein bedeutendes Dokument über die Werte und Grundsätze zur Rettung des Gemeinsamen Hauses und des Lebens, das von der UNESCO verabschiedet wurde, spricht bereits mit ihrem ersten Satz folgende ernste Warnung aus:

> Wir stehen an einem kritischen Punkt der Erdgeschichte, an dem die Menschheit den Weg in ihre Zukunft wählen muss […]. Wir haben die Wahl: Entweder bilden wir eine globale Partnerschaft, um für die Erde und füreinander zu sorgen, oder wir riskieren, uns selbst und die Vielfalt des Lebens zugrunde zu richten. (Erd-Charta ^{4}2003, 7–8)

Papst Franziskus formuliert in seinen beiden Enzykliken, *Laudato si'. Über die Sorge für das gemeinsame Haus* (2015) und *Fratelli tutti* (2020), noch radikaler, dass wir „als weltweite Gemeinschaft in einem Boot" sind und „dass keiner sich allein retten kann" (*Fratelli tutti*, 32).

Schließlich sollten wir auf die Worte eines der letzten großen Naturforschers, des Franzosen Théodore Monod (1902–2000), hören. Er hat uns als sein Testament einen Text hinterlassen, der den Titel trägt: *Et si l'aventure humaine devait échouer?* (2002). Übersetzt heißt das in etwa: Und wenn das Experiment Mensch scheitern musste? Darin schreibt er: „Wir sind eines unvernünftigen und dummen Benehmens fähig. Ab nun kann man alles befürchten, sogar die Auslöschung der menschlichen Spezies." (Monod 2002, 246). Und er fügt noch hinzu: „Dies wäre der gerechte Preis für unsere Verrücktheiten und Grausamkeiten." (Monod 2002, 248)

Die aktuelle besorgniserregende Situation der Erde, des Lebens und der Zukunft unserer Zivilisation geht auf das Zusammenwirken vieler Faktoren zurück. Der erste hat mit dem Planeten Erde selbst zu tun, der dem großen Prozess der Evolution des Universums unterworfen ist. Auch die Erde selbst macht eine Entwicklung durch und strebt angesichts des Wachstums der Spezies Mensch mitsamt ihren Konsumbedürfnissen ein Gleichgewicht an. Ein weiterer, vielleicht bedeutenderer, Faktor geht auf den Menschen zurück, der 83 % des Planeten in Beschlag genommen hat – und zwar in verheerender Weise in seiner Gier nach Akkumulation materieller Güter und einer unbegrenzten Entwicklung. In dieser Hinsicht sind die Hauptverantwortlichen für die Bedrohungen, denen das Leben und das Gleichgewicht der Erde ausgesetzt sind, die global miteinander vernetzten Großkonzerne, die angesichts der Grenzen des Planeten nicht die genügende Sorge walten lassen und stattdessen in ihrer gefräßigen Gier ohne jegliches individuelles oder korporatives Maß den Akkumulationsprozess vorantreiben und dabei den großen Teil der in Armut versinkenden und leidenden Menschheit ausgrenzen. Nicht die große Mehrheit der Armen ist also die Hauptschuldige für den Verlust des rechten Maßes, welches eine hoffnungsvolle Zukunft für alle garantieren könnte.

Dieses dramatische Szenario erinnert mich an eine Erzählung, die ich Ende der Sechzigerjahre in Deutschland kennengelernt habe, als ich gerade mein Studium an der Universität München abgeschlossen hatte. München zeichnet sich durch eine große und recht vielfältige Theaterszene aus. Eine der Spielstätten ist das *Münchener Theater für Kinder* in der Augustenstraße, das ich mehrmals besuchte, um mein Deutsch zu verbessern. Hier brachte man die berühmten traditionellen deutschen volkstümlichen Erzählungen auf die Bühne, die seinerzeit die Brüder Grimm in ihren *Kinder- und Hausmärchen* gesammelt hatten.

In diesem Kindertheater lauschte ich der Aufführung der Geschichte vom ehrgeizigen Fischer und dem in einen Fisch verzauberten Prinzen, wie ich es in meinen Worten formuliere. Sehr bald begriff ich die Tragweite dieser Geschichte, denn sie kann als Gleichnis für unsere kulturelle Situation verstanden werden, deren Kennzeichen der Ehrgeiz ist, immer mehr zu haben, ohne Grenzen zu wachsen, die Gier anzustacheln – und dies ohne jeden Sinn für Maß und Mäßigung. Das führt sogar zu so absurden Vorstellungen wie der, sich für den „kleinen Gott auf Erden“ zu halten.

Ich interessierte mich für den Autor dieser Geschichte. Es war Philipp Otto Runge (1777–1810), ein zu seiner Zeit angesehener Maler. Er erkrankte an Tuberkulose und starb jung, mit nur 33 Jahren. Er interessierte sich für volkstümliche Erzählungen und nahm an Gesprächsrunden teil, bei denen man sich nachts traditionelle Geschichten des Volkes oder auch selbst erfundene Geschichten erzählte. Bei einer dieser Runden wartete der Maler Runge nun mit eben jener Geschichte auf, die ursprünglich eine Volksüberlieferung darstellte, der er aber eine literarische Gestalt gab unter dem Titel *Von dem Fischer un syner Fru*. Danach wurde sie von den Brüdern Grimm in ihre berühmte große Märchensammlung aufgenommen.
Die Erzählung verbreitete sich daraufhin in der ganzen Welt unter verschiedenen Versionen. Einige sind länger und mit vielen Details ausgeschmückt, andere wiederum eher nüchtern und kurz.
Ich habe selbst meine eigene, konzentriertere, Version geschaffen, dabei aber den ursprünglichen Sinngehalt der Erzählung gewahrt.

I. Der Verlust des rechten Maßes und der Achtsamkeit

Der ehrgeizige Fischer und der verzauberte Prinz

Mehr als viele Worte mag diese Erzählung von Otto Runge zur Klärung dessen beitragen, was die Übertreibung und das Fehlen jeden rechten Maßes bedeuten, die so typisch sind für unsere Kultur. Hören wir zu:

Es war einmal ein armes, einfaches Fischerehepaar, das in einer elenden Hütte am Ufer eines Sees lebte. Eines Tages war es der Fischer leid, selbst angeln zu gehen, und er bat seine Frau, sie möge das an seiner statt tun, wie sie es schon zuweilen gemacht hatte. Widerstrebend willigte sie schließlich ein und ging an den See. Und siehe da, sie zog an ihrer Angel einen sehr seltsamen Fisch an Land, von einer Art, die sie nicht kannte. Der Fisch hub sogleich an zu sprechen: „Töte mich nicht, denn ich bin nicht einfach irgendein Fisch! Ich bin ein Prinz, dazu verdammt, in diesem See mein Dasein zu fristen. Lass mich am Leben als einen verzauberten Prinzen!" Sie ließ ihn tatsächlich am Leben.

Als sie nach Hause kam, erzählte sie ihrem Mann, was sich zugetragen hatte. Dieser war voller Begierde und Ehrgeiz und schlug ihr sogleich vor: „Wenn er tatsächlich ein verzauberter Prinz ist, dann kann er uns helfen, und sogar sehr. Du kannst jeden Tag dorthin gehen, an meinen üblichen Platz, denn er kennt ihn schon, und dann bitte ihn darum, unsere Hütte in ein schönes kleines Haus zu verwandeln."

Sie willigte ein, und am nächsten Tag ging sie zum See und rief nach dem verzauberten Prinzen. Dieser kam tatsächlich, und sie sagte sogleich: „Ich wünsche mir sehr, dass unsere Hütte in ein hübsches kleines Haus verwandelt werde." Der Fisch erwiderte: „Nun, dein Wunsch sei dir erfüllt."

Als sie nach Hause kam, erblickte sie ein bunt bemaltes kleines Haus. Es gab Fenster mit roten Rahmen, mehrere Zimmer, eine Küche und einen Garten mit Hühnern und Obstbäumen. Das Paar war glücklich. Doch schon nach fünf Tagen gab sich der habgierige Fischer mit dem kleinen Haus nicht mehr zufrieden und sagte: „Sicher, das Häuschen ist sehr schön und gemütlich. Doch wir können mehr haben, denn der verzauberte Prinz ist mächtig und großzügig. Ich will, dass das kleine Haus in ein prunkvolles Schloss verwandelt wird."

Die Frau zögerte erst, dann ging sie zum See. Mit lauter Stimme rief sie nach dem verzauberten Prinzen. Dieser kam und fragte: „Was willst du noch von mir?" Sie antwortete: „Mein Mann möchte noch, dass du unser schönes Häuschen in ein Schloss verwandelst." „Nun, dein Wunsch sei dir gewährt", antwortete der Fisch.

Als sie nach Hause kam, erblickte sie ein mächtiges Schloss mit Türmen und Gärten, und der Gatte war selbst wie ein Prinz gekleidet. Voller Hochmut trat er vor den festlichen Eingang zum Schloss.

Es dauerte nicht lange, da sagte der überaus ehrgeizige Mann zu seiner Frau, indem er auf die grünen Felder und auf die Berge in der Ferne deutete: „Ich möchte mehr. All das kann uns gehören. Geh zum verzauberten Prinzen und bitte ihn, uns ein ganzes Reich zu schenken.

Die Frau empfand Abscheu vor dem Mann, der immer nur mehr wollte, doch schließlich ging sie hin. Sie rief den verzauberten Prinzen, und dieser kam.

„Was willst du jetzt noch von mir?" fragte er. Darauf erwiderte die Fischersfrau: „Mein Mann möchte gern mehr haben: ein Reich mit allen Ländereien und Bergen, soweit man sehen kann." „Nun, deinem Wunsch sei entsprochen", sagte der Fisch.

Als sie zurückkam, fand sie einen prächtigen Königspalast vor. Und in seinem Inneren war ihr Mann, in königlichen Gewändern und mit einer Krone auf dem Haupt. Er sah über die Maßen imposant aus, war von Prinzen und Prinzessinnen, Hofdamen und Dienern umgeben. Beide waren nun eine gute Zeit lang zufrieden.

Nun aber nahm die Gier beim Mann zu, und er träumte von Höherem, wollte noch mehr und sagte: „Du, meine Frau, könntest den verzauberten Prinzen bitten, mich zum Papst zu machen, mit all dem Pomp und der Pracht, die dazugehören.“ Die Frau war verwirrt. „Das ist absolut unmöglich. Es gibt nur einen einzigen Papst auf der Welt.“

Doch er kannte keine Grenzen mehr und übte so viel Druck aus, dass die Frau schließlich ging und den Prinzen voller Demut bat: „Mein Mann will, dass du ihn zum Papst machst.“ „Nun, dein Wunsch sei dir erfüllt“, sagte dieser.

Als sie zurückkam, sah sie den Mann in den feierlichen Gewändern des Papstes, mit einer Tiara auf dem Haupt, von Kardinälen, Bischöfen und einer Volksmenge umgeben. Sie alle knieten vor ihm und empfingen seinen Segen. Er war fast außer sich, denn er fand die Ehre, die ihm erwiesen wurde, schon übertrieben.

Doch nach einigen Monaten war der Mann von einem Wunsch ergriffen, der alle Grenzen hinter sich ließ, und sagte: „Jetzt fehlt mir nur noch eins, und ich habe das glühende Verlangen, dass der Prinz mir nur noch diese eine Sache gewährt: Ich möchte die Sonne und den Mond aufgehen lassen; ich möchte wie der liebe Gott sein.“ Zutiefst erschrocken angesichts dieser Anmaßung sagte die Frau und betonte dabei jedes einzelne Wort: „Das wird der verzauberte Prinz sicherlich nicht tun können. Dieser dein Wunsch ist einfach übertrieben und kennt kein Maß mehr.“

Doch unter dem allzu starken Druck des Mannes und verwirrt begab sich die Frau zum See. Es zitterten ihr die Knie und ihr Atem stockte. Sie würde um die Erfüllung eines Wunsches bitten, der jedes Maß verloren hatte und der ihrer Ansicht nach die Grenzen des Menschseins nicht kannte. Sie rief den Fisch. Und dieser fragte sie: „Was willst du denn noch von mir?“ Sie sagte fast flüsternd: „Ich will dich um eine letzte Sache bitten, die allzu übertrieben sein mag. Doch mein Mann verlangt sehr danach. Ich will, dass mein Mann die Sonne und den Mond aufgehen lässt, dass er wie der liebe Gott wird.“ Der verzauberte Prinz sagte: „Kehr nach Hause zurück, und du wirst eine Überraschung erleben.“

Als sie zurückkam, fand sie ihren Mann vor der Hütte sitzend vor, arm und ganz entstellt.

Ich glaube, der Fischer und seine Frau sind heute noch in dieser Hütte, zur Strafe für ihren maßlosen Ehrgeiz, für ihre Hybris von den griechischen Göttern, das heißt von der Letzten Wirklichkeit, verdammt.
Diese Erzählung ist ganz offensichtlich voller lehrreicher Lektionen für uns, denen wir nun nachdenkend auf den Grund gehen wollen. Zu allererst zeigt diese Erzählung, dass der Mensch ein Wesen des Begehrens ist. Dieses Begehren ist ein Grundzug unseres Daseins. Ohne das Begehren gibt es keinen Traum von einem besseren Leben, gibt es keine Utopien von einer gerechteren Welt, in der es mehr gelebte Geschwisterlichkeit gibt, und schließlich gibt es ohne das Begehren keine Verheißung eines Lebens, das kein Ende hat.
Bereits Aristoteles, einer der Gründerväter der abendländischen Philosophie, bemerkte, dass das Begehren an sich keine Grenzen kennt. Sigmund Freud, der Begründer der Psychoanalyse, betonte seinerseits, dass der Mensch ein begehrendes Wesen ist und dass dieses Begehren maßlos ist. Es will alles, sogar das ewige Leben.
Einem großen Teil seiner Psychoanalyse liegt die Frage zugrunde, wie man das Prinzip des Begehrens, das *Lustprinzip*, mit dem *Realitätsprinzip* in Einklang bringen könne. Wir müssen lernen, uns in unserem Begehren zwischen diesen beiden Polen zu bewegen, um uns in unserem Menschsein zu verwirklichen, uns nicht selbst zu zerstören und unserem Lebensraum, der Erde als unserem Gemeinsamen Haus, nicht zu schaden.
In diesem Zusammenhang ist es nützlich, Worte zu zitieren, die aus der alten chinesischen Weisheit stammen und die im *Tao Te King* überliefert sind:

> Es gibt keine größere Sünde als viele Wünsche.
> Es gibt kein größeres Übel als kein Genüge zu kennen.
> Es gibt keinen größeren Fehler als haben wollen.

Darum:
Das Genügen der Genügsamkeit ist dauerndes Genügen.
(Laotse, 89)

Die unterschiedlichen Formen des Begehrens

Die Erzählung des Malers Otto Runge offenbart die Dynamik des menschlichen Begehrens: Der Fischer will immer mehr und macht auf diese Weise die Grenzenlosigkeit des Begehrens deutlich. Das Begehren, mit dem unser Wesen ausgestattet ist, kann auch eine krankhafte Seite an sich zeigen, nämlich dann, wenn man nicht lernt, sich selbst zu beschränken, und schließlich Unmögliches will, etwas, das unsere realen Möglichkeiten übersteigt.
Das Begehren muss innerhalb der Grenzen des begrenzten Menschseins bleiben, es muss in der Welt, in Raum und Zeit und im Spannungsgefüge von *Lust-* und *Realitätsprinzip* verankert sein. Nur so erweist es sich als eine verändernde Kraft, die sich am *rechten Maß* orientiert, die lernt, *sich selbst zu begrenzen* und ein *Gleichgewicht* anzustreben: nicht zu viel, aber auch nicht zu wenig. Dieses Fehlen des rechten Maßes kommt in der Gestalt des ehrgeizigen Fischers zum Ausdruck.
Das Begehren dieses ehrgeizigen Fischers zeigt sich in unterschiedlichen Formen. Zuerst in der Form des *Trostes*, da er nicht mehr in einer armseligen Hütte, sondern in einem schönen, wohl eingerichteten *Haus* lebt. Dieser Wunsch ist legitim und findet sich bei all denen in Brasilien und auf der ganzen Welt, die in den Hütten der Elendsviertel an der Peripherie der großen Metropolen leben müssen. Es ist ein Menschenrecht, ein sicheres Dach über dem Kopf zu haben, denn wir sind keine Tiere unter freiem Himmel.
Doch der Fischer lässt sich von ungezügeltem Begehren hinreißen. Er will nicht mehr nur ein ordentliches Haus, sondern ein Schloss. Das Schloss ist das Symbol für einen höheren gesellschaftlichen Status, es ist etwas für Prinzen und Prinzessinnen. Er wird hochmütig

und genießt die Annehmlichkeiten, die mit einem komfortablen Leben in einem Schloss verbunden sind.
Doch sein Begehren wird stärker, und der Fischer gibt diesem Impuls nach. Er will ein *Reich*. Ein Reich haben heißt auch höchste politische Gewalt innehaben, Territorien und die entsprechende Bevölkerung beherrschen. Ein König hat eine Krone und ist von Prinzen und Prinzessinnen, Hofdamen und einer Dienerschaft umgeben. König sein heißt sich an der Spitze der sozialen Pyramide befinden. Alle anderen sind Untertanen, die ihm Ehrerbietung entgegenbringen. Dieser Wunsch bewegt sich jedoch noch innerhalb der Reichweite des menschlich Möglichen. Er kann ein wohltätiger König sein, ein Freund seines Volkes, der seine Macht in einen Dienst am Gemeinwohl verwandelt, oder er kann ein tyrannischer König sein, der dem Volk und insbesondere den Armen Verachtung entgegenbringt. Der ehrgeizige Fischer gibt zu verstehen, dass er mehr an sich selbst und an die höchste Macht denkt als daran, seiner Macht eine soziale Bedeutung zu verleihen.
Da das Begehren an sich keine Grenzen kennt, strebt der ehrgeizige Fischer eine Macht anderer Art an, nämlich die *religiöse Macht* eines Papstes, dem laut Kirchenrecht absolute, direkte und unmittelbare Gewalt über jeden Gläubigen und die gesamte Kirche zukommt. Der Fischer wird von seiner Frau darüber belehrt, dass es nur einen Papst gibt und dass sein Wunsch übertrieben, also krankhaft und ohne jeglichen Sinn für Grenzen sei. Doch wie mit der Brechstange setzt er sich durch, erreicht die Einwilligung des Fisches, das heißt des verzauberten Prinzen, und wird Papst. Jeder Papst ist von Kardinälen umgeben, verwendet Symbole, die – als Erbe der römischen Kaiser – Pomp und Glorie zum Ausdruck bringen, und bekommt Beifall von den Gläubigen, die seinen Segen erbitten. Hier zeigt sich das Begehren klar als maßlos und ist deshalb Ausdruck dessen, was die alten Griechen *Hybris* nannten, also maßlose Überheblichkeit.
Doch das Begehren des Fischers geht bis zum Äußersten: Er will göttliche Gewalt, die weit mehr als religiöse Gewalt ist. Er will letzt-

lich wie der liebe Gott selber sein. Er will das Ganze beherrschen und sich als Höchste Wirklichkeit erweisen, die Himmel und Erde erschaffen hat und das ganze Universum im Sein hält. Hier bringt das Begehren den ehrgeizigen Fischer an den Rand des Wahnsinns oder der absoluten Perversion des Prinzips des Begehrens. Er will das Unmögliche, was bereits in der Bibel als die größte Versuchung entlarvt wird: „Ihr werdet sein wie Gott und Kenntnis von allem haben." (Gen 3,5) Die Übertreibung erreichte ihren absoluten Höhepunkt, und weiter konnte man nicht gehen. Die Folge davon ist wie bereits in der Bibel geschildert: die Vertreibung aus dem irdischen Paradies. Der ehrgeizige Fischer wurde dazu verurteilt, zu seiner Ausgangssituation zurückzukehren. Alles löste sich in Luft auf und er wurde wieder zu einem einfachen Fischer, verarmt, vor seiner Hütte sitzend, wie früher. Das absolute Fehlen des rechten Maßes und der Selbstbegrenzung lässt ihn alles verlieren.

Eine wichtige Rolle kommt der *Frau* des Fischers zu. Mit feinem Gespür erteilt sie dem Mann Ratschläge. Sie ist sich der Aufwärtsspirale des Begehrens und dessen zügelloser Übertreibung bewusst. Sie repräsentiert die Stimme des Bewusstseins von den dem menschlichen Begehren auferlegten Grenzen, sofern er Mensch bleiben und Gutes bewirken will. Sie weiß, wie lächerlich es ist, dass ihr Mann Papst sein will, und wie absurd es ist, wie der liebe Gott sein zu wollen. Sie sieht sich gezwungen, den verzauberten Prinzen um die Erfüllung dieses wirklich alles Maß sprengenden Wunsches zu bitten. Sie gehorcht widerwillig.

Deshalb spricht sie nicht mit dem verzauberten Prinzen, sie flüstert kaum hörbar vor Scham. Die Worte bleiben ihr im Hals stecken, und ihre Knie zittern. Sie ist die Person, die das Bewusstsein vom rechten Maß verkörpert, das Mäßigung empfiehlt und übertriebenen Ehrgeiz, Ehrgeiz nach Dingen, die sich nicht verwirklichen lassen, verurteilt. Doch sie war das Opfer der tyrannischen Macht ihres Mannes und unterlag schließlich.

Sie steht symbolisch für das tragische Schicksal der Frauen, die seit undenklicher Zeit Machismus und patriarchalischen Autoritarismus ertragen müssen. Die Erzählung Otto Runges erschließt keinen Weg für die Befreiung der Frau, denn er hatte noch nicht das geschärfte Bewusstsein für die grundlegende Gleichheit und wechselseitige Verwiesenheit von Mann und Frau aufeinander. Nun ist dafür die Zeit gekommen, und die Frauen sind heute die Protagonistinnen ihrer eigenen Befreiung und gleichermaßen der Befreiung derer, die sie unterdrücken. Dies wäre die volle Verwirklichung des rechten Maßes, wenn alle Personen jeweils als Frau und als Mann gemeinsam ein dynamisches Gleichgewicht der Beziehungen hervorbringen, wenn sie gemeinsam nach denselben Zielen streben und bei aller zu respektierenden, anzunehmenden und niemals als Ungleichheit anzusehenden Unterschiedenheit eine Konvergenz erreichen.

Der Fisch, also der verzauberte Prinz, steht für eine Kraft ganz anderer Art. Er ist die Erscheinung des Numinosen und des Heiligen, das sich stets als wohlwollend und bereit erweist, den Wünschen der Menschen zu entsprechen, auch den übertriebensten, wenn sie sich noch im Rahmen des menschlich Möglichen bewegen. Doch es duldet die Aneignung seiner göttlichen Wesensart nicht, denn das Geschöpf darf sich niemals anmaßen, den Platz des Schöpfers einzunehmen. Dieser hat uns als *schöpferische Wesen* geschaffen, die mit einer Struktur des Begehrens ausgestattet und fähig sind, die Wirklichkeit mit ihren Träumen, Utopien und dem, was möglich ist, umzugestalten. Doch er stattete uns mit einem Verstand aus, der in der Lage ist, Übertreibungen zu erkennen und stets von Neuem in allen Unternehmungen das rechte Maß zu suchen. Das war beim habgierigen Fischer nicht der Fall.

Doch der Schöpfer geht mit der Überheblichkeit und Anmaßung eines geschaffenen Wesens, das sich als ein „kleiner Gott in dieser Welt" versteht und seine Daseinsverfassung als Kreatur vergessen hat, die stets mit seinem Schöpfer verbunden und von ihm abhängig ist, streng ins Gericht. Wenn diese letzte Schranke durchbrochen

wird, ist die Folge der Verfall des Menschen und die Entmenschlichung.
Die Erzählung ruft uns dazu auf, auf unsere Wünsche zu achten, sie in die Grenzen der Daseinsverfassung der Menschen als geschaffene Wesen, der Conditio humana, zu verweisen und ein Verhalten an den Tag zu legen, das sich ohne Überheblichkeit und ohne zügellose Habgier, die immer mehr haben anstatt mehr sein will, am rechten Maß orientiert.

Die Conditio humana oder was der Krise unserer Welt zugrunde liegt

Nachdem wir das traurige Schicksal des ehrgeizigen Fischers betrachtet haben und uns unserer natürlichen Grenzen bewusst geworden sind, müssen wir uns über das klar werden, was den tödlichen Bedrohungen, denen wir ausgesetzt sind, zugrunde liegt. Sie werden fast immer aus unserem Alltagsbewusstsein getilgt, und deshalb denken wir nur selten an sie. Doch genau sie sind es, die dafür sorgen könnten, dass wir weder zu naiven Optimisten noch zu verbitterten Pessimisten, sondern vielmehr zu Realisten mit einem gesunden Urteilsvermögen werden.
Die Grenzen, auf die ich mich hier beziehe, sind keine Defekte der Schöpfung, sondern gehören zuinnerst zu unserer konkreten Daseinsverfassung als Menschen, zu unserer Conditio humana. Wir sind Geschöpfe und nicht der Schöpfer. Wir haben uns das Dasein nicht selbst verliehen, wir haben es vielmehr umsonst und auf geheimnisvolle Weise empfangen. Wer kann denn sagen: Mich muss es einfach geben? Und dennoch finden wir uns überraschend als unter ganz bestimmten Bedingungen auf diesem Planeten lebend vor. Es gibt einige Grenzen, die uns wie Schatten stets begleiten. Drei davon wollen wir hier näher betrachten.

Der Mensch: ein bedürftiges Mängelwesen, Homo sapiens und demens zugleich, ein begehrendes Wesen

Das erste Grunddatum ist unser natürliches Dasein als Wesen ohne jedes spezialisierte Organ. Alle Tiere verfügen über ein solches spezialisiertes Organ, welches ihnen das Überleben garantiert. Wenn zum Beispiel ein Entenküken schlüpft, dann schwimmt es sogleich. Es muss nicht erst schwimmen lernen. Von Geburt an ist es mit dieser Fähigkeit ausgestattet.

Beim Menschen verhält es sich nicht so. Er kommt mit einem grundlegenden biologischen Mangel und Defizit behaftet auf die Welt. Wenn der Säugling von der Mutter verlassen wird, dann kann er nicht aus seiner Wiege heraus, um Nahrung für sein Überleben zu suchen. Jemand muss sich seiner annehmen und ihm zu essen geben. Als Erwachsene müssen wir arbeiten, in die Natur eingreifen, um ihr all das zu entnehmen, was wir zum Leben brauchen. Die Dinge fallen nicht einfach vom Himmel.

Desgleichen verfügt der Mensch nicht über einen streng definierten Lebensraum, ein Habitat, wie die Tiere auf dem Land und die Vögel. Diese leben innerhalb eines bestimmten Territoriums, finden dort ihre Nahrung und vermehren sich.

Anders beim Menschen: Ohne einen klar umrissenen Lebensraum muss der Mensch die Erde selbst zu seinem Habitat machen. Deshalb muss er sich in positiver Weise zu ihr in Bezug setzen, sie umgestalten, sie bearbeiten und ihr das entnehmen, was er zum Leben braucht. Er muss einen fein ausgeprägten Sinn für Achtsamkeit haben, um der Erde nicht zu schaden, sondern vielmehr eine gastfreundliche Wohnstatt aus ihr zu machen. So schafft er einen gemeinsamen Lebensraum, das große Gemeinsame Haus für alle Menschen und die gesamte Natur.

Aufgrund dieses fundamentalen Mangels und Ungenügens beginnt er sich langsam mit der Natur in Beziehung zu setzen. Das beginnt mit den einfachen und harmonischen Interaktionen unserer Vorfah-

ren und reicht bis zur perversen und verbrecherischen Zerstörung heute.
Als zweites Grunddatum unserer konkreten menschlichen Daseinsverfassung lässt sich festhalten: Wir sind Homo sapiens, weil wir über Wissen, Intelligenz, Gefühle der Liebe, der Güte, der Zärtlichkeit, ein Gespür für das rechte Maß und für einen achtsamen Umgang mit allem, was existiert und lebt, verfügen. Doch zugleich können wir auch Homo demens sein, weil wir zu unvernünftigen Handlungen, zu Taten des Hasses, der Diskriminierung, der Überheblichkeit, ja sogar der Auslöschung von Leben fähig sind.
Ich möchte diesen Sachverhalt noch mit anderen Worten formulieren: Wir sind Wesen des Lichts und Wesen des Schattens. Das sind zwei Dimensionen, die in ein und derselben Person gleichzeitig vorhanden sind. Wir können auch sagen: Wir weisen eine sym-bolische (einende) und eine dia-bolische (trennende, zerstörende) Dimension auf. Andere sagen: In uns gibt es zugleich den Lebensimpuls (*eros*) und den Todestrieb (*thanatos*).
Je nach unserem Lebensentwurf treffen wir unsere Grundentscheidung: Entweder geben wir der Weisheit, der sym-bolischen Dimension des Lichts Raum oder wir lassen zu, dass die Seite der Dummheit, des Schattens, die dia-bolische Seite unserem Leben die Richtung vorgibt.
Vergessen wir hierbei nicht, dass beide Seiten immer zugleich in Erscheinung treten. Selbst wenn wir uns für die bessere Seite entschieden haben, wird uns die schlechtere stets begleiten. Doch entscheidend ist, dass wir die Grundentscheidung für die Seite des Lichts, des Guten, der Gerechtigkeit und der Liebe treffen, wenn wir glücklich sein und mit den anderen Menschen in Frieden zusammenleben wollen. Und zugleich ist es geboten, die andere Dimension (Missachtung, Hass, Rachegelüst, usw.) in Zaum zu halten, wenn sie uns und die anderen nicht ins Unglück stürzen soll.
Eine solche Auffassung hilft uns zu begreifen, dass niemand vollkommen und frei von Fehlern ist. Und ebenso ist niemand nur aus-

schließlich böse und von Bosheit gezeichnet. Daraus ergibt sich die Schlussfolgerung, dass wir für die konkrete und widersprüchliche Wirklichkeit eines jeden Menschen Verständnis haben müssen.

Im Grunde ist es nicht angemessen, jemanden vorzuverurteilen oder ihn lediglich unter dem Aspekt des Schattens, des Dia-bolischen, oder umgekehrt nur unter dem Aspekt des Lichts und des Symbolischen zu sehen. Wir sind beides miteinander vermengt und zusammengenommen. Das heißt nicht, dass alles gleichgültig ist und das „anything goes", die Beliebigkeit, bestimmend sein soll.

Ganz im Gegenteil: Es hängt von jedem Einzelnen ab, einer der beiden Dimensionen mehr Gewicht zu verleihen und die andere unter Kontrolle zu halten, ohne sie jedoch jemals austilgen zu wollen. In diesem Fall wird sie sich nur umso heftiger zurückmelden.

Diese Entscheidung begründet die Ethik, das heißt die Verhaltensweise, die wir als bestimmend zulassen: die Liebe und das Gute oder den Hass und die Bosheit, wenn auch beides miteinander vermengt bleiben wird. Doch es geht darum, was der vorherrschende Grundton in uns ist. Welchen Sinn und welche Richtung geben wir dem Leben?

Diese Sichtweise verpflichtet uns dazu, realistisch zu sein, das heißt weder allzu naiv dem Leben zu vertrauen noch ihm gegenüber allzu misstrauisch zu sein. Wir müssen das rechte Maß finden, das Mehr und das Weniger ermessen, unsere Entscheidung treffen und auf deren Grundlage auf möglichst ausgewogene und gerechte Weise unsere Urteile fällen.

Die dritte Grundgegebenheit unseres wirklichen Wesens ist: Wir sind von Natur aus begehrende Wesen. Wenn wir es recht betrachten, dann werden wir gewahr, dass die Struktur unseres Begehrens vom Grenzenlosen bestimmt ist. Wir begehren immer dieses oder jenes. Nie sind wir zufrieden. Dies zeigt sich klar in der Gestalt des habgierigen Fischers. Ein erfüllter Wunsch ist lediglich der Ausgangspunkt für einen noch größeren Wunsch. Das Ziel ist lediglich ein neuer Ausgangspunkt.

Aufgrund seiner begehrenden Grundstruktur entdeckt sich der Mensch selbst als einen unendlichen Entwurf voller Möglichkeiten. Er zeigt sich als cin Wesen der vollkommenen Öffnung: auf die Welt hin, auf den anderen hin, nach unten und oben und auch dem Unendlichen entgegengestreckt.

Der Mensch ist noch nicht geboren

Aus seinem innersten Impuls heraus sehnt sich der Mensch nach dem Unendlichen, doch er findet lediglich Endliches vor. Deshalb ist er von seinem Wesen her unersättlich und im Grunde unbefriedigt. Nur wenn er dem Unendlichen als der Entsprechung seiner unendlichen Sehnsucht begegnet, kann er Ruhe finden. Deshalb empfindet sich jeder Mensch auf dem Weg, noch in der Vorgeschichte seiner selbst. Er ist ganz, aber unvollständig. Er vervollkommnet sich stets, so als ob er sich im Stadium der Geburt befände. Er wird sich dessen bewusst, dass er noch nicht geboren ist, denn sein grenzenloses Begehren, sein unendlicher innerer Impuls hat den ihm angemessenen Gegenstand, das Unendliche, das ihn zur Ruhe kommen ließe, noch nicht gefunden.

Darin besteht eine große Herausforderung für jeden Menschen: zu lernen, in angemessener Weise zu begehren, sich darauf zu verstehen, das angemessene Ziel des Begehrens auszuwählen, zu unterscheiden, ob er sich ein Bedürfnis erfüllt oder ob etwas verzichtbar ist, weil das Verlangen danach bloß von der Werbung geweckt wurde, sich in seinem Begehren selbst begrenzen zu können und niemals zu meinen, dass ein erfüllter Wunsch die Fassungskraft unseres Verlangens voll ausschöpft (eine Liebe, ein Haus, ein Beruf, ein Erfolg im Leben).

Wenn der Mensch dieser Täuschung unterliegt, dann wird er bald frustriert sein, denn sein unendliches Begehren übersteigt alle erreichten endlichen Ziele. Es geht darum, diese Ziele zu durchschreiten, sie zu genießen, aber niemals in ihnen aufzugehen. Wir müssen verzichten lernen und lernen, uns mit dem Erreichbaren, dem Aus-

reichenden und dem, was uns ein anständiges Leben ermöglicht, zu begnügen, und dabei stets für die Impulse des Begehrens offen zu sein.
Jedes übertriebene Begehren und jede Übertreibung, die darin besteht, unserer unbegrenzten Sehnsucht keine Grenzen aufzuerlegen, kann uns frustrieren und damit unglücklich machen. Bereits in der schriftlichen Überlieferung von Judentum und Christentum heißt es: „Das Auge wird niemals müde zu sehen, und das Ohr lässt niemals davon ab, zu hören." (Koh 1,8)
Aus diesen Überlegungen ziehe ich die Schlussfolgerung: Die Art von aggressivem Verhalten gegenüber unserer Umgebung, gegenüber der Natur, gegenüber der Erde und in unserem Verhältnis als Menschen zueinander offenbart die Übertreibung im Habenwollen und Besitzen, in der Entscheidung für die vernunftlose Seite und für den maßlosen Wunsch, Menschen, Klassen, Völker, die Natur und das Leben zu erobern und zu beherrschen sowie Macht und materielle Güter ohne Grenzen anzuhäufen, so wie es der habgierige Fischer aus dem Märchen tat. Eine solche persönliche, gesellschaftliche und kulturelle Grundentscheidung ist die Wurzel und möglicherweise die Hauptursache für das allgemein verbreitete beunruhigende Missbehagen und für die dramatischen Gefahren, die die Menschheit und die Erde insgesamt in Schrecken versetzen. Alles wird davon abhängen, welche Art von Beziehung wir zur Natur und zur Mutter Erde dauerhaft pflegen.

Das rechte Maß

Das Fehlen des Gespürs für die Grenze und die Tatsache, dass dem modernen Menschen die Mäßigung völlig abhanden gekommen ist, hatten zur Folge, dass wir unseren Bezug zu den Grundlagen verloren haben, die uns den Erhalt unseres Lebens garantieren: zur Nahrung, für die es fruchtbaren Boden braucht, zum Wasser, zu geregelten Klimata, zu den Wäldern, der Artenvielfalt und zu all den im

Boden verborgenen Nährstoffen. Eine kleine Geschichte, die uns aus Nigeria überliefert ist, lässt uns die schwerwiegenden Folgen dieses Verhaltens erkennen.
Die Nigerianer in alten Zeiten stellten sich folgende Frage: Warum ist der Himmel so hoch oben? Er war doch einmal in unserer Reichweite. Warum hat er sich von uns entfernt? Warum müssen wir uns so sehr abmühen, um zu leben und zu überleben?

Warum sich der Himmel von der Erde entfernt hat

Diese Geschichte gibt Antwort auf die Fragen dieses Volkes, und sie hat auch für uns heute ihre Gültigkeit. Sie geht so:

Ganz am Anfang aller Dinge war der Himmel der Erde recht nah. In dieser Zeit mussten die Menschen nicht arbeiten. Immer wenn sie Hunger hatten, nahmen sie sich ein kleines Stückchen vom Himmel, aßen es und wurden satt, ohne jegliche Sorge und ohne größere Wünsche zu hegen.

Im Lauf der Zeit kam ihnen das Maßhalten abhanden, und sie entnahmen dem Himmel immer mehr Stücke, mehr als sie tatsächlich brauchten, um ihren Hunger zu stillen. Was den Himmel tatsächlich mit Abscheu erfüllte, war, dass sie das, was übrig blieb, in ein tiefes Tal warfen, das ihnen als große Müllhalde diente. Die Bewohner merkten das Unbehagen des Himmels, aber sie fuhren dennoch damit fort, ihm immer mehr Stücke zu entreißen, und dies ohne jede Mäßigung über das hinaus, was sie wirklich brauchten. Der Himmel beschwerte sich über diese völlig nutzlose Gier. Er wollte auf keinen Fall, dass sie in dieser Maßlosigkeit so weitermachten und dass am Ende ganze Stücke von ihm auf der Müllhalde des Dorfes landeten.

Als sie aber fortfuhren, ihm mehr zu entnehmen als sie brauchten, ließ ihnen der Himmel eine Reihe von Warnungen zukommen: „Wenn ihr euch nicht selbst beherrscht und ohne Not immer mehr Stücke von mir haben wollt, werde ich mich von der Erde entfernen.“

Für eine kurze Zeitspanne zügelten alle ihre Gier, mäßigten sich und entnahmen dem Himmel das, was sie zum Essen brauchten, ohne zu übertreiben. Der Himmel freute sich darüber, dass sich die Bevölkerung damit zufrieden gab, und blieb der Erde weiter nahe.

Doch eines Tages nahm sich ein verwegener Mann ohne jeglichen Sinn für die auferlegten Grenzen ein übertrieben großes Stück vom Himmel. Er aß und aß, bis er jegliches rechte Maß überschritt …

Da immer noch im Übermaß Essen vorhanden war, rief er seine Frau: Diese aß und aß auch ohne jegliches Maß, bis ihr schlecht wurde … Dennoch blieb immer noch eine riesige Menge von dem dem Himmel entnommenen Stück übrig.

Der Mann, der maßlos zugelangt hatte, war verwirrt. Er rief nun die Bevölkerung des ganzen Städtchens herbei. Alle aßen mehr als sie konnten, und einigen wurde übel. Und dennoch blieb ein gutes Stück vom Himmel übrig.

Da sie nicht mehr essen konnten, weil alle bereits jedes erträgliche Maß überschritten hatten, beschlossen sie, das, was übrig geblieben war, auf den Müllhaufen im tiefen Tal zu schmeißen.

Der Himmel erzürnte über die Maßen angesichts der Gier, der fehlenden Sorge, des fehlenden Respekts und des Fehlens jeglicher Mäßigung bei diesen Dorfbewohnern. Er entfernte sich ganz einfach von der Erde und damit von ihnen. Er schwang sich recht hoch hinauf, sodass ihn niemand mehr erreichen konnte. Nie wieder konnten sie ihm Stücke entreißen, um ihren Hunger zu stillen.

Seit dieser Zeit waren alle gezwungen, sich mit dem zufrieden zu geben, was sie in mühevoller Arbeit der Erde entnehmen konnten. Und sie fuhren fort zu arbeiten, bis heute. Sehnsüchtig denken sie an jenes goldene Zeitalter zurück, in dem der Himmel in Reichweite war und ihnen all das bot, was für ein bescheidenes, anständiges Leben für alle ausreichte.

Das Leben gibt den Sterblichen nichts ohne viel Arbeit

Kommt man einmal in diese nigerianischen Gegenden, dann wird man die Leute dort demütig und in Einklang mit der Natur die Erde bearbeiten sehen, um aus ihr die für das Leben und Überleben notwendige Nahrung herauszuholen.

Dies ist die klare Lektion, die wir aus dieser afrikanischen Erzählung ziehen können: Die Übertreibung, die Gier, das Fehlen des rechten Maßes, der Mäßigung, der Selbstbescheidung führen dazu, eine ganze Bevölkerung zu schädigen. Die frühere Unbekümmertheit um die Nahrung, die vom Himmel in Reichweite bereitgestellt wurde, ging aufgrund der übertriebenen Habgier und des Willens des einen verloren, mehr für sich zu haben und dabei die anderen zu vergessen.
Nun wird die Nahrung nur mittels viel Arbeit und Schweiß erworben. Die Alten sagten: „Das Leben gibt den Sterblichen nichts ohne viel Arbeit." Und das gilt auch noch heute.

Wann kam uns das rechte Maß abhanden?

Das Fehlen des rechten Maßes, die Vorherrschaft der unvernünftigen Seite und das in Gier umgeschlagene Begehren, wie sie uns in den bisherigen Überlegungen und Erzählungen begegnet sind, haben eine lange Geschichte. Es begann vor sehr langer Zeit, vor etwa 2,4 Millionen Jahren, mit dem *Homo habilis*.
Viele Erdzeitalter später trat der *Homo faber* in Erscheinung, das heißt der Mensch, der Werkzeuge benutzte. Mit dem Gebrauch solcher Mittel schuf er sich mehr Möglichkeiten des Zugangs zu Nahrung. Die Zunahme der Macht über die Natur bewirkte, dass er allmählich das Gespür für das rechte Maß und für die Selbstbeschränkung verlor.

Das Hervorbrechen der Vernunft im Menschen

Nun begann sich der Mensch der Güter und Kapazitäten der Natur schneller zu bemächtigen. Er steckte den Landbesitz ab, er schuf Zäune, um das, was er als seinen Besitz betrachtete, von dem abzugrenzen, was dem anderen gehörte. Schritt für Schritt gewann das Zeitalter der Zerstörung des Gleichgewichts der Natur, der Mutter Erde und der Gesellschaft an Kraft. Dies ging Hand in Hand mit der

Entstehung der Ungleichheiten zwischen dem, der mehr Macht innehat, und dem, der über weniger Macht verfügt.
Diese Tendenz, mehr und mehr zu wachsen, wurde zu einem ungezügelten Prozess, als vor etwa 100.000 Jahren der moderne Mensch die Bühne betrat, der Homo sapiens sapiens von heute. Er ist mit einem stärker entwickelten Gehirn und größeren rationalen Fähigkeiten ausgestattet. Es ist eine Sache, seit langer Zeit über Vernunft zu verfügen. Eine andere Sache ist aber die Rationalität, der intensive und instrumentelle Gebrauch der Vernunft, um immer mehr Eroberungen in Eurasien, in Europa, in Ozeanien und schließlich in Amerika zu machen. Von Europa aus schuf man wahre Imperien mithilfe der Rationalität und der Durchsetzungskraft politisch-militärischer Herrschaft.
Doch seien wir gerecht. Nicht immer gedieh die Aggression. Damals wie heute gab es Völker, die es verstanden und immer noch verstehen, sich innerhalb gewisser Grenzen zu behaupten, sich zu mäßigen, sich selbst zu begrenzen und sich mit dem zufriedenzugeben, was die Natur hergibt. Sie streben nach einem dynamischen Gleichgewicht zwischen dem, was sie der Natur entnehmen können, und dem, was sie ihr lassen müssen, damit sie sich erholt und regenerieren sowie ihre Biokapazität für die gegenwärtige Generation und die künftigen Geschlechter bewahren kann.
Insbesondere die Andenvölker verwirklichten und verwirklichen immer noch das, was wir das *buen vivir*, das erfüllte Leben, nennen, indem sie stets Harmonie und ein gerechtes Gleichgewicht wahren. Für dieses erfüllte Leben ist es nicht erforderlich, dass andere schlecht leben, wie dies in unserer Kultur der Fall ist. Mit einem Sinn für das rechte Maß bringen andere Völker wiederum die Wirtschaft mit der Erhaltung der Güter und Kapazitäten der Natur innerhalb einer Kreislaufwirtschaft ins Gleichgewicht, wie es zum Beispiel bei unseren ursprünglichen Völkern oder zeitlich noch früher unter anderem bei den Samen in Norwegen, Schottland und Sibirien der Fall war, die man gemeinhin Eskimos nannte.

Auf eine bislang nie völlig geklärte Art und Weise kam es im 5. Jh. v. Chr. zu etwas äußerst Seltsamem: Es ereignete sich das, was man später die „Achsenzeit“ (Karl Jaspers) nennen sollte. Es vollzog sich ein Quantensprung auf eine andere Ebene des menschlichen Bewusstseins. Praktisch fast gleichzeitig in Gegenden, die keinerlei Kontakt zueinander hatten, konnte man etwas feststellen, was danach weitreichende Folgen zeitigte: das Hervorbrechen der kritischen Vernunft, das heißt eines Niveaus der Erkenntnis, das sich nicht mehr mit traditionellen und konventionellen Erklärungen zufrieden gibt, die ihre Grundlage in Mythen und Traditionen haben. Man will nun darüber hinausgelangen. Dieses kritische Bewusstsein zielt darauf ab, die Ursachen und ihre Wirkungen rational zu verstehen, zu erkunden, wie die Natur funktioniert, welchen Mechanismen, Rhythmen und inneren Gesetzmäßigkeiten sie unterworfen ist.
Diese Art der Erkenntnis verlieh den Menschen viel mehr Macht. Sie konnten nun tiefer in das Naturgeschehen eingreifen und insbesondere mehr Vorteile aus ihr gewinnen, wie etwa bessere Fruchtfolgen, ertragreicheres Saatgut und noch reichere Ernten. Darüber hinaus drangen sie in die Böden und Berge ein und entnahmen Materialien, die es ihnen ermöglichten, Werkzeuge wie Hacken, Spaten, Messer, Schwerter und andere Metallgegenstände herzustellen.

Ein großer weltweiter Wendepunkt: die Achsenzeit

Kehren wir zur „Achsenzeit“ zurück. In etwa zur selben Zeit kam es zu einem überraschenden Wandel im Bewusstsein der Menschheit, und zwar mit Lao-tse und Konfuzius in China, mit Buddha in Indien, Zarathustra in Persien, den Propheten in Palästina, den Weisen der Maya in Mittelamerika, Sokrates, Platon und Aristoteles im antiken Griechenland … Das nannte der Heidelberger Philosoph Karl Jaspers die Achsenzeit, da sich auf der Ebene des Bewusstseins eine Wende, eine Transformation vollzog, die niemand erwartet hatte und die sich völlig überraschend ereignete. Seit dieser Zeit nahm die Geschichte einen anderen Verlauf.

All die genannten Völker ließen die mythischen Erzählungen hinter sich, die ihren Ursprung in ferner Vergangenheit erklärten, und gingen zu einem systematischen Vernunftgebrauch über, der sich an der Zukunft, an einer Geschichte ohne zeitliche Grenzen, orientierte. Dies konnte man auf den Gebieten der Gesellschaft, der Ethik, der Politik, der Philosophie, der Geschichte und der Natur beobachten. Plötzlich begann man alle Dinge aus der Perspektive der Vernunft zu betrachten. Man akzeptierte nur noch die Daten oder Phänomene, die rational gerechtfertigt und verstanden werden konnten. Das heißt: Nur das wurde akzeptiert, was man mittels von allen nachvollziehbaren Vernunftargumenten glaubhaft machen konnte.

Dieser intellektuelle Fortschritt gewann im 5. Jh. v. Chr. in Griechenland besonders an Stärke. Es war eine so tiefgreifende Veränderung, dass sie bis heute alle Kulturen der Welt beeinflusst. Es entstand das, was man seither das „abendländische Paradigma" nennt. Man meint damit eine bestimmte Weise des argumentativen Vernunftgebrauchs, ein Bündel von Ideen, Zukunftsentwürfen, Lebensauffassungen und Weltanschauungen – allesamt unter der Leitung der Vernunft. Mittels des Einsatzes der Vernunft wurden Instrumente geschaffen, die die Erkenntnis und bessere Beherrschung der Natur erleichterten, und man konnte die Gesellschaft nach einer rationalen Ordnung gestalten.

Die griechische Gesellschaft mit ihren Politikern, Denkern, Dramatikern, Technikern und Bildhauern brachte eine Weltsicht hervor, die sich an der Ausdehnung in die Zukunft hinein orientierte. Mit anderen Worten: Man entwickelte die Idee des grenzenlosen Wachstums und der grenzenlosen Entwicklung.

Doch zu Beginn war dem nicht so. Die hellenische Kultur war im Gegenteil sehr stark von der Vorstellung des rechten Maßes, einer Philosophie des dynamischen Gleichgewichts und vom Fehlen jeglicher Art von Übertreibung und Anmaßung geprägt.

So hat uns zum Beispiel der große demokratische Staatsmann, Feldherr und glänzende Redner in Athen, Perikles (495–429 v. Chr.), eine brillant formulierte Sentenz überliefert, die die geistige Haltung des Gleichgewichts und des rechten Maßes zum Ausdruck bringt, wie sie heute noch an den griechischen Ruinen in Athen, an der Akropolis, in Korinth, in Delphi und auf den vielen Mittelmeerinseln erkennbar ist. Folgendes glänzend formulierte Diktum hat er uns hinterlassen:

> Wir lieben das Schöne, aber in Einfachheit. Wir widmen uns der Weisheit, aber frei von Eitelkeit. Wir nutzen den Reichtum für die notwendigen Unternehmungen, aber ohne unnötige Angeberei. Die Armut ist für niemanden beschämend. Beschämend ist lediglich, das Mögliche nicht zu tun, um sie zu vermeiden. (Thukydides, Totenrede des Perikles, 2,40)

Man beachte den Sinn für das Gleichgewicht und für das rechte Maß, der in allem, worauf Bezug genommen wird, zu erkennen ist. Das Motto, das dieser Aussage als Inspiration diente, stand in großen Lettern über dem Eingang zum großen Tempel in Delphi: Nichts im Übermaß (griech.: *meden agan*, die lateinische Entsprechung wäre: *ne quid nimis*). Dieses Gleichgewicht wird auch an den dorischen und ionischen Säulen und an den Statuen von Phidias sichtbar, dem größten Bildhauer der griechischen Welt. Alles war bestimmt vom *metron*, vom Maß, von dem sich auch unser Größenmaß „Meter" herleitet.

Dieses goldene Zeitalter dauerte nur anderthalb Generationen an. Hier führte die Achsenzeit zu einer Ausnahmeerscheinung. Sie dauerte nicht lange, aber lang genug, um unauslöschliche Spuren zu hinterlassen, die die gesamte Geschichte des Abendlandes und in gewisser Weise auch die Weltgeschichte prägten. Aber das ging vorüber.

Die führenden griechischen Politiker wurden sich dessen bewusst, dass sie mittels des Vernunftgebrauchs die Dynamik der Ausdehnung und des Wachstums in Richtung einer unbegrenzten Zukunft verstärken konnten. Die Habgier und die Bereitschaft, jegliches Maß zu sprengen, traten auf den Plan.

Gerade in Griechenland, wo man all diese Tugenden der Zurückhaltung, des rechten Maßes und des Gleichgewichts pflegte, setzten sich kraft der Vernunft der Geist des unbegrenzten Wachstums, der Ehrgeiz, Kolonien zu gründen, und das gierige Bestreben durch, die Grenzen der griechischen Kultur und von deren Einfluss so weit hinauszuschieben, so weit ihre Truppen und Schiffe hinkommen konnten. Wo blieben nun das rechte Maß, der Mittelweg, das Optimum des „nicht zu viel und nicht zu wenig", das dynamische Gleichgewicht? Es begann eine neue Ära, die heute immer noch fortdauert.

Wer ist wirklich groß: die Mücke oder Alexander der Große?

Ein über allen Zweifel erhabenes Beispiel für diese historische Wende, die sich im ungezügelten Willen zur Macht und im Sprengen jeglichen Maßes ausdrückte, ist das Denken eines jungen Herrschers, nämlich Alexanders des Großen (356–323 v. Chr.). In seinem übertriebenen Ehrgeiz (*hybris*) vollbrachte er eine der größten militärischen Heldentaten der Geschichte, soweit wir sie kennen. Mit nur 23 Jahren begründete er ein Reich, das von der Adria bis zum Indus in Indien reichte. Mit Recht nannte man ihn den Großen.

Doch man beachte: Trotz all seiner Macht reichte der Stich einer Mücke, die das sogenannte West-Nil-Fieber verbreitete, um ihn innerhalb weniger Tage sterben zu lassen. Wer ist hier der Große? Der Herrscher oder die Fiebermücke?

Die schier grenzenlose Ausdehnung seines Imperiums hatte ihre Konsequenzen. Sie wurde zur Demonstration und zum Symbol dessen, worüber wir hier nachdenken: des ungestümen Sprengens jeglicher Grenze im Bestreben, alles zu beherrschen, was sich dem Menschen darbietet, insbesondere die anderen, die Menschen, die anderen Völker und die Natur.

Von da ab herrschte die maßlose Habgier, der Natur alle Reichtümer zu entnehmen und sie ihrer möglichen Kapazitäten zu berauben. Insbesondere Gold, Silber, Edelhölzer und Gewürze waren gefragt. Das

Gleichgewicht, die Selbstbeschränkung und die Mäßigung schickte man zum Teufel.

Die Eroberungen erfolgten mit Eisen und Feuer. Im 16. Jahrhundert begingen die Eroberer der iberischen Halbinsel, also Spaniens und Portugals, zusammen mit anderen Europäern einen der größten Genozide der Geschichte. Innerhalb weniger Jahrzehnte starben siebzig Millionen Menschen aus den ursprünglichen Völkern entweder durch von den Weißen eingeschleppte Krankheiten, gegen die sie nicht immun waren, oder in Vernichtungskriegen bzw. aufgrund von Zwangsarbeit. Zwangsweise verordnete Vermischung tat ihr Übriges, um die ursprünglichen Völker in ihrem eigentümlichen Charakter auszulöschen.

Dieser Wille zur Macht als Herrschaft zeitigte düstere Folgen, und erst in jüngster Zeit wird uns bewusst, wie schwerwiegend sie sind: Wir anerkennen keine Grenze mehr: keine Grenze des Wissens, des Besitzens, der Macht, der Akkumulation, des Konsumierens, der Herrschaft, bis wir alles zerstören, auch uns selbst. Ja wir versuchen sogar, den Weltraum außerhalb der Erde zu beherrschen, fliegen zum Mond und zum Mars und verfolgen das ehrgeizige Projekt, Reichtümer zu finden und unsere Macht noch zu steigern.

Ist die Erde nur ein Ressourcenbehälter?

Für die Gründungsväter dieser Art, zu leben und die Gesellschaft zu organisieren (Galileo Galilei, Descartes, Newton, Kepler, Kopernikus, Bacon und andere) zählen die Erde und die Natur nur in dem Maße, in dem sie den Interessen der Macht und der Anhäufung von Reichtümern dienen. Die Erde wurde nun nicht länger, wie im gesamten Altertum in Ost und West, als lebendiges Wesen betrachtet, als die große und großzügige Mutter. Für die Genannten war sie bloß „res extensa“, also etwas Ausgedehntes, und ohne inneren Sinn, eine Art Behälter voller auszubeutender Ressourcen.

Die Ausbreitung des Menschen hatte in Afrika ihren Ausgangspunkt, wo der Mensch zum ersten Mal die Bühne betrat, und verlief über

Meer und Land in alle Richtungen. In Europa erlangte sie eine besondere Dichte. Mittels des Gebrauchs der Vernunft und der Technik eroberte und unterwarf dieser Kontinent praktisch die gesamte bekannte Welt von damals, inklusive Brasilien.

Zusammengefasst lässt sich sagen: Die prägende Idee der Moderne ist der Wille zur Macht – Macht allerdings hier verstanden im Sinne von Herrschaft über andere Kontinente, andere Völker, andere Klassen und über die Natur, die Materie, ja das Leben selbst. Bildlich könnte man das folgendermaßen ausdrücken: Es ist die *geballte Faust*, die die Völker, die Natur und die Erde selbst unterjocht und gefügig macht. Es ist nicht mehr die zum solidarischen Miteinander *ausgestreckte Hand*, die andere Hände ergreift, Kräfte miteinander vereint und im Geist des rechten Maßes und der Mäßigung besser für die Schöpfung sorgt.

Bald wurde klar: Wo die Macht sich durchsetzt, haben Liebe und Zärtlichkeit keinen Platz mehr. Der Mensch erlangte mehr Macht, doch er büßte dafür Empfindsamkeit, Empathie und Menschlichkeit ein. Dieser traurige Zustand dauert bis heute an und intensivierte sich noch mit der Verbreitung des Corona-Virus seit 2019.

Das zerstörerische Wesen des unbegrenzten Ehrgeizes

Das kapitalistische System, das sich nach und nach auf der ganzen Welt in unterschiedlicher politischer Gestalt durchsetzte, hat stets die ihm zuinnerst eingeschriebene Dynamik der grenzenlosen Akkumulation von Gütern, Dienstleistungen und Wohlstand beibehalten. Die Globalisierung, die im Grunde eine neue Phase für Erde und Menschheit darstellt, wurde von der kapitalistischen Ökonomie und der Kultur des Konsums gekapert, bis sie schließlich alle geografischen Räume erfasste. Sie hat selbst die Erneuerungen und gelegentlich entstehenden Alternativen und deren Geist auf subtile Art vereinnahmt, indem sie sie mit den charakteristischen Merkmalen des Kapitals ausstattete. Immer gibt es Menschen, die sein Mantra übernehmen und sich mit Haut und Haaren seiner Logik verschreiben.

Weil die Erzählungen ins Detail gehen, erklären sie die Probleme besser als viele subtile Reflexionen. Der russische Schriftsteller Leo Tolstoi (1828–1910), berühmt geworden durch seine großen Romane *Krieg und Frieden* sowie *Anna Karenina*, war als Pazifist gegen jegliche Form von Gewalt. Mahatma Gandhi, der bekannteste Befürworter aktiver Gewaltfreiheit, bekannte, dass er zu dieser Position durch die Lektüre der Texte Tolstois im wahrsten Sinne des Wortes bekehrt wurde. Als er mit Landarbeitern seines Gutes Iasnaia Poliana auf der Straße unterwegs war, erzählte er ihnen eine Geschichte voller interessanter Details. Sie ist uns in seiner Sammlung von *Volkserzählungen* überliefert (Tolstoi 1956, 254–272). Ich will hier nur einen Teil davon in meiner eigenen Version wiedergeben, um klarer zum Ausdruck zu bringen, was unser unersättliches Begehren, immer mehr haben zu wollen, und damit das rechte Maß zu verletzen, bedeutet. Tolstoi gab seiner Erzählung den Titel *Wie viel Erde braucht der Mensch?*

Es war einmal ein Bauer, der ein Stück nicht besonders fruchtbares Land bestellte. Es war eine rechte Plackerei für ihn, doch der Ertrag war gering. Er beneidete die Nachbarn, die mehr Land und reichere Ernten hatten als er. Über die Maßen verdrossen ihn dazu die Abgaben, die er von seinem Bisschen Erde und von seinen schmalen Erträgen entrichten musste.

Eines Tages dachte er intensiv nach und fasste den Entschluss: „Ich werde mich mit meiner Gefährtin auf den Weg machen und weit von hier fortziehen, um besseres Land zu suchen." Er wusste, dass viele Meilen von seinem Haus entfernt Zigeuner lebten, die sehr billig und zum Teil für einen lächerlichen Preis Land verkauften, wenn jemand noch bedürftiger, aber arbeitsam war.

Der Bauer wollte immer mehr Land haben, um es zu bebauen und reich zu werden, und dachte: „Ich werde einen Pakt mit dem Teufel schließen. Der wird mir Glück bringen." Dies sagte er zu seiner Frau, die die Nase rümpfte. Sie warnte ihn: „Mein Mann, Vorsicht mit dem Teufel. Es kommt niemals etwas Gutes dabei heraus, wenn man sich auf ihn einlässt. Deine Habgier wird dich noch alles verlieren lassen."

Doch der Mann beharrte auf seinem Vorsatz, und so beschloss sie, ihn zu begleiten, damit er seinen ehrgeizigen Plan verwirklichen konnte. Mit nur wenig Habseligkeiten brachen sie auf.

Als sie ins Land der Zigeuner kamen, war der Teufel schon dort. Er war eine ganz und gar sympathische Erscheinung und machte den Eindruck eines einflussreichen Grundstückhändlers. Der Bauer und seine Frau grüßten die Zigeuner höflich. Als sie ihren Wunsch äußern wollten, Ländereien zu erwerben, kam der Teufel ihnen ohne Umschweife zuvor und sagte: „Guter Herr, ich sehe, dass Ihr von weit herkommt und vom großen Wunsch erfüllt seid, gutes Land zu haben, um es zu bestellen und Ihr Glück zu machen. Ich habe einen exzellenten Vorschlag, besser als der der Zigeuner. Die Ländereien sind billig und durchaus im Bereich Ihrer finanziellen Möglichkeiten. Ich mache Euch folgenden Vorschlag: Ihr lasst eine anständige Summe Geldes da, wo ich gerade stehe. Das Stück Land, das Ihr während eines ganzen Tages, vom Sonnenaufgang bis zum Sonnenuntergang, durchlauft, soll Euch gehören, sofern Ihr wieder hier seid, bevor die Sonne hinter dem Horizont verschwindet. Andernfalls verliert Ihr das Land und auch das Geld in der Tasche."

Die Augen des Bauern, der gierig war nach immer mehr Land, glänzten stark; so innerlich aufgewühlt war er. Und er sagte: „Ich finde, das ist ein hervorragender Vorschlag. Ich habe starke Beine und ich schlage ein. Morgen mache ich mich recht früh auf den Weg und beginne zu laufen, und alles Land, das meine Beine erreichen können, wird mir gehören."

Der Teufel, der stets übertrieb, lachte boshaft über das ganze Gesicht.

Und in der Tat: Ganz früh, kaum war die Sonne über dem Horizont aufgegangen, begann der von Habgier ergriffene Bauer zu laufen. Er lief und lief. Er sprang über Zäune, er überquerte Bäche, war immer noch nicht zufrieden und hielt kaum an, um zu rasten. Er sah direkt vor sich eine strahlende grüne Ebene und dachte sogleich: „Hier werde ich Weizen im Überfluss pflanzen." Er blickte nach links, sah ein sehr ebenes Tal und dachte: „Hier kann ich in großem Stil Flachs anbauen, um ihn zu verkaufen."

Etwas keuchend stieg er einen kleinen Hügel empor, und siehe da, da unten tauchte ein unbebautes Feld auf. Er dachte sogleich: „Ich will auch dieses

Stück Land. Hier werde ich Rinder und Schafe züchten und die Esel mit Geld beladen, bis sie nicht mehr können."

Und so lief er viele Kilometer, war immer noch nicht zufrieden mit dem, was er erobert hatte, denn was er sah, war verlockend und fruchtbar, und es stachelte sein ungezügeltes Begehren noch mehr an, auch dies zu besitzen.

Plötzlich sah er zum Himmel empor und ihm wurde klar, dass die Sonne bereits hinter den Bergen verschwand. Er sagte zu sich selbst: „Es ist nun keine Zeit mehr zu verlieren. Ich muss laufen und laufen und zurückkehren, wenn ich nicht alle bereits durchlaufenen Ländereien verlieren will – und dazu noch das Geld, das ich dagelassen habe." Ein Tag voller Schmerzen, ein Leben voller Liebe, hatte sein Großvater gesagt.

Und er begann zu laufen, so schnell, dass es zu viel war für seine müden Beine. Doch er musste laufen, ohne auf die Grenzen seiner angespannten Muskeln zu achten. Schließlich zog er das Hemd aus und warf den Beutel mit etwas zu essen darin weg. Immer wieder kontrollierte er den Stand der Sonne, die sich bereits als riesengroße blutrote Scheibe nah am Horizont abzeichnete. Obwohl er äußerst müde war, lief und lief er und spürte vor lauter Anstrengung seine Beine schon nicht mehr. Niedergeschlagen dachte er: „Vielleicht habe ich zu viel durchlaufen und ich könnte alles verlieren. Aber vorwärts!"

Dann sah er von Weitem schon den Teufel. Ganz feierlich stand er da, neben ihm der Geldbeutel. Er fasste noch einmal Mut und war sich sicher, vor dem Sonnenuntergang anzukommen. Er nahm all seine Kräfte zusammen, die er noch hatte, und raffte sich zu einer letzten Anstrengung auf. Er sprang über einen Zaun, durchquerte einen Bach und lief, ohne daran zu denken, dass seine Beine nur begrenzt Kraft hatten. Ja er flog fast. Nicht weit vom Ziel schmiss er sich vorwärts und verlor fast das Gleichgewicht. Er fing sich wieder und machte noch ein paar große Schritte. Dann fiel er erschöpft und bereits völlig entkräftet zu Boden. Und er starb. Blut quoll ihm aus dem Mund hervor, und der ganze Leib war bedeckt von Kratzern und von Schweiß.

Der Teufel, boshaft, wie er ist, lächelte kaum. Unbeeindruckt vom Schicksal des Toten und gewinnsüchtig blickte er auf den Geldbeutel. Er machte sich noch die Mühe, eine Grube von der Größe des Bauern auszuheben, und legte ihn dort hinein. Es waren bloß sieben Hände voll Erde, ein winzig kleiner Teil all der Ländereien, die er durchlaufen hatte. Er brauchte nun nicht mehr als das. Wie versteinert wohnte die Frau all dem bei und weinte bitterlich.

Diese Erzählung hätte gut und gern von João Cabral de Melo (1920–1999), dem Dichter aus dem brasilianischen Bundesstaat Pernambuco, geschrieben worden sein können. Er hinterließ uns die bewegende Geschichte vom *Tod und Leben des Severino* (1955). Beim Begräbnis sagte der Landarbeiter:

> Das Grab, in dem du liegst,
> nach Spannenmaß gegeben,
> ist der geringste Lohn,
> den du verdientest im Leben.
> Er hat eine gute Größe,
> ist weder breit noch spitz.
> Es ist der Teil, der dir gehört
> von diesem Großgrundbesitz.
>
> (Melo Neto 175, 42)

Die Frau des Bauern hatte mit ihrer Warnung recht gehabt: „Vorsicht mit dem Teufel, es geht niemals gut aus, wenn man mit ihm einen Pakt schließt. Deine Habgier wird dich noch alles verlieren lassen." Und so geschah es denn auch. Die Habsucht nach immer mehr wird eines Tages bestraft.
Weil er so viel haben wollte und wie ein Verrückter von einem Ort zum anderen lief, weil er alle attraktiven Ländereien begehrte, die er sah, fiel der gierige Bauer am Ende tot um vor Erschöpfung. Es blieben ihm lediglich sieben Hände voll Erde für sein Begräbnis als Anteil der weiten Ländereien, die er durchlaufen hatte und besitzen wollte.

Was brauchen wir wirklich?

Denken wir an das, was heute bei uns alltäglich passiert: an die Gier der Unternehmen, ihre Geschäfte immer mehr über den ganzen Planeten auszudehnen und auf diese Weise ihre Macht zu vergrößern sowie ihre Gewinne zu diversifizieren, und an unsere konsumistische Kultur, die macht, dass wir immer mehr erwerben: ein Strandhaus, Mietshäuser, Finanzprodukte, neue Kleidung, den neuesten Computer und andere, meistens verzichtbare Dinge.

Wenn wir in einen Laden kommen, sind wir wie benommen von der Fülle unterschiedlichster Produkte, die unsere Habgier anstacheln. Doch dann halten wir ein wenig inne und denken: Was brauchen wir wirklich zum Leben? Und dann werden wir uns dessen bewusst, dass mehr als 80 % von all dem, was uns angeboten wird, unnötig ist für unser Leben.

Was wir wirklich brauchen, ist Nahrung (Brot, Kartoffeln, Gemüse und Salat), Trinkwasser und Kleidung, um „unsere Scham zu bedecken". Sonst nichts. Verkauft wird nicht so sehr, um die Bedürfnisse der Menschen zu erfüllen, sondern um Gewinn anzuhäufen und Geld zu verdienen.

Nicht selten eilt der Konsument von einem Laden zum nächsten und sieht immer mehr Produkte, die von der Werbung angepriesen wurden, die uns entgegenschreit: „Lauf, lauf, es ist die letzte Gelegenheit." Und die Konsumenten laufen, um die Kaufgelegenheit nicht zu verpassen.

Diejenigen, die sich ohne Selbstbeschränkung in absurder Weise dem unnötigen Konsumieren hingeben, unterwerfen sich dem gefräßigen Begehren und der Gier, immer mehr zu kaufen. Es ist ein Drang, der die Menschen betäubt und sie außerstande sein lässt, ihre maßlose Habgier unter Kontrolle zu halten.

Es gibt Familien, die jeden Tag die Shopping-Malls und Kaufhäuser frequentieren, um immer mehr Einkäufe zu tätigen, nur um der Lust am „shopping" willen.

Geiseln der konsumistischen Kultur des Kapitals

Was richten Gewinnsucht und mangelnde Selbstbeherrschung alles an! Die Leute kommen mit vollen Einkaufstüten und leerem Herzen zurück. Denken wir an die Frau des ehrgeizigen Fischers. Sie war nicht ehrgeizig, sie war lediglich als Mittäterin den zügellosen Wünschen ihres Mannes gefügig. Doch ihr waren seine Übertreibungen sehr bewusst, sie warnte ihn und zögerte, ihm zu Gebote zu stehen. Doch schließlich widerstand sie seinem Drängen nicht und stand ihm in seinem absurden Vorhaben bei, wie der liebe Gott zu sein und Sonne und Mond aufgehen zu lassen. Sie teilte das Unglück des Ehemanns und kehrte mit ihm zusammen ins Elend einer armseligen Hütte zurück.

Es wurde bereits treffend bemerkt, dass der Mensch zweierlei Hunger verspürt: den Hunger nach Brot, der gestillt werden kann (auch den Hunger nach Häusern, Kleidung und Land), und den Hunger nach Schönheit, Transzendenz (Gott, spirituelle Werte wie Liebe, Güte, Mitleid), der unstillbar ist. Doch dieser Hunger ist es, der das Empfinden von Fülle vermittelt und uns auf etwas Größeres hin öffnet.

Ohne jedes Maß immer mehr materielle Güter anzuhäufen erfüllt niemandes Herz mit Freude und wahrer Zufriedenheit. Nicht selten bleibt eine tiefe Einsamkeit zurück, wenn immer mehr überflüssige Dinge von ihm Besitz ergriffen haben, die nicht sprechen, keinen Trost spenden und schon gar nicht der Seele Frieden spenden, die nach Schönheit, Anerkennung und Liebe dürstet. Wir wurden zu Geiseln der konsumistischen Kultur des Kapitals gemacht, das die immer knapperen Güter und Kapazitäten der Natur ausplündern muss, um sich am Leben zu halten und sich zu reproduzieren.

Die alten Griechen würden sagen: Dies ist die Strafe der Götter, die die Gier, maßlos Dinge anzuhäufen (*hybris*), die Gier, die nicht imstande ist, den Lockrufen des von der Werbung geweckten grenzenlosen Begehrens zu widerstehen, nicht tolerieren. Der Verlust des

Gespürs für das Gleichgewicht und rechte Maß fordert stets seinen Preis in Form von Leere und dem Leiden an einem fehlenden erfüllenderen Sinn des Lebens.

Die Ökonomie des übertriebenen Begehrens: „Es ist niemals genug"

Als biologische Mängelwesen und als solche, deren Geist von grenzenlosem Begehren durchdrungen ist, müssen wir Menschen unser Überleben sichern, indem wir der Natur die nötigen Nahrungsmittel mittels ständiger Arbeit und heute mittels Wissenschaft und Technik entnehmen. Das Bemühen darum nennen wir Ökonomie. Das ist ein Wort griechischen Ursprungs. Der Etymologie können wir auch den genauen Sinn von „Ökonomie" entnehmen: Die Ökonomie liefert die Leitlinien der Vernunft (*nomia*), denen wir folgen müssen, um die Vorräte des Hauses (*oikos*) zu sichern. Alle verstehen sich darauf, das Haus zu bevorraten, denn alle müssen sich Tag für Tag ernähren.

So verstanden ist die Ökonomie an sich einfach, denn alle wissen, worum es dabei geht. Doch das Haus (*oikos*) ist nicht länger nur Haus. Es dehnte sich aus und wurde zur Villa, zu einer Stadt, zu einer Metropole, zu einem Land und zum Gemeinsamen Haus, der Erde.

Auf welche Weise sollen wir sicherstellen, dass alle genug haben, um anständig in diesem Gemeinsamen Haus zu leben? Und nicht nur wir Menschen, denn wir wollen nicht nur auf uns selbst zentriert sein (Anthropozentrismus), sondern auch den übrigen Lebewesen die notwendige Nahrung garantieren. Die Erde hat auch sie hervorgebracht und stattete Fauna und Flora mit allem aus, was sie brauchen, um leben und sich vermehren zu können. Und es gibt auch eine Ökonomie der Erde. Wie können wir mittels eines intelligenten Umgangs auch das Weiterbestehen, die Artenvielfalt und die Unversehrtheit der Erde sicherstellen, damit sie bewohnbar und wahrhaft ein Gemeinsames Haus bleibt?

Die absurden Übertreibungen in der Ökonomie

Da Nahrungsmittel knapp sind, kann man stets einen Wettlauf beobachten, um das Notwendige zu garantieren und eine gewisse Reserve für einen späteren Bedarf anzulegen. Hier kommt es dann auf dem Feld der Ökonomie zu den schlimmsten Übertreibungen. Es kommen die zügellose Konkurrenz, die Habgier, die Gewinnsucht, fehlende Selbstbeschränkung und der Wunsch, immer mehr zu akkumulieren, ins Spiel, bis die Tugend des rechten Maßes und der Sinn für Solidarität mit den heute und in Zukunft lebenden Menschen, die generationenübergreifende Solidarität, abhanden kommen. Eine solche Geisteshaltung würde sicherstellen, dass auch die Mittel für das Überleben der anderen gewährleistet sind. Doch die Mehrheit ist zum Opfer des Individualismus der Kultur des Kapitals geworden und denkt eher an sich als an die anderen und die künftigen Generationen.

Aufgrund dieser Habgier kommt es auf dem Gebiet der Ökonomie zu den stärksten Exzessen: zu Monopolen und Oligopolen, zu Korruption, zu Betrug, zur Steuerhinterziehung, zu Raub und zur doppelten Ausbeutung, nämlich der von Natur und Menschen gleichermaßen. Weil es keine soziale Gerechtigkeit und keine angemessene Zuteilung der für das Leben nötigen Güter gibt, kommt es in der Wirtschaft zu den größten Ungleichheiten, sozialen Ungerechtigkeiten, zur sozialen und strukturellen Sünde, die den Schöpfer und seine Söhne und Töchter gleichermaßen beleidigt.

Heute besitzt das eine reichste Prozent der Weltbevölkerung mehr als die Hälfte des Reichtums des Planeten. Die anderen 99 Prozent müssen sich mit dem zufrieden geben, was übrig bleibt, und deshalb kommt es zur größten Not. In Brasilien verfügen die reichsten zehn Prozent über fast 75 Prozent des gesamten Reichtums des Landes.

Die bekanntesten Wirtschaftswissenschaftler der Welt, die die brasilianischen Wirtschaftsdaten analysiert haben, kamen zum Schluss, dass Brasilien zu dem einen Prozent der reichsten Länder der Welt gehört, in denen es die höchste Konzentration von Einkünften gibt. Die brasilianischen Millionäre rangieren noch vor den Millionären des Mittleren Ostens, die aufgrund des Erdöls, das sie produzieren und exportieren, fantastische Vermögen anhäufen.
Unsere brasilianischen Millionäre sind Landbesitzer, Unternehmer, Eigentümer von Kommunikationsmitteln wie Radio- und Fernsehsender und haben zu einem Großteil auch die politische Macht in ihren Händen. Niemals sind sie zufrieden, sie wollen immer mehr und übertreffen zu unserer Schande alle bereits Erwähnten. Die Mehrheit von ihnen hat ihr Vermögen in Finanzparadiese oder große ausländische Banken, etwa in der Schweiz, verbracht.
So finden die tiefen sozialen Ungleichheiten in Brasilien ihre Erklärung, die ihren Ursprung bereits in der Sklaverei haben. Die versklavten Schwarzen konnten nichts besitzen. Sie wurden wie Kohle behandelt, die im Prozess der Produktion verfeuert wurde, und immer noch werden sie als nicht vollwertige Menschen angesehen. Bei der offiziellen Abschaffung der Sklaverei im Jahr 1888 wurde ihnen kein Stück Land übereignet, wo sie leben und arbeiten hätten können. Nun, da sie keine Sklaven mehr waren, erlebten sie eine andere Art von Sklaverei, nämlich die des Hungers, der mangelnden Gesundheit, der Obdachlosigkeit und vor allem die des fehlenden Respekts vor ihrer Menschenwürde.
Afrika ist viel ärmer als wir, aber es gibt auf diesem Kontinent viel weniger Ungleichheit, denn aufgrund der Stammeskultur teilen sie die Früchte der Arbeit besser unter allen auf. Sie haben einen Ausdruck dafür, der heute weltweit bekannt ist: Ubunti. Das heißt: „Ich bin ich durch dich." Daher rührt der Sinn für die wichtige Bedeutung des anderen, für den Respekt vor ihm und für die Solidarität und Empathie. Einer stärkt den anderen, um Mensch zu sein.

Opfer des maßlosen Begehrens: Zwei Geschichten

Wie bei anderen Gelegenheiten lassen uns zwei Erzählungen aus der Antike die Logik der Gier des Systems besser verstehen, dessen Geiseln alle in der einen oder anderen Weise sind, wenn wir unsere ungezügelten Wünsche nicht unter Kontrolle halten. Wir laufen Gefahr, dasselbe Schicksal wie König Midas zu erleiden, dem alles zu Gold wurde, was er berührte, und der, umgeben von Gold, fast vor Hunger starb (s. weiter unten, S. 184 ff). Folgende Geschichten will ich nun erzählen:

Die tragische Geschichte des kühnen Ikarus

Ikarus war der Sohn eines kreativen Handwerkers und Erfinders vieler Dinge, um die insbesondere reiche Familien, ja sogar Könige wetteiferten. Ikarus kannte die Fertigkeiten des Vaters und bat ihn, ihm ein Paar Flügel zu bauen, damit er fliegen könne. Immer wenn er zum Himmel emporblickte, überkam ihn die unwiderstehliche Sehnsucht zu fliegen und sich zum Himmel emporzuschwingen, so hoch er nur konnte.

Der Vater aber war klug. Er kannte den Wagemut des Sohnes und unterstützte ihn niemals darin. Da er ihn liebte, schob der Vater es hinaus, der Bitte des Sohnes zu entsprechen, so sehr dieser ihn auch anflehte.

Doch Ikarus gab nicht nach, denn er wollte sich seinen kühnen Wunsch erfüllen. Ja es sah fast so aus, als würde der Himmel selbst ihn rufen, damit er emporflöge. Nach vielem Flehen erfüllte der Vater schließlich den Wunsch des Sohnes. Er fertigte ein Paar schöner und kräftiger Flügel an. Ein spezielles Wachs hielt die Federn, sodass sie stark zusammenklebten und widerstandsfähig waren.

Ikarus war begeistert vom sehr gut vollendeten Werk seines Vaters. Bevor er dieses Paar Flügel an seinem Körper befestigte, hörte er noch dessen Warnungen: „Wenn du fliegst, dann flieg nicht sehr tief über dem Meer, denn die Tropfen der Meereswellen können die Federn feucht machen. Sie würden dann allzu schwer und du könntest nicht mehr zum Flug ansetzen und dir deinen ehrgeizigen Wunsch erfüllen. Flieg auch nicht zu hoch und zu nah an der Sonne, denn ihre Hitze würde das Wachs zum Schmelzen bringen, das die Federn zusammenhält."

Von unbändiger Freude erfüllt und voller Begeisterung legte Ikarus die Flügel an, schwang sich empor und begann zu fliegen. Ihm wurde klar, dass er immer höher fliegen konnte. Er vergaß die Warnung des Vaters. Er flog und flog immer höher, bis er sich der Sonne näherte. Plötzlich schmolz das Wachs in der Hitze der Sonne. Verzweifelt versuchte Ikarus sich zu halten, so sehr er nur konnte, doch er stürzte schließlich aus großer Höhe hinab und ertrank dann im Meer. Er starb als Opfer seines maßlosen Ehrgeizes.

Das traurige Ende des unklugen Sohnes der Sonne

Man erzählt noch eine andere Geschichte, die der des Ikarus ähnelt. Diesmal geht es um den Sohn des Helios, der Sonne. Sein Name war Phaeton.

Er war stolz auf seinen Vater, der einen mächtigen Streitwagen mit feurigen Pferden benutzte, um damit den ganzen Himmel zu durchlaufen und vom Osten bis zum Westen Tag für Tag alles zu beleuchten.

Die Bewunderung für seinen Vater, die Sonne, und sein unbändiger Wille, jeden Tag das machen zu können, was auch er machte, ließen ihn die Bitte äußern: „Vater, lass mich wenigstens ein einziges Mal den Wagen mit den stolzen Pferden lenken. Ich will den Himmel durchlaufen, vom Aufgang über den Zenit zum Niedergang. Ich will sein wie du, der du in höchster Ausgewogenheit den Wagen lenkst und allen auf Erden Licht und Wärme bringst."

Sein Vater, die Sonne, setzte alles daran, den Sohn dazu zu bewegen, von diesem seinem ehrgeizigen Vorhaben abzulassen. „Mein Sohn, glaub nicht, dass es leicht ist, die Pferde unter Kontrolle zu halten, denn sie können sich losmachen und den Wagen umwerfen. Es braucht viel Geschick, die Zügel gut zu sichern und das Gleichgewicht zwischen den Pferden zu halten, damit sie nebeneinander laufen und alle in Harmonie den Wagen in dieselbe Richtung ziehen. Es braucht viel Klugheit, um zu wissen, wie man die Zügel anzieht, nämlich nicht zu viel und nicht zu wenig, und die Pferde so beieinander hält. Ich mache das immer, Tag für Tag."

Doch der Sohn lernte nicht zu verzichten und gab sich mit den Einwänden des Vaters, der Sonne, nicht zufrieden. Unaufhörlich sagte er: „Vater, ich will sein wie du. Ich werde dir zeigen, wie geschickt ich bin, und ich will auch mit dem Wagen und den feurigen Pferden den Himmel durchlaufen, vom Aufgang bis zum Untergang. Ich will, dass du stolz auf mich bist."

Vater Sonne hingegen ließ nicht davon ab, ihm zu viel Klugheit zu raten, denn er wusste um die Kraft der Pferde und um die Schwierigkeit, das rechte Maß darin zu finden, wie sehr man die Zügel anzieht oder wie sehr man sie locker lässt.

Doch schließlich war er es satt, sich die Bitten des Sohnes weiter anzuhören, und beschloss, ihm eine Chance zu geben. Er bereitete den Wagen und die Pferde vor. Der Sohn war ganz glücklich und stolz und schwang sich bald im Vertrauen auf seine Geschicklichkeit zum Himmel hinauf. Doch es dauerte nicht lange, da ließ er die Zügel allzu locker. Die Pferde liefen wie verrückt nach oben. Der Sohn zog nun die Zügel zu straff an, und sie liefen schnell nach unten, bis nahe an den Erdboden. Sie waren dem Boden so nahe, dass die Felder Feuer fingen, dass Häuser in Brand gesetzt wurden und sogar Flüsse aufgrund der allzu großen Hitze austrockneten.

Unterdessen traf den mutigen Sohn ein starker Blitz. Er schlug in ihn ein, und der Sohn verstarb sofort. Dies war die Folge der Unfähigkeit, sich selbst zu mäßigen und das exakt austarierte Gleichgewicht der Pferde zu halten. Auch er nahm ein trauriges Ende.

Welche Lehre können wir daraus ziehen? Der Fehler des Ikarus und des Sohnes von Helios, des Sonnengottes, war es, den Mittelweg und das rechte Maß nicht respektiert zu haben: weder zu tief noch zu hoch zu fliegen. Ikarus erlag der Versuchung, immer höher hinauf zu fliegen, bis er der Sonne nahe kam. Phaeton verstand es nicht, in rechter Weise die Zügel unter Kontrolle zu halten, und gelangte ganz nach unten, in die Nähe des Erdbodens, bis er alles verbrannte, was in seiner Nähe war. Das Übermaß an Selbstvertrauen (*hybris*) führte zu einem tragischen Ende beider. Sie waren Opfer eines übertriebenen Ehrgeizes.

Wären die alten Griechen heute mitten unter uns, würden sie wohl sagen: „Seht ihr? Die zwei jungen Leute waren allzu ehrgeizig, sie ließen sich von der *hybris* (dem übermäßigen Begehren) überwältigen. Sie wurden von der Gottheit, die eifrig darauf bedacht ist, dass das rechte Maß eingehalten wird, bestraft. Niemals vergibt sie einem, der die Grenzen sprengt und sich in allzu übertriebener Weise exponiert. Sucht stets das rechte Maß, das Optimum, nicht zu viel und nicht zu wenig. Strebt nach der lobenswerten Mäßigung. Wenn ihr euch an dieses große Gesetz haltet, dann setzt ihr euch keiner Gefahr aus und werdet euch eines langen, ruhigen Lebens und des Wohlwollens des Höchsten erfreuen."

Diese Ratschläge haben bis auf den heutigen Tag nichts von ihrer Gültigkeit eingebüßt. Wir sind auf die Technik angewiesen, um die Bedürfnisse unserer komplexen Gesellschaft zu erfüllen. Die Technik muss in erster Linie im Dienst des Lebens stehen und darf sich erst danach auf den Markt einlassen, in dem Konkurrenz und übertriebene Gier herrschen, mit Preisschwankungen Gewinne zu erzielen.

Der Finanzelite fehlt es an Selbstbegrenzung und sie ist vom übertriebenen Ehrgeiz durchdrungen. Sie hat bereits Raumsonden zum Mars geschickt, um eventuell dort vorkommende Bodenschätze zu erkunden. Es ist die jedes Maß sprengende Gewinnsucht, die sich mit dem nicht zufrieden gibt, was die Erde uns reichlich gibt. Es gibt keine Grenzen für das unersättliche Begehren, das immer noch mehr will.

Diese Unfähigkeit, innerhalb der von der Erde auferlegten Grenzen zu verbleiben, könnte den Menschen dasselbe tragische Schicksal bereiten, wie es Ikarus und Phaeton erfahren mussten: Sie wollten zu viel und besiegelten damit das Ende ihres Lebens.

Diese zwei Geschichten sind eine Warnung vor der Gefräßigkeit des Begehrens, stets angestachelt durch die Werbung, die uns verleitet, jeweils den letzten Schrei von allem zu kaufen und immer mehr Land für Monokulturen von Soja, Zuckerrohr, Mais und für die Viehzucht zu erwerben.

Man sollte daran erinnern, dass sich die heutige Zeit von früher unterscheidet, da die Erde all ihre Güter noch bewahrte. Aufgrund der Logik des Kapitalismus, der stets wachsen will und darin niemals innehält, wurde uns plötzlich bewusst, dass er an die Grenzen des für die Mutter Erde Erträglichen stieß. Sie wurde krank und schwach aufgrund der Ausplünderung ihrer natürlichen Güter und Kapazitäten. Da Erde und Menschheit eine einzige Einheit bilden, werden wir Menschen auch krank, sobald die Erde erkrankt, und umgekehrt: Da wir selbst krank sind, machen wir die Erde krank. Wir müssen uns also umeinander kümmern und gemeinsam dafür sorgen, dass unsere Lebenskraft und Regenerationsfähigkeit erhalten bleiben.

Eine Ökonomie des Genug

Wenden wir uns wieder der Erzählung des deutschen Malers über den „ehrgeizigen Fischer und den verzauberten Prinzen“ zu. Sie folgt derselben Logik wie das kapitalistische Produktionssystem, das dazu programmiert ist, immer mehr zu wachsen. Das Begehren des Fischers kannte keine Grenzen, genauso wie das kapitalistische System. Dieses geht von der falschen Voraussetzung aus, dass die Güter und Kapazitäten der Erde unbegrenzt sind, was auch ein unbegrenztes Wachstum bzw. eine unbegrenzte Entwicklung möglich macht.

Die Wirklichkeit straft diese Annahme jedoch Lügen. Die kleine, überbevölkerte und bereits am Rand der Erschöpfung ihrer Biokapazität – das heißt der Fähigkeit, sich zu regenerieren und weiterhin Leben hervorzubringen – befindliche Erde erträgt diese Überausbeutung nicht. Alle Signale stehen auf Rot, und die Erde ist in eine Sackgasse geraten.

So wie der Fischer seinem Ehrgeiz, immer mehr zu haben und schließlich wie Gott selbst zu sein, kein Maß setzte, so haben auch wir das rechte Maß angesichts der Grenzen der Erde verloren. Dem Fischer widerfuhr die Tragödie, dass er wieder zu seiner anfänglichen Armut zurückkehrte. Ich fürchte, dass wir, wenn wir nach derselben Logik wie bisher mit einer Ökonomie fortfahren, die ebenso schamlos ist wie die in rhythmischer Folge stets größer werdenden Wünsche des Fischers, am Ende dasselbe Schicksal erleiden: eine ökologisch-soziale Krise, die viele Menschenleben fordern könnte und darüber hinaus das Leben der Natur schwer beeinträchtigt.

Die meisten Menschen wollen von den Grenzen der Erde erst gar nichts hören. Sie machen im selben räuberischen Eifer weiter. Da wir um die Reaktionen der Erde wissen, haben wir allen Grund zur Annahme, dass das Projekt der Ausplünderung ihrer natürlichen Güter über jedes Maß hinaus nicht lange Bestand haben wird.

Die Erde selbst wird schließlich diesem Plünderungssystem ein Ende bereiten. Sie könnte einen langen Todeskampf durchmachen. Weil die Menschen es vorziehen, weiterhin um jeden Preis zu akkumulieren und ihre Macht zu erweitern, werden sie einen tragischen Weg einschlagen, auf dem es keine Rückkehr gibt.

Bioökonomie, Kreislaufwirtschaft und solidarische Ökonomie

Das vom Kolonialismus ausgeplünderte Afrika ist viel ärmer als wir Lateinamerikaner, doch es gibt viel weniger Ungleichheit, denn aufgrund der tief verankerten Stammeskultur werden die Früchte der Arbeit besser untereinander aufgeteilt. Weltweite Berühmtheit erlangte der Ausdruck *Ubuntu*, was bedeutet: „Ich bin nur ich durch dich.“ Daraus entsteht das Empfinden für die Bedeutung des anderen, seiner Einbeziehung in die eigene Welt und des Wertes der Solidarität. Einer unterstützt den anderen, um Mensch zu sein. Hier lohnt es sich, ein Beispiel aus dem Alltag wiederzugeben, das konkret veranschaulicht, was es wirklich heißt, Ubuntu zu leben, selbst bei den Kindern.

Ein europäischer Tourist war beeindruckt von der gemeinschaftlichen und kooperativen Kultur der Afrikaner. Er machte die Beobachtung, dass dies die allgemeine Armut aufgrund eines tief verankerten Sinnes für Zusammenarbeit leichter erträglich machte. Als er ein kleines Dorf besuchte, wollte er die Probe aufs Exempel mit einer kleinen Schar von Kindern machen, die auf einem Gelände mit vielen Bäumen spielten. Er machte diesen Jugendlichen einen Vorschlag: Er kaufte eine Kiste voller verschiedener Früchte und stellte sie unter den größten Baum auf dem Gelände. „Stellt euch alle nebeneinander in einer Reihe auf. Wenn ich sage ‚Lauft los', dann gehören demjenigen alle Früchte, der als Erster beim Baum ist, an dem die Kiste steht. Er kann sie dann gern ganz allein aufessen."

Als er das Startsignal gab, geschah etwas Unerwartetes. Alle Kinder fassten einander an den Händen und liefen zusammen zum Baum mit der Obstkiste. Sie setzten sich im Kreis hin, und alle begannen zu essen und die Früchte in fröhlicher Runde miteinander zu genießen.

Der weiße europäische Besucher war völlig überrascht und fragte, warum sie das getan hätten. Sollte nicht ein Einziger die Siegesprämie davontragen?

Und genau an dieser Stelle hörte er das Wort, das alle Kinder gemeinsam herausschrien: Ubuntu! Ubuntu!

Der Besucher gab zu verstehen, dass er dieses Wort „Ubuntu" nicht kannte. Eines der Kinder, das älter zu sein schien als die anderen, erklärte es ihm: „Wie könnte denn einer von uns allein glücklich sein, wenn alle anderen traurig sind?" Und er fügte noch hinzu: „Mein Herr, das Wort ‚Ubuntu' bedeutet für uns Folgendes: ‚Ich kann nur ich sein durch den anderen.' ‚Ohne den anderen bin ich nichts und bleibe für immer allein. Ich bin der, der ich bin, weil wir alle sind. Deshalb teilen wir alles untereinander, wir arbeiten zusammen, und auf diese Weise ist niemand ausgegrenzt und traurig. So sind wir auch mit Ihrem Vorschlag umgegangen. Wir haben alle zusammen gegessen. Alle haben wir den Wettlauf gewonnen und gemeinsam genießen wir die Früchte, die Sie uns gebracht haben. Verstehen Sie nun?"

Da wurde dem europäischen Besucher klar, wie sehr sich seine europäische Kultur von der afrikanischen unterscheidet. Seine europäische Kultur ist individualistisch und in alles mengt sich der Wettbewerb anstelle der Zusammenarbeit. Die afrikanische Kultur hin-

gegen ist eine Kultur der Zusammenarbeit und bezieht alle mit ein. Deshalb kam sie ihm viel besser und menschlicher vor als seine eigene. Und er begann sie zu bewundern und überall, wo er hinkam, ihre Lebenseinstellung zu propagieren, denn er erkannte, dass sich darin das Geheimnis des Glücks und der wahren Menschlichkeit verbirgt.
Diese kleine Erzählung schildert das Gegenteil der kapitalistischen Kultur. Letztere meint, dass jemand umso glücklicher ist, je mehr er für sich anhäufen und allein genießen kann. Aufgrund dieser Einstellung gibt es so viel Egoismus, Mangel an Großzügigkeit und fehlende Zusammenarbeit unter den Menschen. Die (falsche) Freude ist die Freude weniger Menschen neben der (echten) Traurigkeit von vielen. Damit man in unserer Kultur gut leben kann, müssen viele schlecht leben.

Jede Tugend hat die Übertreibung als ihren Widerpart

Alles, was gesund ist, kann auch krank werden. So kennen auch die Tugenden ihre jeweiligen Übertreibungen, durch die sie sich in Laster verwandeln.

Die verachtenswerte Überheblichkeit

Die Demut ist unter den Tugenden sicherlich eine der wertvollsten und am meisten lobenswerten. Wer auf irgendeinem Gebiet wirklich groß ist, der ist meist auch demütig. Er fühlt sich nicht wohl dabei, wenn seine Person oder sein Werk hervorgehoben und gepriesen wird, denn er ist sich der menschlichen Grenzen bewusst und weiß, dass unsere Unwissenheit unermesslich größer ist als jedwedes Wissen.
Überheblichkeit ist das Gegenteil von Demut und eine der schwerstwiegenden Haltungen der Übertreibung. Es kann sich dabei um ein persönliches Defizit handeln, aber auch eine Gemeinschaft als ganze betreffen. Die überhebliche Person dünkt sich stets besser als die an-

deren, sie meint, sie sei den anderen an Wissen überlegen, ja sogar witziger als die übrigen. Es ist eine Haltung, die die Erniedrigung, ja sogar Verachtung der anderen zur Folge hat. Man schreibt sich selbst Eigenschaften zu, die man nicht hat, sondern die zu haben man sich lediglich einbildet. Der Arrogante trägt die Nase ganz hoch und spricht mit lauter Stimme. Deshalb leidet er an einer gewissen Einsamkeit, denn sein Stolz demütigt die anderen und hält sie auf Abstand.

Diese überhebliche Haltung kommt auch im Stolz zum Ausdruck, der Nachkomme weißer Europäer zu sein. Dieses Überlegenheitsgefühl kennen wir aus den USA und auch aus anderen Ländern. Man schätzt Leute anderen ethnischen Ursprungs gering, vor allem Afrikanischstämmige und Indigene.

Anderswo gibt es den überheblichen Stolz, „ein richtiger Mann" zu sein und seine Männlichkeit hinauszuposaunen. Arroganz geht fast immer mit Eitelkeit einher. Man glaubt, eleganter als sein Umfeld und attraktiver als irgendein anderer zu sein. Der Eitle macht gern Selfies von sich, um sich selbst zu bewundern und sich davon zu überzeugen, dass er tatsächlich glänzender dasteht als die anderen, und unterstreicht dies noch durch seine Markenklamotten und seine Schuhe. Der Eitle bildet sich ein, unwiderstehlich und verführerisch zu sein.

Zu den gefährlichsten Formen der Überheblichkeit gehört wahrscheinlich der Überheblichkeitsdünkel der abendländischen Kultur. Es genügt nicht, dass man sich, wie wir bereits gesehen haben, über die ganze Welt ausgebreitet hat und diese beherrscht. Man gibt auch vor, die beste, von Gott geoffenbarte, Religion, nämlich das Christentum, die beste Regierungsform, nämlich die Demokratie, sowie die beste Wissenschaft und Technik zu haben, die so gewaltig sind, dass sie alles zerstören können, selbst das Leben auf dem Planeten und damit sich selbst. Man meint, die beste Literatur, die besten Maler, die besten Filme der Geschichte und die raffiniertesten Techniken der computergestützten Kommunikation hervorgebracht zu haben.

Diese Arroganz des Abendlandes unter Berufung auf seine Überlegenheit nimmt sich selbst das Recht heraus, in anderen Ländern zu intervenieren, die eigenen Werte und Organisationsformen und den *american way of life* aufzuzwingen, den Konsumismus und Verschwendung kennzeichnen.

Große Teile derer, die in den USA die Macht innehaben, verstehen sich als das „neue Volk Gottes“ und als die Subjekte einer „offenbaren Bestimmung“, der gesamten Menschheit die Freiheit (das heißt die Macht zur grenzenlosen Akkumulation), die Menschenrechte (das heißt das Recht des Stärkeren), die Demokratie (beherrscht von den Mächtigen in Wirtschaft, Politik, Militär und den Medien) und schließlich das hervorragende Gut des Privateigentums (ohne Sinn für dessen soziale Rolle) zu bringen. Dies mache sie zu etwas „Besonderem“.

Bedeutende Analytiker des aktuellen Weltgeschehens kommen zur Überzeugung, dass der Hauptfaktor für die weltweite Destabilisierung heute die abendländische Kultur ist. Sie strebt mit Eisen und Feuer nach Hegemonie über die ganze Welt. Sie war es, die die meisten Kriege mit Millionen von Opfern verursachte. Es gab Leute, die für die nahe Zukunft der Menschheit das Szenario eines „Kampfs der Kulturen“ entworfen haben, in dem die abendländische Kultur (mit einigen kleineren Verbündeten) allen anderen gegenübersteht und aus dieser Konfrontation stets siegreich, wenn auch schwer verwundet, hervorgeht.

Die Überheblichkeit in Verbindung mit der eitlen Überzeugung, der Schönste von allen, der Begabteste und dafür geschaffen zu sein, als Einziger von allen respektiert zu werden, kann nicht besser dargestellt werden als mithilfe der Erzählung von Narziss. Sehen wir näher zu, welche Tragödie die Überheblichkeit für eine Person, in diesem Fall Narziss, verursachen kann.

Von Narziss, der nur sich selbst liebte

Vor sehr langer Zeit wurde im alten Griechenland ein Knabe von ausgenommener Schönheit geboren. Niemals zuvor hatte man in dieser Gegend ein Kind mit einer solchen Ausstrahlung gesehen. Natürlich löste er bei den Menschen große Bewunderung, bei den Frauen gar eine regelrechte Faszination aus – besonders bei den Nymphen, also jenen Energien (Göttinnen), denen die Aufgabe zufällt, die Wälder und Felder, die Blumen, die Berge, mit einem Wort: die gesamte Natur zu schützen.

Die Mutter dieses Knaben machte sich bald Sorgen um seine Zukunft. Sie suchte bei einem Seher Rat, der, obwohl er blind war, die Gabe besaß, die Zukunft vorherzusagen. Ängstlich richtete die Mutter die Frage an ihn: „Wird mein Junge, Narziss, ein langes Leben haben?“ Der Seher gab darauf eine lakonische Antwort: „Narziss wird viele Jahre lang Leben, solange er sich niemals selbst sieht.“

Verwirrt ging die Mutter fort, ohne den geheimnisvollen Inhalt dieser Prophezeiung verstanden zu haben. Würde es Narziss verstehen, sich selbst zu beherrschen und der Empfehlung des Sehers Folge zu leisten? fragte sie sich. Nur so würde er ein langes Leben haben.

Seit seiner frühesten Jugend war die Schönheit des Narziss so faszinierend, dass ihr alle jungen Frauen Griechenlands leidenschaftlich verfielen. Er war sich seiner Schönheit durchaus bewusst. Er ging nicht einfach, nein, er defilierte vor denen, die ihn voller Begierde betrachteten. Sie seufzten ihm hinterher, doch er schenkte in seiner Eitelkeit und Arroganz keiner von ihnen Beachtung.

Sein Hochmut und sein Stolz schienen jegliches Maß zu überschreiten. Trotz aller Schmeichelei, die seine Eitelkeit nur noch steigerte, beschloss er, allein zu leben, nur sich selbst zu lieben und sich an seiner eigenen Schönheit zu berauschen, auch wenn er sie nicht betrachten konnte. Seine Mutter war besorgt um das Schicksal des bewunderten und begehrten Sohnes und erinnerte ihn stets daran: „Narziss, mein Sohn, schau dir niemals ins Gesicht, weder in einem Spiegel noch in einer klaren Wasseroberfläche. Wenn du das machst, dann wirst du nicht lange leben. So hat es mir der alte Seher vorhergesagt.“

Nun gab es aber eine junge Frau namens Echo, die sich wie verrückt in ihn verliebte. Sie folgte ihm heimlich nach, wohin er auch ging. Doch Narziss strafte sie mit Verachtung und schenkte ihr keinerlei Aufmerksamkeit.

Eines Tages ging er mit Freunden auf die Jagd und vernahm eine Stimme, die sagte: „Narziss, bist du da?“ Und der Klang der Stimme hallte als Echo wider: „Bist du da?“ Narziss spitzte die Ohren und hörte noch einmal dieselbe Stimme: „Warum läufst du vor mir davon?“ Und wiederum kam das Echo: „Vor mir davon?“ Dann hörte er noch: „Vereinigen wir uns hier.“ Und das Echo ließ sich vernehmen: „Vereinigen wir uns hier.“ Diese so sanfte und so süße Stimme löste Verwirrung bei Narziss aus. Er spürte in seinem Inneren etwas, das mit Liebe zu tun haben konnte.

Er trat auf eine Lichtung hinaus. Hier eilte ihm Echo entgegen, um ihn zu umarmen und zu küssen. Als Narziss sie sah, sagte er: „Geh weg! Ich sterbe lieber, anstatt zuzulassen, dass du von mir Besitz ergreifst!“

Wie ein Verrückter lief er davon und ließ Echo allein und völlig verzweifelt zurück. Weinend ging diese weg. Sie verließ ihre Gefährtinnen, zog sich in großer Einsamkeit zurück und war zuinnerst bedrückt, weil es ihr nicht gelungen war, Narziss’ Liebe zu erobern.

Die Leidenschaft nahm aber nicht ab, im Gegenteil, sie schien immer stärker zu werden, wenn sie nur an Narziss’ Schönheit dachte. So zehrte sie die nicht erwiderte Liebe langsam auf, bis sie schließlich starb. Sie wurde in einen großen Felsen verwandelt. Jede Stimme, die auf diesen Felsen prallte, hallte in Form eines Echos wider und erinnerte an die unglückliche und verschmähte Echo.

Narziss ging indes voller Anmut seines Wegs. Er verspürte Durst und ging zu einem See von kristallklarem Wasser. Nicht einmal ein Vogel kam, um von diesem Wasser zu trinken, und keine Blätter beeinträchtigten seine Reinheit. Als Narziss sich bückte, um seinen Durst zu stillen, sah er sein eigenes Antlitz, das sich in aller Deutlichkeit in diesem ruhigen und klaren Gewässer widerspiegelte.

Narziss war von seiner eigenen Schönheit wie hypnotisiert: von den schön geformten Lippen, den Haaren, die sanft herabfielen, den wie Sterne strahlenden Augen, der Röte, die seiner schneeweißen Haut Farbe verlieh, seinem Hals wie Elfenbein. Narziss war wie versteinert. Er betrachtete diese Gestalt unablässig. Je mehr er sie betrachtete, umso stärker fühlte er sich von ihr hingezogen und umso mehr entbrannte er in Leidenschaft angesichts des Spiegelbildes seines überaus schönen Gesichts.

Er konnte seinen Blick von diesem im Wasser reflektierten Bild nicht lassen. Stundenlang gab er sich der Betrachtung hin. Er wollte nicht mehr essen, bis er, erschöpft von dieser Betrachtung seiner selbst, dahinschwand und sich in dem Augenblick verlor, in dem er sich selbst begegnete.

Er sah sich und konnte davon nicht mehr lassen. Er wollte dieses so schöne Bild umarmen und küssen. Sobald aber die Hände das Wasser berührten, löste sich das Bild auf. Er stieg ins klare Wasser des Sees. Er beachtete die Warnung des Sehers nicht, dass er niemals sein eigenes Antlitz sehen sollte.

So ging die Prophezeiung des blinden Sehers in Erfüllung: Narziss ertrank im klaren Wasser und starb. Er war zur Geisel seiner eigenen Schönheit und Eitelkeit geworden, war der Hybris verfallen, das heißt: Er überschritt die unverrückbare, vom Seher gesetzte Grenze und konnte sich nicht selbst beherrschen. Ja schlimmer noch: Er lehnte es ab, Verbindungen zu knüpfen, aus Liebe zu einer anderen Person, nämlich Echo, die in Leidenschaft für ihn entbrannt war, auf sich selbst zu verzichten.

Als man nach seinem Leichnam suchte, sah man, dass auf dem Grund des Sees eine Blume von äußerster Schönheit erblühte. Sie hatte weiße und gelbe Blütenblätter, und ihr Inneres war rötlich gefärbt. Narziss war in diese Blume verwandelt worden, die an Flussufern blüht und sich dem Wasser zuneigt, als ob sie an sein tragisches Schicksal erinnern wollte, an ihn, der sich aufgrund seiner eigenen Schönheit und Eitelkeit selbst verlor.

Eitelkeit und Überheblichkeit kosteten ihm das Leben. Er isolierte sich und knüpfte mit niemandem Bande der Freundschaft außer mit sich selbst. Nur die Beziehung macht menschlich, nur die Liebe rettet uns. Eitelkeit und Überheblichkeit führen zu einem schlimmen Ende.

Die Tugend und ihr jeweiliges Gegenteil

Zum Schluss dieser Überlegungen ist es vielleicht angebracht, in knapper Form zusammenzufassen, worin das wahre Wesen der Tugend besteht. Die Weisheit aller Völker, sei es nun im Osten oder Westen, in Afrika oder sonstwo in der Welt, hat die Tugend stets in der Mitte verortet, sie als ein „nicht zu viel und nicht zu wenig" von etwas definiert. Diese Mitte begründet das rechte Maß, das als Basis für jede bekannte Ethik der Menschheit, von den ältesten bis zu denen unserer Tage, dient.

Wir sollten daran denken, dass jede Tugend auch ihr Gegenteil hat, das entsprechende Laster. Solche Gegensätze gehören zu unserer Conditio humana, zur konkreten Daseinsverfassung unseres Menschseins. Alles Gesunde kann krank werden. Doch die Krankheit verweist stets auf die erwünschte Gesundheit, und sie ist es, die schließlich die letzte Seite des Buches des Lebens schreibt.

Im Folgenden zur Veranschaulichung einige Beispiele von solchen Gegensätzen. Sie dienen auch als Kriterium dafür, um zu beurteilen, wie weit sich unsere Lebensweise von der alten Weisheit entfernt oder ihr nahekommt, die Tugend immer in der Mitte zu verorten, sie als die richtige Dosis und das Gleichgewicht in allen Dingen zu beschreiben:

Mit Mäßigung essen bildet die Mitte zwischen Völlerei und Appetitlosigkeit.

In Maßen trinken ist die Mitte zwischen Betrunkenheit und Abstinenz.

Die Liebe gedeiht in der Mitte zwischen Besessenheit und Gleichgültigkeit.

Das sexuelle Begehren ist weder Unzucht noch Desinteresse.

Freundschaft bedeutet einerseits nicht vorbehaltlose Zustimmung, andererseits aber auch nicht Unnachgiebigkeit.

Reinheit unterscheidet sich ebenso von Unanständigkeit wie von Verschlossenheit.

Mut ist etwas anderes als Tollkühnheit, aber auch nicht Feigheit.
Freundlichkeit ist weder Schamlosigkeit noch Affektiertheit.
Die Klugheit ist weder Nachlässigkeit noch Verantwortungslosigkeit.
Ein gesundes Selbstwertgefühl ist weder Eitelkeit und Prahlerei noch falsche Bescheidenheit.
Großzügigkeit hält die Mitte zwischen Verschwendungssucht und Geiz.
Solidarität setzt sich von Egozentrik genauso ab wie von Vereinnahmung.
Achtsamkeit ist die Mitte zwischen Abstumpfung und Beunruhigung.
Aufrichtigkeit lehnt die Korruption ebenso ab wie den Wucher.
Demut ist die Mitte zwischen mangelndem Selbstbewusstsein und Überheblichkeit.
Bescheidenheit ist keine übertriebene Zurückhaltung, aber auch nicht Unverschämtheit.
Der Eifer ist ein Mittleres zwischen zwanghaftem Handlungsdruck und Faulheit.
Geistesschärfe steht zwischen Grobschlächtigkeit und Spott.
Geistesgröße steht genauso im Gegensatz zu Mittelmäßigkeit wie zu Überheblichkeit.
Aufrichtigkeit ist etwas anderes als Direktheit und unnachgiebige Rechthaberei.
Einfachheit ist die Mitte zwischen Konsumismus und Mangel.
Gerechtigkeit hält das Gleichgewicht zwischen Parteilichkeit und Formalismus.
Nachhaltigkeit ist einerseits das Gegenteil von Raubbau, andererseits das Gegenteil von Bewahrung um jeden Preis.
Und so könnten wir fortfahren und jeweils das Mittlere herausarbeiten, das die Tugend darstellt, und die Übertreibungen aufzeigen, die in einem zu viel oder zu wenig davon bestehen und damit zu Lastern, dem Gegenteil der Tugend, werden.

Vom deutschen Philosophen Immanuel Kant stammt das Diktum: Es gibt nur eine Tugend, die frei ist von jeder Unvollkommenheit: Das ist der gute Wille. Wenn er irgendeine Unvollkommenheit an sich hätte, wäre er nicht gut.

Vielleicht ist einer der größten Mängel der Menschheit das Fehlen des guten Willens. Gäbe es ihn in ausreichendem Maße, dann hätte das Gute allgemein die Überhand und es würde großer Friede unter den Menschen herrschen. Alles wäre unvergleichlich besser.

Die Herausforderung für jeden Einzelnen, für die Gemeinschaft und eine ganze Kultur besteht darin, ständig und unter wechselnden Umständen das rechte Maß herauszufinden, die richtige Dosis und das Gleichgewicht zwischen den Teilen innerhalb des Ganzen zu bestimmen.

II. Wie lebt man das rechte Maß?

Am Ende dieses Weges gelangen wir zur Schlussfolgerung: So, wie es ist, so völlig ohne rechtes Maß und voller Übertreibungen und Überheblichkeit, kann es mit unserer Welt nicht weitergehen. Wenn wir so weitermachen wie bisher, gelangen wir an einen „point of no return", an einen Punkt, von dem aus es keine Rückkehr mehr gibt. Vor uns wird sich dann ein Abgrund auftun, in den wir alle stürzen könnten.

Sie nahmen uns alles, aber sie vergaßen das Saatgut

Wenn wir am Wegende angelangt sind, dann ist es Zeit geworden, anzuhalten und einen anderen Weg einzuschlagen. Wir erweitern unser Blickfeld, und siehe da: Eine andere mögliche einzuschlagende Richtung gerät in Sichtweite. Dann enthüllt sich uns der Wahrheitsgehalt der Worte des spanischen Dichters Antonio Machado, der während seines Exils den Vers formulierte: „Wanderer, es gibt keinen Weg. Der Weg entsteht im Gehen." Wir müssen also aufstehen und anfangen zu gehen. Plötzlich zeigt sich ganz überraschend ein neuer Weg, ein Weg voller Sinn und Hoffnung, und am Boden werden wir unseren eigenen Fußabdruck hinterlassen.

Die Welt geht nicht zugrunde. Was zugrunde gehen muss, ist diese bestimmte Art von Welt, die das Leben bedroht, Krieg führt gegen die Natur und die Mutter Erde und gegenüber den Menschen selbst feindselig gesinnt ist.

Unser Fehler bestand nicht darin, dass wir biologisch betrachtet defizitäre Wesen, Mängelwesen, sind, die unaufhörlich nach Behebung dieses Mangels streben. Unser Fehler bestand auch nicht darin, dass wir von Unvernunft geprägt sind, weil es der Verstand versäumt hat, sich mit dem Herzen zu verbinden, noch in unseren grenzenlosen Sehnsüchten, die das ihr angemessene Ziel aus den Augen verloren haben. Diese unsere konkrete Daseinsverfassung können wir nicht ändern, sie gehört zu unserem Wesen selbst, dem solche Grenzen auferlegt sind. Wir tragen sie eher als eine Herausforderung in uns, die wir annehmen und bewältigen sollen, und nicht als einen Defekt, den man nur betrübt als solchen hinnehmen könnte.

Unser Irrtum, unser wirklicher Fehler, bestand darin, dass für uns das Begehren grenzenlos wurde, dass wir der Rationalität ohne Herz frönten, dass wir unser biologisches Defizit um jeden Preis überwinden wollten und dabei die Grundachsen schufen, um die sich unsere gesamte Zivilisation dreht. Diese unabänderlichen Faktoren wurden für uns das Fundament, auf dem wir unser gesamtes Netz von Beziehungen aufruhen ließen. Wir bemerkten nicht, dass wir auf diese Weise auf Sand gebaut hatten. Darin bestand unser größter Irrtum und unser verhängnisvollster Fehltritt. Doch wir können den Weg einschlagen, der unser wahres Menschsein wieder freisetzt.

An uns selbst glauben: aus unserer eigenen Quelle trinken

Wir sind geschaffene Schöpfer, und als solche können wir uns selbst neu schaffen. Wir werden unsere dunklen anthropologischen Grundgegebenheiten nicht verleugnen, aber wir werden ihnen gegenüber Wachsamkeit an den Tag legen. Nun kommt es darauf an, sie durch unsere helle Seite zu ersetzen: die wechselseitige Abhängigkeit von allem, unsere Fähigkeit zu lieben und andere aufzunehmen, unsere Solidarität, unser Mitleid und unsere Achtsamkeit allem gegenüber, was existiert und lebt.

Unser Weg wird von solchen Werten gepflastert sein. Mit ihrer Hilfe sind wir in der Lage, dem Abgrund zu entgehen und den Berg der Seligpreisungen zu erklimmen.

„Wo Gefahr ist, wächst das Rettende auch“, hat einmal der große deutsche Dichter Friedrich Hölderlin formuliert. Ein biblischer Autor, nämlich Paulus von Tarsus, der ein zutiefst spiritueller Mensch war, formulierte in ganz ähnlicher Weise: „Wo das Unglück überhand nahm, da strömte die Gnade in noch größerer Überfülle.“
Uns bleibt keine andere Wahl, als aus unserem eigenen Brunnen zu trinken und auf unser komplexes Wesen zu blicken: Da stoßen wir auf Werte, die wir an die Oberfläche befördern werden. Da sie zu unserem Wesen gehören, können sie stets in der Gewissheit in uns erweckt werden, dass wir an ihnen niemals scheitern werden und dass sie uns keinesfalls vom rechten Weg abbringen.
„Das ist eine Utopie“, sagte einer im Gespräch mit einem hervorragenden lateinamerikanischen Schriftsteller: „Ja, es ist eine Utopie“, antwortete dieser, „aber eine notwendige Utopie. Sie bildet den vor uns liegenden Horizont. Wir tun einen Schritt, um sie zu erreichen, und sie entfernt sich um einen Schritt. Wir tun noch einen und noch tausend Schritte, und immer wieder wird sie sich in entsprechendem Maß auch entfernen.“
Da fragte sein Gesprächspartner: „Was nützt uns denn ein unerreichbarer Horizont?“ Der Schriftsteller lächelte und sagte: „Der Horizont ist dafür da, dass er uns zu gehen veranlasst. Und im Gehen erschließen wir uns den Pfad, der uns an den richtigen Ort bringt. Deshalb fassen wir nur Mut! Machen wir uns auf den Weg.“
Bei unserem Engagement für eine andere mögliche Welt müssen wir uns notgedrungen biegen, aber wir brechen nicht. Sie werden so weit gehen, uns fast alles zu entreißen. Wenn man uns mit einem Baum vergleichen will, dann haben sie unsere Krone gelichtet, unsere Blätter abgeschnitten und unsere Blüten abgerissen, sie haben unsere Früchte verkauft, unseren Stamm eingezäunt und unsere Wurzeln freigelegt. All das wurde mit Eisen und Feuer vollbracht.
Doch dabei bewiesen sie nicht viel Köpfchen, und ihre Gedanken reichten nicht weit: Sie meinten, auf diese Weise könnten sie uns

ausrotten und endgültig vertilgen. Dumm, wie sie waren, vergaßen sie das Wesentliche: Sie wussten nicht, dass wir Samenkörner waren. Wir sind Samenkörner des Neuen. Mit dem Samenkorn beginnt alles wieder zum Leben zu erwachen. In jedem Samenkorn sind die Wurzeln, der Stamm, die Blätter, die Blüten und die Früchte bereits enthalten. Der Baum ergrünt wieder und gibt uns all das, was wir brauchen, um unseren Weg fortzusetzen.
Alles beginnt wieder von vorn in neuer Hoffnung, und es eröffnet sich der Blick auf eine verheißungsvolle Zukunft.
Vor uns liegt eine einigermaßen schwere Aufgabe: Wir müssen all das an Gutem, was im Erbe unserer Vergangenheit enthalten ist, zusammentragen und bewahren. Doch es genügt nicht, das einzusammeln. Wir müssen es in anderer Weise wieder zur Geltung bringen, in einer Form, die der veränderten Welt entspricht, in der zu leben uns dann zufällt.
Nach dem düsteren Unwetter, das über uns hereinbricht, stellt sich die Frage: Wie finden wir in einer anderen Welt das rechte Maß, den Mittelweg, das dynamische Gleichgewicht, das „nicht zu viel und nicht zu wenig", die Fähigkeit zur Selbstbeschränkung und die Kraft zum Verzicht für ein höheres Gut?

Wer und was sind wir nun eigentlich?

Bevor wir uns diesen Herausforderungen stellen, wollen wir unsere beste Seite, unsere helle Dimension, näher betrachten, denn die dunkle haben wir schon erwähnt. Aus der hellen Dimension erwachsen uns die Kräfte, um einen neuen Weg in Angriff zu nehmen.
Vor allem anderen gilt es, zur Kenntnis zu nehmen, dass wir der Hinfälligkeit ausgesetzt sind. Wir können von verschiedenen Krankheiten heimgesucht werden und ihnen sogar unterliegen.
Dann sind wir Wesen, die dem Unvorhersehbaren ausgeliefert sind. So wurden wir im Jahr 2019 völlig unerwartet vom Corona-Virus und schon früher vom Zika-Virus, vom Dengue-Fieber und anderen Krankheiten heimgesucht.

Doch worauf es bei uns ankommt, ist, dass wir Wesen der Beziehung und Brückenbauer sind. Wir sind wie eine Blumenzwiebel, deren Wurzeln sich in alle Richtungen erstrecken. Wir sind ein Knoten von Beziehungsfäden, die sich nach allen Seiten hin ausdehnen und Verbindungen schaffen wollen. Je mehr wir uns in Beziehung setzen, umso mehr finden wir Verbündete und umso mehr Brücken bauen wir. Wir stärken uns gegenseitig und treten mit anderen in wechselseitige Verbundenheit. Auf diese Weise sind wir mehr.

Zweitens sind wir wechselseitig voneinander abhängige Wesen. Dies rührt daher, dass wir stets in Beziehungsnetze eingefügt sind. Einer hilft dem anderen, ja verleiht dank der wechselseitigen Abhängigkeit und des Netzes von Beziehungen dem schwächsten Glied die Kraft zum Überleben. Dieses hat seinen Platz innerhalb der Gesamtheit der Lebewesen und eine Botschaft, die nur es allein mitteilen kann. Im Universum selbst ist dieselbe Logik am Werk: Alle Seinsformen sind durch die vier Grundkräfte miteinander verbunden, die allen zugrunde liegen: die Gravitation, die elektromagnetische Kraft sowie die starke und schwache Kernkraft. Sie wirken stets zusammen, um den Verlauf der gesamten kosmischen Bewegung zu gewährleisten.

Drittens sind wir Wesen der Solidarität. Dies ist eine weitere Konsequenz der Tatsache, dass wir relational verfasst und in wechselseitiger Abhängigkeit voneinander sind. Wir wissen heute: Als unsere Vorfahren begannen, in Solidarität miteinander zu essen und ihre Nahrung miteinander zu teilen, vollzogen sie den Sprung vom Tiersein zum Menschsein. Wenn dies damals der Fall war, dann ist es auch heute noch gültig. Wir fühlen uns miteinander verbunden, wir leben zusammen und wir machen eine gemeinsame Entwicklung durch. Wenn jemand hingefallen ist, strecken wir ihm die Hand entgegen, um ihn aufzurichten; wenn er traurig ist, legen wir ihm die Hand auf die Schulter und sprechen ihm aufmunternde Worte ins Ohr. Wenn er leidet, lassen wir ihn nicht allein, sondern teilen seinen Schmerz mit ihm.

Viertens sind wir Wesen der Achtsamkeit. Aufgrund der Tatsache, dass wir Wesen der Beziehung, voneinander abhängig und solidarisch sind, sorgen wir uns um den Menschen an unserer Seite. Sich sorgen und achtsam sein heißt, eine aufmerksame und liebevolle Geste für den oder die andere zu haben, die Hand auszustrecken, um sie in die Hand der anderen zu legen und auf diese Weise die Kräfte zu vereinen, und am glücklichen oder tragischen Geschick der anderen teilzuhaben. Sorge und Achtsamkeit sind eine Weise der Liebe, der zärtlichen Zuwendung und des Mitleids. Für alles, was wir lieben, tragen wir auch Sorge, alles, worum wir uns kümmern, lieben wir auch.

Dabei geht es nicht nur um Sorge und Achtsamkeit den Menschen gegenüber. Achtsamkeit umfasst stets auch ein freundschaftliches Verhältnis zur Natur und das Knüpfen von Banden des Mitgefühls und des Schutzes mit der Mutter Erde, damit diese ihre Gesundheit wiedererlangt und uns mit allem versorgt, was wir zum Leben brauchen.

Fünftens sind wir Wesen der Vergebung. Vergeben heißt nicht vergessen, sondern vermeiden, zu Geiseln einer nicht enden wollenden Verbitterung und zu einem Quell schmerzlicher Kränkungen zu werden. Auf diese Weise blieben wir immer abhängig vom anderen. Vergeben heißt sich von den undurchdringlichen Dunkelheiten befreien, die auf unserem Denken lasten. Es ist mehr als ein bloßes Umblättern. Es ist vielmehr das Beginnen mit einer neuen, unbeschriebenen Seite, um darauf eine Geschichte ohne das negative Gefühl niederzuschreiben. Vergeben zu können ist ein Zeichen für die Größe, deren unser Geist fähig ist. Er lässt es nicht zu, dass die Brücke für immer zerstört bleibt, er baut sie vielmehr wieder auf oder er baut eine neue, die alle betreten können.

Schließlich sind wir spirituelle Wesen. Spirituell sein ist mehr als religiös sein, obwohl es dies auch sein kann. Spirituell sind diejenigen, die sich als Teil des Universums, als Teil eines umfassenden Ganzen, empfinden. Spirituell sein heißt mit Verstand und Herz erfassen, dass die Dinge nicht beliebig irgendwie verstreut da sind und eines vom anderen strikt getrennt ist, sondern dass eine liebende und mächtige Energie am Werk ist, die sie alle durchdringt und alle Seinsformen bis hin zu den entferntesten Sternen im Sein hält. Spirituell sein heißt erfahren, dass man ohne jegliches eigene Verdienst lebendig ist; es heißt die Begeisterung in sich spüren, die einem die Kraft verleiht, die Widrigkeiten des Alltags sowie die Herausforderungen und Gefahren, die zum menschlichen Leben gehören, zu bestehen; die Kraft, den Weg des Lebens immer wieder von Neuem aufzunehmen. Spirituell sein heißt die uneigennützige Liebe, die Solidarität mit den anderen zu leben, achtsam mit den Dingen umzugehen und sich einem liebevollen Zwiegespräch mit jenem Sein zu öffnen, das alle Seinsformen dieser Welt im Sein hält: der höchsten Wirklichkeit. Spirituell sein heißt sich dessen bewusst werden, dass das Unendliche, das in uns wohnt, der Widerhall eines größeren Unendlichen ist, das uns zu sich ruft. Die Spiritualität hat ihren Ort nicht im Denken, im Kopf. Ihr natürlicher Ort ist das Herz, das empfindet, das die Gegenwart eines Größeren intuitiv erfasst und gewahr wird, dass die Dinge Botschaften und Zeichen mit sich tragen, die wir entschlüsseln können und die unser Leben bereichern. Viele haben es bereits gesagt: „Das Wesen des Glaubens besteht nicht darin, an Gott zu denken, sondern Gott in der Gesamtheit unseres Seins und von unserem Herzen her zu spüren."

Mensch sein heißt all dies und noch viel mehr verwirklichen, denn wir sind ein unendlicher Entwurf, ein Geheimnis, das wir niemals vollständig ergründen, das nur dann zur Ruhe kommt, wenn es im unendlichen, gütigen und liebevollen Sein geborgen ist, das uns ruft. Mit diesem für uns als Menschen charakteristischen Gepäck ausgestattet, können wir auf unser Ziel hin voranschreiten, in allem das zu finden, was wir als das rechte Maß und das Gleichgewicht erfassen, welches uns auf unserem Weg Tritt fassen lässt.

Das bringt man nicht von einem Tag zum anderen zuwege, es ist vielmehr das Ergebnis eines mühevollen Prozesses, der seine Zeit braucht und mancherlei verschlungene Pfade durchläuft, bis sich eine neue Art und Weise etablieren kann, das Gemeinsame Haus selbst zu bewohnen. Der Weg kann Höhen und Tiefen durchlaufen und über Hindernisse führen. Doch die Richtung stimmt, und sie wird uns ans glückliche Ziel führen. Im Wissen darum, wer wir sind und wie wir beschaffen sind, können wir vertrauensvoll auf dem Weg des Lebens voranschreiten.

Wir sind alle Gast auf dieser Erde

Die Geschichte vom ehrgeizigen Fischer, die uns der deutsche Maler Otto Runge überliefert hat, und Tolstois Erzählung vom Mann, der alles Land für sich gewinnen wollte, das er an einem Tag umrunden konnte, haben eine gemeinsame Voraussetzung: dass die Erde etwas ist, worüber man verfügen, das man so ohne Weiteres besitzen kann. In beiden Geschichten vergaßen deren Protagonisten, dass sie selbst aus Erde gemacht sind, dass sie Erde sind und nicht deren Herren und Gebieter. Der ethische Imperativ lautet, sich um sie zu sorgen und sie stets bewohnbar und lebendig zu erhalten.

Heute spricht man vom *ökologischen Fußabdruck*. Das ist ein Maß dafür, wieviel an Boden, Nährstoffen, Wasser, Wäldern, Weiden, Meer, Fischbestand und Energie der Planet braucht, um das wieder zu ersetzen, was wir ihm für unseren Konsum entnehmen. Entsprechende Studien haben gezeigt, dass wir in dieser Hinsicht jegliches rechte Maß verloren haben. Die Erde braucht anderthalb Jahre, um das wiederherzustellen, was wir für unseren Konsum verbraucht haben. Wir brauchen mehr als anderthalb Planeten, um das Lebensniveau aufrechtzuerhalten, an das wir uns gewöhnt haben. Deshalb sind wir weit von einem Gleichgewicht, von jenem rechten Maß und der hierfür nötigen Selbstbeschränkung entfernt, die gewährleisten könnten, dass alle Menschen und die übrigen Lebewesen der Natur weiter auf der Erde existieren können.

Es ist weder auf Dauer möglich noch menschlich, dass sich einige Menschen ausgedehnte Ländereien für den Ackerbau oder die Viehzucht aneignen und auf diese Weise üppige Gewinne erzielen. Ein Großteil der Menschen verfügt über kein Stückchen Land, um darauf zu leben, um etwas zu produzieren und um so zu überleben. Deshalb ist es so wichtig, immer wieder zu betonen, dass die Erde ein universales gemeinsames Gut ist und allen Menschen gehört. Wir sind Gäste, die eine Zeit lang auf dieser Erde wohnen, und danach erben sie hoffentlich unsere Kinder und Enkel in gut erhaltenem Zustand und mit ihrer Fähigkeit, Leben für alle hervorzubringen.

Viele Mächtige bilden sich ein, die Herren der Erde zu sein, denn mit ihrem Reichtum geben sie vor, alles kaufen zu können. Sie sind unwissend und entfremdet: Können sie denn das glänzende Licht der Sonne kaufen, das uns erleuchtet? Können sie die Luft kaufen, die sie atmen? Können sie die Schönheit des Regenwalds in seiner blühenden Pracht kaufen? Oder um mit Jesus selbst zu sprechen: Können sie denn mit ihrem Reichtum ihrem Haupt ein einziges Haar wachsen lassen?

Die Menschen betraten die Bühne der Evolution spät, zu einem Zeitpunkt, als die Erde bereits zu 99,98 % fertig war. Sie waren nicht dabei, als sich die Erde formte, und sie brauchte sie nicht, um ihre Komplexität zu organisieren und ihren Artenreichtum hervorzubringen. Wie kann sie dann ihnen gehören? Lediglich Dummheit gepaart mit Überheblichkeit führt sie dazu, sich im Besitz der Erde zu wähnen.

Innerhalb einer umfassenderen Sichtweise könnten wir sagen, dass die Erde dem Sonnensystem gehört, das seinerseits wiederum Teil unserer Galaxie, der Milchstraße, ist, die wiederum dem Universum angehört. Sie ist ein Moment innerhalb eines Entwicklungsprozesses von 13,7 Milliarden Jahren.

Doch diese Antwort stellt uns nicht zufrieden, denn sie verweist auf eine weitere, dahinter liegende Frage: Wem gehört das Universum? Wir können zur Antwort geben: jener Hintergrundenergie, dem Ursprungsquell von allem. Bis dahin dringen die Astrophysiker und Kosmologen vor. Das ist korrekt. Doch es ist keine letzte Antwort.

Dieser Ursprungsquell von allem – wem gehört der? Was ist sein Ursprung? Kann uns die Vernunft darauf eine Antwort geben?
Die Vernunft vermag viel, aber nicht alles. Die Vernunft ist kein Akt der Vernunft. Das Aufbrechen der reflexiven Vernunft in uns gehört zu einem fortgeschrittenen Moment der Evolution. Doch es ist ein Geheimnis, das wir dankbar annehmen. Aufgrund der Vernunft, so möchten wir sagen, ist es die Erde selbst, die durch uns das Universum betrachtet und in Kontakt mit den Sternen und anderen Himmelskörpern, ihren Geschwistern, tritt.
Am vernünftigsten ist es, sich an den großen österreichischen Philosophen Ludwig Wittgenstein zu halten, der meinte: Es gibt Fragen, die man nicht beantworten kann, weil es sich nicht um Fragen handelt, die irgendeine Antwort erheischen. Sie sind einfach da in ihrer demütigen Existenz. Der zum Katholizismus konvertierte Lutheraner und Mystiker Angelus Silesius (1624–1677) formulierte: „Die Ros' ist ohn' Warum. Sie blühet, weil sie blühet, sie acht nicht ihrer selbst, fragt nicht, ob man sie siehet."
Die Naturwissenschaften erforschen, *wie* die Dinge sind. Der religiöse Geist staunt und ist ergriffen von der Tatsache, *dass* die Dinge existieren. Sie existieren nun, sie sind da und erfüllen uns mit Staunen allein durch die einfache Tatsache, dass sie existieren und da sind.
Die Blume stellt keine Frage und wartet auf keine Antwort. Sie ruft nur Faszination und das Empfinden des Geheimnisses der völlig ungeschuldeten Existenz und Schönheit hervor.
Angesichts dieses Empfindens ist vornehmes Schweigen am Platz. Die würdevollste und angemessenste Haltung angesichts des Geheimnisses aller Dinge ist es, uns ihnen gegenüber respektvoll und staunend zu verhalten. Das Staunen ist keine Antwort auf eine Frage, sondern eine Haltung, die uns völlig in Beschlag nimmt und uns mit Ehrfurcht und überaus köstlicher Freude erfüllt.
Worüber man nicht reden kann, darüber muss man schweigen, sagte der bereits erwähnte Philosoph Ludwig Wittgenstein mit Recht. Wir

schweigen, nicht weil wir nichts zu sagen hätten. Wir schweigen, weil alles, was wir sagen könnten, unzulänglich ist. Es gibt Wirklichkeiten, die lediglich das Gefühl der Erhabenheit, die Bewunderung und die ehrfürchtige Betrachtung erheischen. Das ist es, was passiert, wenn wir uns über die Wiege eines neugeborenen Kindes beugen. Wir betrachten einfach und lassen uns vom Staunen ergreifen. Diese Wirklichkeiten sind die wertvollsten, sie erfüllen unseren Geist mit Erhabenheit und Demut.

Wechseln wir die Tonart und wenden wir uns unserer alltäglichen und brutalen Geschäftswelt zu: Wem gehört die Erde? *Faktisch*, nicht jedoch *rechtmäßig*, gehört sie denen, die sie an sich gerissen haben und deshalb ungerechterweise Macht innehaben. Sie gehört denen, die die Märkte und die Finanzen unter ihrer Kontrolle haben; denen, die ihren fruchtbaren Boden, das reiche Erdreich, ihre Güter und Fähigkeiten, Wasser, Mineralien, Gene, Saatgut, menschliche Organe und ebenfalls zu Waren degradierte Menschen verkaufen und kaufen. Sie sind es, die die Herren der Erde sein und nach ihrem Gutdünken über sie verfügen wollen.

Doch sie sind lächerliche Hochstapler, denn sie vergessen, dass sie weder Herren ihrer selbst noch ihrer Organe oder ihres Lebens und ihrer Zeit, geschweige denn ihres Todes sind, der zur gegebenen Zeit kommen wird.

Ich glaube, die vernünftigste Antwort ist jene, die in der Heiligen Schrift der Juden und Christen nachzulesen ist: Darin spricht Gott: „Mein ist die Erde und alles, was sie enthält, und ihr seid *meine Gäste* und Pächter." (Lev 25,23) Gott allein ist Herr der Erde, und er verleiht niemandem einen Besitztitel. Wir sind Gäste auf Zeit und einfache Hüter mit dem Auftrag, sie in das zu verwandeln, was sie einmal war: Garten Eden. Wir haben die Erde von unseren Kindern, Enkeln und Urenkeln geborgt, denen und deren künftigen Nachkommen die Erde ebenfalls gehört.

Die Erde kommt von Gott, sie wurde allen Menschen übereignet, und alle fühlen sich als zeitweilige Gäste, die das Recht und das Privileg genießen, sich auf der ganzen Erde aufzuhalten. Sie hat von sich aus keine Grenzen gezogen. Deshalb braucht niemand einen Pass. Jeder ist ein freier Gast, der sich in seinem eigenen Haus bewegt, um darin zu wohnen, es zu erhalten, sich um es zu kümmern und dieses Haus, die Erde, alles hervorbringen zu lassen, was wir für ein anständiges Leben brauchen, und schließlich dafür zu sorgen, dass es stets gastfreundlich bleibt.

Werte und Prinzipien: Meilensteine auf unserem Weg

Das Leben der Menschen ist menschlich aufgrund der Werte, zu denen sie sich bekennen und die sie leben. Wert ist all das, was in meinem Leben zählt und Bedeutung hat – in meinem Leben, das ich mit anderen zusammen und in derselben Welt lebe. Das Gute ist deshalb nur dann gut, wenn es für die anderen gut ist.
Im Laufe unserer Überlegungen werden wir die entscheidende Bedeutung des Wertes des rechten Maßes, des Wertes des Mittelwegs erkennen, der jegliche Übertreibung, jedes „zu viel“ und jedes „zu wenig“, vermeidet. Diese Umsicht setzt den Wert der Selbstbeschränkung, den Wert der Demut im Gegensatz zu jeglicher Art von Überheblichkeit und Anmaßung, die Distanz schaffen und die Menschen erniedrigen, voraus. Die Werte bilden die Welt des Erhabenen. Es sind jene Tugenden und Beziehungen, die mein Leben und das der anderen zu etwas Wertvollem und Attraktivem machen, das deshalb wert ist, gelebt zu werden.
Die Werte sind in der emotionalen Intelligenz und in der Vernunft des Herzens verankert. Ein Wert entsteht, wenn wir das Herz ins Spiel bringen, das empfindet, das sich dem anderen nähert und ihn herzlich und in Respekt vor seiner Einzigartigkeit annimmt. Ein Wert kann sich auf Dinge beziehen, die scheinbar unbedeutend und „wertlos“ sind, zu denen wir aber eine emotionale Bindung haben.
So maß ich dem Zigarettenstummel aus Stroh meines an einem Infarkt in dem Moment verstorbenen Vaters unschätzbaren Wert bei,

als ich gerade das Schiff betrat, das mich zum Studium nach Europa bringen sollte. Ich erhielt diesen Zigarettenstummel, den meine Geschwister in einen Briefumschlag steckten, einen Monat später in München. Ich bewahre ihn in zärtlichem Gedenken auf. Sein Geruch nach Rauch, seine vergilbte Farbe rufen mir die strenge Gestalt meines geliebten Vaters in Erinnerung. Dieser Zigarettenstummel besitzt einen unschätzbaren Wert und wurde zu einem wahren Sakrament, das mir das arbeitsame und zutiefst ethische Leben meines Vaters in Erinnerung ruft, eines Lehrers und Beraters der ganzen Gemeinde im westlichen Landesinneren des brasilianischen Bundesstaates Santa Catarina.

Die Werte zu leben, die dem Leben Sinn verleihen, erfordert Liebe, Empathie, Herzlichkeit und vor allem Achtsamkeit dem eigenen Leben gegenüber, der Seele, dem Geist und allen Menschen und Dingen gegenüber, denen wir emotional verbunden sind. Um mit den Werten, zu denen wir uns bekennen, wirklich übereinzustimmen, bedarf es oftmals der Fähigkeit zum Verzicht – nicht jedoch im Sinne einer weiteren Bürde, sondern im Sinne des Ausdrucks von Authentizität und Treue zu sich selbst und zum eigenen Gewissen.

So bringen jede Suche nach dem rechten Maß und nach Selbstbeschränkung unseres grenzenlosen Begehrens Opfer mit sich, die in Fröhlichkeit und ohne Murren zu ertragen sind. Es ist der Preis dafür, dass nicht Gewinnstreben und Ehrgeiz wie den Fischer oder den Mann in Tolstois Erzählung unser gesamtes Bewusstsein durchdringen und am Ende in eine Tragödie münden. In diesem Sinne werden wir von Werten und Prinzipien sprechen, die die Suche nach dem rechten Maß und unseren Weg durch die Zeit beinhalten, die uns auf diesem schönen und glänzenden Planeten, unserer großzügigen und großen Mutter Erde, gegeben ist.

Verzichten lernen, um seine Aufgabe zu erfüllen

Wenn wir dieses Gleichgewicht eines „weder zu viel noch zu wenig“ bewahren wollen, dann kommt es darauf an, verzichten zu lernen:

zum Beispiel – aus einer höchst aktuellen ökologischen Perspektive – darauf zu verzichten, Bäume abzuholzen, auf einen übermäßigen Verbrauch der knappen, natürlichen, allen gehörenden, lebenswichtigen und unersetzbaren Ressource Wasser zu verzichten, darauf zu verzichten, den Müll einfach wegzukippen. Aufgrund der wichtigen Bedeutung der Ressource Wasser muss der Staat im Sinne eines grundlegenden Menschenrechts dafür Sorge tragen, dass sie für alle zugänglich, sauber und in ausreichendem Maße verfügbar ist.

Verzicht ist wichtig im Leben. Wir können nicht alles an uns reißen und alles machen. Wir müssen eine Wahl treffen. Jede Wahl bedeutet zwangsläufig, eine Sache anzunehmen und eine andere zu verwerfen. Doch es ist von entscheidender Bedeutung, die richtige Wahl zu treffen, die uns nicht in die Irre führt.

Oftmals rettet der großzügige Verzicht unsererseits einen anderen Teil von bedürftigen Menschen. Das hat sich während der Covid-19-Pandemie gezeigt. Viele Volksorganisationen haben eine Grundversorgung mit dem Lebenswichtigsten sowie einen Raum für die Quarantäne angeboten, oder Staaten haben umsonst den bedürftigsten und ärmsten Ländern Impfstoff angeboten, den sie nicht brauchten. Ein Verzicht solcher Art ist Ausdruck von Großzügigkeit und eines Minimums an Menschlichkeit.

Wiederum soll eine kleine Geschichte dazu dienen, uns die Erhabenheit des Verzichts vor Augen zu führen. *Das Streichholz und die Kerze* konnten im Dienst am Menschen auf das verzichten, was sie jeweils waren.

In jedem Haushalt gibt es stets Kerzen. Sie sind wichtig, wenn es zu Stromausfällen kommt. Die meisten dieser Kerzen sind einfach, weiß oder rot. Doch einige sind auch kunstvoll gefertigt, sie sind wahre kleine Kunstwerke. Sie sollen die Räume, in denen wir Besuch empfangen, in eine bezaubernde Atmosphäre tauchen.

Scheinbar tote Dinge besitzen ihr Eigenleben und ihre eigene Sprache. Aufmerksame Menschen, die mit allem vertraut sind, vernehmen dieses Gespräch. Früher haben es alle gehört, aber nun haben die meisten Menschen aufgrund von zu viel Lärm das Gehör dafür verloren. Die folgende Geschichte hat einer dieser besonders aufmerksamen Menschen erlauscht und als eine Lektion für uns alle weitererzählt.

Eines Tages kam es zu einem sehr großen Stromausfall, der sich über mehrere Tage erstreckte. Man entzündete und verbrannte alle verfügbaren gewöhnlichen Kerzen. Da aber der Stromausfall weiter andauerte, mussten die Menschen im Haus auch auf die kunstvoll gefertigten Kerzen zurückgreifen.

Sie sahen, dass neben der Kerze bereits ein Streichholz lag. Wir sagten ja bereits: Alle Dinge sprechen. Und nur wenige hören sie. So war es auch im Fall dieses Gespräches zwischen Kerze und Streichholz.

Das Streichholz sprach zur Kerze: „Ich bin bereit, dich anzuzünden, Kerze."

„Wie das?" sagte die Kerze. Ich bin hier in meiner vollen Pracht, um das Besucherzimmer zu verschönern."

„Schon klar", erwiderte das Streichholz. „Doch nun ist die Zeit gekommen, da du sehr wichtig bist. Der Stromausfall währt nun schon lange, und das Haus kann nicht dunkel bleiben. Du müsstest nun auf deine privilegierte Stellung verzichten und den Dienst leisten, der ganzen Familie dein Licht zur Verfügung zu stellen. Schau, ich bin hier, um dich anzuzünden. Jemand wird mich anmachen. Ich werde darauf verzichten müssen, Streichholz zu sein. Ich gehe an und leuchte nur ein wenig. Doch ich tauge dazu, Kerzen anzuzünden. Ich werde aufhören, das zu sein, was ich war, damit du deine hohe Sendung erfüllen kannst, das Haus, den Weg zum Wohnzimmer, zur Küche und zu den anderen Zimmern zu erleuchten. Vergiss die Verzierungen auf deinem Leib. Sie ändern nichts daran, dass es dein Wesen ist, Kerze zu sein. Nicht diese Verzierungen sind es, die leuchten, sondern du als Kerze bist es. Du, Kerze, existierst, um zu erleuchten und Licht sowie auch ein wenig Wärme zu spenden. Denk daran: Ich und du, wir beide, sind da, um Licht zu spenden. Ein wenig Licht von mir als Streichholz vertreibt die Dunkelheit eines ganzen Saals. Ich gehe an, mein Feuer hält nur ein wenig an, aber mithilfe meines Lichts können sich die Menschen orientieren und bis zu dir gelangen."

Die Kerze hielt dagegen: „Wenn ich entzündet würde und Licht senden müsste, dann würde ich dahinschmelzen und am Ende ganz niederbrennen und aufhören, eine kunstvoll gestaltete Kerze zu sein.“

Das Streichholz fuhr in seiner Rede fort: „Du hast recht. Doch schau mich an. Meine Aufgabe ist es, angezündet zu werden und es möglich zu machen, dass Kerzen angezündet werden, ja auch die am schönsten verzierten wie du. Versteif dich nicht auf die Verzierungen. Sie sind nicht wesentlich. Nicht sie sind es, die erleuchten, sondern du als Kerze. Ich sage es noch einmal: Deine Aufgabe ist es, zu erleuchten. Du wirst dich hierbei langsam selbst aufzehren, aber indem du das Haus und die Menschen erleuchtest. Während du dich verzehrst und dabei Licht und etwas Wärme spendest, fühlen die Menschen sich sicher. Sie stoßen nicht an die Möbel oder fallen sogar hin. Wenn du eine Kunstkerze bleibst, dann wirst du hier kalt bleiben, schön gefertigt zwar, aber im Grunde nutzlos. Du wirst deiner Sendung nicht mehr gerecht, Licht zu spenden. Indem du auf dich selbst verzichtest, dienst du den anderen. Erfülle also deine Sendung, die von deinen Geschwistern, anderen Kerzen, weitergeführt wird, sodass es immer Licht geben wird. Und an dich wird man sich erinnern, da du es in einer Ausnahmesituation verstanden hast, auf deine Bedeutung als Kunstkerze zu verzichten, und den Menschen mit deinem Licht geholfen hast, sich im Haus zurechtzufinden.“

Die Kerze ging in sich. Sie vergaß die Verzierungen, die zwar schön waren, auf die man aber auch verzichten konnte. Sie dachte intensiv nach und kam dann zur Schlussfolgerung: „Es stimmt, ich wurde gemacht, um angezündet zu werden, Licht zu spenden und anderen zu leuchten.“ Voller Rührung sprach sie zum Streichholz, indem sie auf den Docht zeigte: „Bitte, Streichholz, entzünde mich.“

Das Streichholz verrichtete feierlich, was es zu tun hatte: Es entzündete die Kerze, und das Haus wurde von Licht durchströmt.

Alle freuten sich und waren glücklich, das Licht zu haben, das sie brauchten. Die Kunstkerze begriff ihre Aufgabe, Licht zu spenden. Langsam schmolz sie dahin, während der Stromausfall weiter andauerte …

Sie erinnert uns an den, den man vor vielen Jahrhunderten folgendermaßen bezeugte: „Er war das wahre Licht, das in die Welt kam, um jeden Menschen zu erleuchten.“ (Joh 1,9)

Was heißt Veränderung im Herzen?

Praktisch hat unsere gesamte Kultur, insbesondere die kapitalistische, ihr Fundament in der Vernunft, die zur Technowissenschaft wurde und das Antlitz der Erde verändert hat. Sie hat uns unvergleichliche Vorteile auf den Gebieten der Medizin, des Transportwesens, der Kommunikationsmittel und in fast allen anderen Bereichen verschafft und bewirkt, dass unser Leben weniger mühevoll ist: Es sterben weniger Kinder, und die Alten leben länger.

Doch sie hat so viel Selbstvertrauen in ihr eigenes Vermögen gefasst, dass sie schließlich mit ihrer atomaren Forschung das hervorgebracht hat, was wir das „Prinzip der Selbstzerstörung“ nennen. Im Willen, alles zu beherrschen, machte sie sich daran, die Geheimnisse der Materie und des Lebens selbst unter ihre Kontrolle zu bringen. Sie entwickelte auch die Mittel, die imstande sind, den kollektiven Tod herbeizuführen. Damit wurde die Vernunft unvernünftig, irrational und höchst gefährlich. Sie errichtete eine wahrhafte Diktatur, die Diktatur der instrumentell-analytischen Vernunft.

Doch der Mensch besteht nicht nur aus Vernunft. Diese hat sich erst in den letzten 200.000 Jahren ausgebildet. Ihr vorgelagert ist die gesamte Welt der Leidenschaften, der Gefühle, der Intuition, der Empfindsamkeit. Wir haben es mit der Intelligenz des Herzens, mit dem empfindsamen Geist, mit einem Wort: mit der Dimension des Herzens zu tun.

Diese Dimension liegt dem Entstehen der Vernunft zeitlich erheblich voraus. Sie brach aus dem Evolutionsprozess hervor, als die Säugetiere vor mehr als 200 Millionen Jahren die Bühne betraten. Wenn das Weibchen einer Säugetierart ihr Junges zur Welt bringt, dann überschüttet es dies mit Zärtlichkeit, gewährt ihm Schutz und umsorgt es. Es verteidigt es immer, wenn es bedroht wird, mit Nägeln und Krallen.

Der Mensch ist mehr als ein *animal rationale*, ein vernunftbegabtes Lebewesen. Er ist ein vernunftbegabtes Säugetier. Damit wollen wir zum Ausdruck bringen, dass er ein Wesen ist, das über Herz, Empfindsamkeit, Empathie und Liebe verfügt. Im Herzen liegt die Welt des Erhabenen wie etwa unserer Werte, die unserem Leben die Richtung weisen, die Ethik und die Spiritualität. Mit dem Herzen empfinden wir die Schmerzen der anderen, zeigen wir unsere Solidarität und schicken wir uns zu helfen an.

Worin bestand das Drama unserer Kultur während der letzten dreihundert Jahre? Es bestand darin, dass wir das Herz, das Empfindungsvermögen und das Mitleid vergessen haben. Man führte ins Feld, das Gefühl würde die Objektivität des wissenschaftlichen Blicks beeinträchtigen. Deshalb wurde es nicht einfach nur beiseite gelassen, es wurde sogar unterdrückt. Dies hatte einen sehr hohen Preis: Es entstand eine Wissenschaft ohne Herz, die es fertigbrachte, Mechanismen des Todes, ja sogar der Selbstzerstörung hervorzubringen. Indem sie das Herz preisgab, wurde die Vernunft verrückt.

Doch alles, was wahr ist, hat immer auch Kraft, und es kommt die Zeit, in der es seine Bestätigung erfährt. Dies war der Fall, als der Wissenschaft selbst bewusst wurde, dass die sogenannte, von jedem Gefühl ungetrübte, Objektivität eine Schimäre ist. Das Subjekt, der Wissenschaftler, ist, während er arbeitet und forscht, in diese Tätigkeit als ganzes einbezogen: mit seinen Gefühlen, mit den dahinterstehenden Interessen, mit seinem Herzen. Es gibt keine Erkenntnis ohne Gefühl, denn dann handelte es sich um eine Maschine und nicht um einen Menschen. Weil wir die wichtige Bedeutung der empfindsamen Vernunft und der Vernunft des Herzens verkannt haben, schufen wir eine dem Leben gegenüber fühllose und gefährliche Wissenschaft bis hin zum Risiko unserer Selbstzerstörung. Heute wird die wahre Wissenschaft mehr und mehr mit Gewissen betrieben und sie ist sich ihrer möglichen guten oder schlechten Konsequenzen bewusst. Deshalb muss man in alles, was man tut, Herzblut investieren. Wir haben es dringend nötig, Kopf und Herz von Neuem miteinander in Einklang zu bringen. Auf diese Weise vervollkommnen wir die Wissenschaft, sodass sie zur Freundin des Lebens wird und dem Menschen zu mehr Verantwortung verhilft. Und umgekehrt stellt dies auch eine Bereicherung für das Herz dar, damit dieses sich nicht in frommer Sentimentalität oder Träumereien verliert. Wenn wir beide Formen der Vernunft, die rationale und die Vernunft des Herzens, die analytische und die empfindsame, miteinander verbinden, werden wir vernünftiger und verwirklichen wir unser Menschsein vollkommener.

Das Herz wieder ins Recht setzen

Das Herz folgt seiner eigenen Logik. Es verfügt vielleicht nicht im selben Maß an Klarheit wie die Vernunft, dafür aber über mehr Tiefe. Schon die Alten sagten: Wir kennen die Dinge nur, wenn wir sie lieben. Wenn die Vernunft Fakten sieht, dann entdeckt das Herz verborgenen Sinn und verborgene Botschaften, die sich im Akt der Liebe erschließen.

Wie oft wurde nicht schon der berühmte Satz des kleinen Prinzen von Antoine de Saint Exupéry zitiert: „Man sieht nur mit dem Herzen gut.“ Vom „Herz“ leitet sich das Wort „Herzlichkeit“ her, das jene Haltung bezeichnet, die den anderen mit offenem Herzen und ohne Vorurteile annimmt. Die Herzlichkeit setzt die Fähigkeit voraus, den anderen zu spüren, ihm Aufmerksamkeit zu schenken und seine Werte anzuerkennen. Herzlich sein heißt Herzblut in die Beziehung investieren und die anderen stets menschlich als seinesgleichen behandeln.

Unsere westliche Kultur, ein Erbe der alten Griechen, hat sich um die Vernunft als ihr Zentrum aufgebaut, mit all den damit verbundenen bekannten Vor- und Nachteilen. Die Vernunft wurde in Willen zur Macht und Herrschaft verwandelt, aber auch in die Fähigkeit, unser Leben zu verbessern und es weniger mühevoll zu gestalten. Die Nahuatl-Kultur der Azteken Mexikos zum Beispiel ist um die Kategorie des Herzens herum strukturiert.

In dieser Kultur wird der Mensch durch die Art seines Antlitzes und des Herzens definiert, das es sichtbar macht. Das Gesicht spiegelt den gesamten Ausdruck des Menschen, seine Aufnahmefähigkeit und Liebenswürdigkeit und die Grundlage der Ethik wider: die Verhaltensweisen dem anderen gegenüber. Das Herz wiederum definiert den Charakter der Person, die Empfindsamkeit für den anderen, die Beziehung der Herzlichkeit, der Annahme, ja der Liebe.

Die sehr ausgeklügelte Erziehung bei den Azteken zielte darauf ab, bei den jungen Leuten ein „klares, gütiges Gesicht ohne Schatten" zusammen mit einem „starken und glühenden Herzen, entschlossen und gastfreundlich, solidarisch und voller Respekt vor den heiligen Dingen" heranzubilden.

Sie verfügten über einen hoch entwickelten spirituellen Sinn für die Religion, die mithilfe „der Blume und des Gesangs" die Gottheit verehrte, die man sich in Gestalt eines Vaters und einer Mutter vorstellte, in deren Herzen alle Dinge ihren Ursprung haben.

Im berühmten „Gespräch der Zwölf", nämlich der zwölf Franziskanermissionare mit den Weisen der Azteken im Jahr 1524, wird Letzteren die Abwesenheit des Herzens bewusst. Sie weigern sich, die neue Religion anzunehmen, „die nur von der Sünde spricht; sie haben uns Angst eingeflößt, sie sind gekommen, um die Blumen zu zertrampeln, auf dass nur ihre Blume blühe. Sie rissen unsere Blume aus und haben die Sonne kastriert." Dennoch gaben sie das Herz nicht preis. Voller Herzlichkeit sagten sie: „Wir sind einfache Leute, wir sind vergänglich, wir sind sterblich."

Sie baten darum, dass man das Volk in seinem Glauben nicht verwirre, damit „die alte Lebensregel nicht zerstört wird, denn wir wissen, wem wir das Leben verdanken, wem wir die Geburt verdanken, wem

wir das Gedeihen und das Wachstum verdanken, wie man um Beistand flehen und wie man bitten muss".
Das Treffen endete in einem großen Misslingen der Begegnung und darauf in der Hinrichtung der Priester und der Weisen. Es ist ein tragisches Kapitel des Völkermords an den Indigenen der Länder Abya Yalas. Doch ein Prophet unter ihnen sprach das entscheidende Wort: *„Der Tag wird kommen, an dem die Tränen ihrer Augen zu Gott gelangen, und die Gerechtigkeit Gottes wird mit einem Mal auf die Welt kommen."* Bewahren wir die Hoffnung auf diese Gerechtigkeit Gottes, denn Verfolgung und Mord an den Indigenen dauern bis in unsere Tage an.

Das rechte Maß leben

Schon fast dreihundert Jahre lang leben wir innerhalb einer – heute weltweit durchgesetzten – Kultur, die durch jegliche Art von Übertreibung und eine nicht nachhaltige Lebensweise gekennzeichnet ist. Der Sinn für das rechte Maß, für den Mittelweg und für die Mäßigung ist praktisch verlorengegangen.
Wir leben und leiden in einer Art von Welt, in der alles übertrieben ist: die absurde Anhäufung von Reichtum und das exponenzielle Wachstum der Armut; Gewaltanwendung zur Lösung von Problemen und Zerstörung der Brücken des Dialogs. Die Übertreibung macht sich innerhalb der Religionen, ja auch in Teilen des Christentums breit, wenn sich einige Kreise im exklusiven Besitz der göttlichen Wahrheit wähnen, was ihnen das Recht einräumt, die Vertreter anderer Religionen oder Kirchen zu verfolgen, ja sogar mit Krieg zu überziehen. Dabei benutzt man als Vorwand den Grundsatz, dass der Irrtum keinerlei Recht auf seiner Seite hat und deshalb bekämpft und ausgetilgt werden muss.
Die herrschende Kultur misst dem Individuum einen übertriebenen Wert bei. Das geht so weit, dass man den Sinn für Solidarität und Mitleid mit dem, der leidet, verliert. Sie preist die Überheblichkeit

der Starken gegenüber den Schwachen der Erde und schlägt persönliche oder gemeinschaftliche Vorteile auf Kosten der Erniedrigung anderer heraus. Es gibt allzu viel Zerstörung von familiären Beziehungen, weil man nicht imstande ist, trotz der Unterschiede zusammenzuleben, und weil es an Selbstlosigkeit und Verzicht zugunsten des gemeinsamen Wohls und des familiären Friedens fehlt.
Das Sexualleben, das man mit Schamgefühl behandeln muss, wird banalisiert oder gar zum Gegenstand von Geschäftemacherei gemacht. Die Körper oder Teile davon werden zu Marketing-Zwecken benutzt, die Würde der Menschen, insbesondere der Frauen, die immer noch Opfer von Machismus sind, wie ihn die Medien und die Werbung immer wieder von Neuem hervorbringt, wird mit Füßen getreten.
In einer Welt, die das rechte Maß systematisch verleugnet, ist es eine revolutionäre, gegen das System gerichtete Tat, genau dies einzufordern. Doch wir dürfen nicht aufhören, danach zu streben, denn genau dieses rechte Maß ist es, das uns retten muss und retten wird. Und das, was sein muss, hat auch Kraft. Ein großer Denker – Victor Hugo – hat bereits formuliert: Nichts ist so stark wie eine Idee, deren Zeit gekommen ist. Es ist so wie mit dem Frühling: Die Blumen blühen, ohne uns danach zu fragen, ob wir das überhaupt wollen. Eine innere Kraft treibt sie dazu, sich zu öffnen und der Erde sowie dem ganzen Universum entgegenzulächeln.

Zwei Voraussetzungen für das rechte Maß

Um den Gedanken des rechten Maßes überhaupt an uns herankommen zu lassen, bevor wir uns dazu entschließen, müssen wir uns zuvor in zwei Prinzipien vertiefen, die notwendig sind, damit wir unsere Suche nach dem rechten Maß nicht wieder zunichte machen: in die Hoffnung und in den Verzicht auf jegliche Art von Anmaßung und Überheblichkeit.

Die Hoffnung als unser innerer Antrieb

Die Hoffnung stellt einen nach vorn blickenden Traum dar, der nach seiner Verwirklichung strebt. Doch Hoffnung ist nicht gleich Hoffnung. Es gibt eine Hoffnung, die davon ausgeht, dass die Zeit von selber die Veränderungen bringt, über die andere, die unser Schicksal bestimmen, entscheiden. Legen wir unser Schicksal nie in die Hände von irgendjemand anderem, denn auf diese Weise verlören wir unsere Identität und Würde völlig. Diese Art von Hoffnung ist träge, und es ist besser, sie nicht zu haben.

Doch es gibt noch eine andere Art von Hoffnung, ja man spricht in diesem Sinne sogar vom *Prinzip Hoffnung*. Sie ist mehr als eine Tugend und bedeutet auch mehr, als bloß zu warten. Es handelt sich um einen Motor in unserer Brust, der unerschöpfliche Energie erzeugt, die uns ständig dazu bringt, aufzubegehren gegen die Welt, so wie sie ist. Doch vor allem treibt er uns dazu an, sie zu verändern. Das Fundament dieser Hoffnung ist unsere Fähigkeit zu träumen und Utopien von anderen möglichen und notwendigen Welten zu entwerfen.

Die Utopie ist nicht das Gegenteil von der Wirklichkeit, sie gehört dieser vielmehr wesentlich an. Die Realität ist nicht nur aus dem gemacht, was hier und in unserer Reichweite ist, sie ist keine immer schon fertige Gegebenheit.

Die Wirklichkeit ist mehr als das: Sie geht mit Möglichkeiten schwanger, ist voller Projekte und Träume, die nach ihrer Verwirklichung streben. Hoffnung haben heißt an diese Möglichkeiten zu glauben und das Vertrauen in sie zu setzen – Möglichkeiten, die Wirklichkeit werden können, wenn wir unsere Kräfte vereinen und ans Werk gehen. So zu hoffen bedeutet das Unsichtbare zu lieben und sich dafür zu engagieren, dass es sichtbar und umsetzbar wird.

Unser größter Pädagoge, Paulo Freire, hat anstelle des portugiesischen Wortes für „hoffen", das auch einfach „warten" heißt (*esperar*), das Verb *esperançar* geprägt. Hier steckt das Substantiv *esperanza* darin, und man könnte es am ehesten übersetzen mit: die

Hoffnung tatkräftig leben. Es meint das gesamte Handeln, das die Hoffnung möglich und verwirklichbar macht, also etwas, was von uns gemacht werden muss und nicht einfach von anderen erwartet werden darf. Wir können also das wiederholen, was ein algerisch-französischer Autor einmal geschrieben hat: „Mitten im Winter erkannte ich, dass in mir drinnen ein unbesiegbarer Sommer wohnte." Dieser unbesiegbare Sommer meint die Hoffnung und das Streben nach dem rechten Maß, allen Widerwärtigkeiten zum Trotz. Deshalb müssen wir Samenkörner sein, so leben wie das Samenkorn, das, auch wenn es sich unter der Erde befindet, lebendig ist und die Hoffnung auf eine reiche Ernte in sich trägt.

Realistisch betrachtet können wir diese Art von Welt nicht ändern. Doch wir können sehr wohl dieses Stück Welt verändern, das ich selbst bin. Wir können Samenkorn der neuen Welt inmitten der alten sein. Die aktive Hoffnung, die ich in die Tat umsetze, bleibt nicht auf meine kleine Welt beschränkt. Es macht ihr Wesen aus, auszustrahlen, andere Menschen anzustecken, die Welle der tatkräftigen Hoffnung zu verstärken, bis diese zu einem Tsunami der Erneuerung anwächst.

Schauen wir genauer auf einige Meilensteine auf dem Weg zum rechten Maß auf persönlicher Ebene und auf die Verhältnisse in unserer Reichweite. Doch vor allem drängt sich die Haltung der Demut, die Haltung dessen auf, der im Leben zusammen mit anderen Lebewesen mit beiden Beinen am Boden steht. Sie verhindert und verwirft jegliche Art von Überheblichkeit. Diese ist das größte Hindernis für das rechte Maß und erschwert es, das notwendige Gleichgewicht zu erlangen.

Auf jegliche Überheblichkeit verzichten

Es geht darum, das zu überwinden, was wir bereits zuvor scharf kritisiert haben: die Überheblichkeit (übetriebenes Selbstwertgefühl und übertriebene Selbstbehauptung). Die Überheblichkeit zu überwinden setzt die Anerkennung der Tatsache voraus, dass wir uns nicht selbst schaffen. Vielmehr empfangen wir das Leben ohne eigenes Verdienst von anderen. Wir sind Gast auf dieser Erde, die allen gehört, auch unseren Kindern und Enkeln. Es kommt darauf an, endgültig auf die Anmaßung zu verzichten, dass wir das Zentrum von allem wären, und den berühmten, längst überholten Anthropozentrismus aufzugeben. Wir sind in den letzten Augenblicken der Geschichte der Erde, die bereits 4,5 Milliarden Jahre währt, aus der Evolution hervorgegangen.

Wir waren nicht dabei, als die Erde alle übrigen Lebewesen und ihre majestätische Schönheit hervorgebracht hat. Wir sind ein spätes Element im Strom des Lebens, der bereits mehr als drei Milliarden Jahre vor uns existierte. Demütig und ohne jegliche Anmaßung müssen wir uns unter die Seinsformen der Natur, deren Teil wir sind, einordnen. Die Tatsache, dass wir über Intelligenz verfügen, gibt uns nicht das Recht, die übrigen Lebewesen zu beherrschen; wir müssen sie im Gegenteil stärken. Das gilt insbesondere für die schwächsten unter ihnen. Überdies kommt uns Intelligenz nicht ausschließlich zu. Sie ist zunächst im Universum selbst vorhanden, und jede Seinsform hat auf je ihre Weise daran teil. Erst danach finden wir sie auch in uns in reflektierter Weise vor. Das Prinzip der Intelligenz ist allen Seinsformen gemeinsam, einer jeden in ihrem je eigenen Maß. Lediglich die Art ihrer Verwirklichung ist für jede Seinsform eine besondere: für den Berg in bestimmter Weise, für die Wälder wiederum auf andere Weise, in den Tieren auf eine uns am nächsten stehende, differenziertere Weise. Wir verfügen also nicht über das Monopol an Intelligenz – eine Tatsache, die jeder Überheblichkeit den Boden entzieht. Wir sind nicht die Könige und Königinnen der Schöpfung, sondern Glieder der großen irdischen und kosmischen Gemeinschaft des Lebens.

Das rechte Maß auf allen Ebenen des Lebens

Verweilen wir nun bei einigen Aspekten des täglichen Lebens, in denen es gilt, die Ethik des rechten Maßes und des Verzichts auf Übertreibung zu leben.

Mäßig essen und trinken

Essen und trinken sind wesentliche Vollzüge des Lebens. Das rechte Maß bei der Ernährung und beim Trinken zeigt sich in der Qualität und in der Menge, die wir zu uns nehmen. Das Maß stimmt dann, wenn wir unseren Hunger mit Nahrung stillen, die unsere Gesundheit fördert. Doch es gibt den Vielfraß, der die Grenzen überschreitet und sich am Ende schlecht fühlt. Das passiert besonders in den Selbstbedienungsrestaurants, in denen eine unglaubliche Fülle an Gerichten angeboten wird, die unseren natürlichen Appetit wecken und eine wahre Herausforderung für das Einhalten des rechten Maßes und die Mäßigung darstellen.

Nicht selten kann man Teller sehen, auf denen sich recht viele vom Gast nicht aufgegessene Speisen befinden. Sie sind Ausdruck der Maßlosigkeit und Völlerei des Konsumenten. Bei einem Fest hingegen ist ein wenig Übermaß angesagt, denn zum Wesen des Festes gehört eine gewisse Großzügigkeit, handelt es sich doch um die Feier der Begegnung, der Freundschaft und der Freude, die in der Art der Speisen und Getränke gebührend und dem Anlass entsprechend zum Ausdruck kommt. Diese mäßige Übertreibung ist normalerweise – obwohl dies auch der Fall sein kann – keine Überschreitung des rechten Maßes. Das Essen bei einem Fest stellt keine bloße Nahrungsaufnahme dar, sondern die Gemeinschaft unter den Menschen und ein Lob der kunstvoll und mit Liebe zubereiteten Gerichte, die indirekt die Großzügigkeit der Natur bezeugen.

Das rechte Maß in der Kommunikation

Als soziale Lebewesen sind wir stets durch Worte und Gesten gleichermaßen in Kommunikation. Auf diesem Gebiet gibt es viel Übertreibung, denn in vielen Milieus herrscht eine Kultur der Großmäuler, unanständige Ausdrucksweisen und herabwürdigende Bezeichnungen für Menschen und Sachen. Das Wort ist mehr als ein Kommunikationsmittel. Es offenbart die Person, ihr Fühlen, ihre Wesensart und ihr Weltverhältnis. Die Sprache ist es – so lehren es uns große Denker –, die unsere Besonderheit als Menschen ausmacht. Im Unterschied zu anderen höheren Primaten ist der Mensch von Grund auf ein sprechendes Lebewesen, das heißt er teilt sich mit, tauscht sich aus und versieht seine Worte mit Nachdruck und einem Kolorit.
Durch die Sprache bringt er eine gewisse Ordnung in die Dinge und Gedanken. Das rechte Maß unseres Sprechens halten wir ein, wenn wir es verstehen, Sprechen und Schweigen, etwas Sagen und Zuhören in ein wohldosiertes Gleichgewicht zu bringen. Nichts ist unangenehmer als ein auf sich selbst bezogenes Reden, in dem einer das Wort an sich reißt und davon ausgeht, dass seine Erfahrungen und Gedanken wert sind, von anderen gehört und bewundert zu werden. Das lässt dem anderen keinen Raum, sich einzumengen, auszutauschen, zu kommentieren, also letztlich ein Gespräch zu führen.
Bereits in der Bibel heißt es:
Eine kleine Flamme genügt, um einen Wald in Brand zu stecken. Auch die Zunge ist ein Feuer. Wir können jegliche Art von Tieren zähmen, doch kein Mensch ist in der Lage, seine Zunge in Zaum zu halten. Aus ein und demselben Mund kommen Segen und Fluch. Und das darf nicht sein. (Jak 3,5–12)
Zuweilen gibt es – abwertende oder anerkennende – Gesten, die mehr sagen als Worte. Die Gesten weisen dann ein rechtes Maß auf, wenn sie die Kommunikation nicht zerstören und auch kein Ausdruck einer Überheblichkeit sind, die den anderen herabsetzt. Sie können Empörung zum Ausdruck bringen, wenn sie sich gegen un-

gerechte Taten oder soziale Maßnahmen richten, die das Gemeinwohl schädigen oder dem Wehrlosen und Schwachen Gewalt antun.

Konvivialität – eine besondere Art der Verwirklichung von Gleichgewicht und rechtem Maß

Die Konvivialität ist ein weites Feld für die Verwirklichung des rechten Maßes. Der Prozess der Industrialisierung hat bewirkt, dass die Beherrschung des Werkzeugs durch den Menschen zur Beherrschung des Menschen durch das Werkzeug wurde. Das technische Instrument wurde geschaffen, um den Sklaven zu ersetzen, und versklavte schließlich den Menschen, der stets mehr will und dabei keine Grenzen kennt. Die herrschende Technologie lässt sich nicht mit der Fantasie und Kreativität der Arbeiter verbinden. Sie liebt diese nicht. Sie will bloß die Arbeitskraft ihrer Muskeln und Gehirne nutzen.

Es gibt Leute, die in Bezug auf die Benutzung des Internet mit all seinen guten und schlechten Möglichkeiten den Sinn für jegliches Maß völlig verloren haben. Mittels bestimmter Anwendungen („Apps") kann man mit vielen Menschen und Gesprächspartnern in Verbindung treten. Doch man nimmt die Emotionen in ihrem Gesichtsausdruck nicht wahr, man umarmt sich nicht und spürt die Haut nicht, man inhaliert den Duft des anderen nicht. Dies schafft eine furchtbare Einsamkeit. Man kann dadurch zwar „Follower" gewinnen, aber keine Schicksalsgefährten im Rahmen einer universalen Geschwisterlichkeit.

Was versteht man unter Konvivialität? Es geht hierbei um die Fähigkeit, die Dimensionen von Produktion und Achtsamkeit, von Effektivität und Mitleid, von Gestaltung der Produkte und Kreativität, von Freiheit und Fantasie, von einem vielfältigen Gleichgewicht und sozialer Komplexität miteinander in Einklang zu bringen. Eine solcherart geglückte Verbindung kann das Empfinden der Zugehörigkeit zu ein und derselben Menschheitsfamilie und zum Gemeinsamen Haus

bei allen Unterschieden zwischen den einzelnen Menschen und ihrer jeweiligen kulturellen Basis stärken.
Der technische Wert der materiellen Produktion muss Hand in Hand gehen mit dem ethischen Wert der sozialen und spirituellen Produktion. Nachdem wir die Ökonomie der materiellen Güter geschaffen haben, kommt es nun dringend darauf an, die Ökonomie der menschlich-spirituellen Güter zu gestalten. Ist nicht das große, unendliche und unerschöpfliche Kapital der Mensch selbst, das spirituelle Kapital, das sich aus Liebe, Solidarität, Mitleid sowie Achtsamkeit füreinander und aller für die Natur zusammensetzt?
Der erste Artikel der Charta der Konvivialität aller und auch der Völker wäre das heilige Prinzip der Selbstbeschränkung und des rechten Maßes, das jede Art von Übertreibung und Anmaßung vermeidet und der Demut und Liebe den zentralen Platz einräumt.

Die Geschichte von der Salzpuppe: Sie fand ihr rechtes Maß, indem sie sich ganz hingab

Wir sind Wesen des Begehrens, und unserer Kultur gelingt es auf subtile Weise, unserem Wunsch nach immer mehr Konsum zu entsprechen und ihn zu verstärken. Wir hegen dabei die Illusion, *dass wir mehr sind, wenn wir mehr haben.* Wenn wir frei sein wollen, müssen wir ein Leben lang unsere Wünsche mäßigen und uns fragen: Die Erfüllung welcher dieser Wünsche ist legitim? Welche Wünsche sind nur vom Marketing und von der Werbung angestachelt, denen es um Profit geht? Welche werden nur erfüllt, indem anderen Wünsche versagt werden? Welche verstärken nur unsere Habgier und schaffen so ungerechte Ungleichheiten?
Deshalb bedürfen wir der Selbstbeschränkung. Sie bedeutet einen Verzicht auf einige Wünsche. Das ist der Preis für die Erlangung eines der wertvollsten Güter, der inneren Freiheit und des Respekts gegenüber dem anderen. Die Tradition des Zen-Buddhismus sieht in

der Fähigkeit der Entäußerung den Weg zu vollkommener Freiheit und Verwirklichung.

Ein muslimischer Weiser aus dem 13. Jahrhundert sagte mit Recht: „Das Leben ist ein Gleichgewicht zwischen anhangen und loslassen.“ In dem Maße, in dem wir uns loslösen, beseitigen wir die Hindernisse, die uns von den anderen trennen, und sind wir freier für Beziehungen. Der heilige Franziskus hat die Armut nicht als ein bloßes „nicht besitzen“ verstanden, sondern als die Fähigkeit, zu geben und nochmals zu geben, sich zu entäußern, um alles zu beseitigen, was sich zwischen das eigene Selbst und den anderen drängt und verhindert, dass wir uns als Geschwister empfinden. Arm sein, um Bruder bzw. Schwester zu sein. Er konnte niemanden sehen, der ärmer war als er selbst. Er entledigte sich der Dinge und gab, was er hatte, und nahm auf diese Weise die Armut des anderen auf sich. Loslassen heißt also nicht festhalten wollen, denn ein jeder hat seinen Weg zu gehen und sein Geschick zu erfüllen. Es geht darum, ihn nicht in egoistischer Manier zurückzuhalten und ihn zur Geisel meiner eigenen Interessen oder meiner Fürsorge zu machen, sei sie auch noch so großzügig. Dies würde der Selbstentäußerung widersprechen und den anderen daran hindern, seine Identität zu verwirklichen.

Wenn wir uns selbst vergessen, dann schaffen wir die Bedingungen für die Vereinigung mit jenem Größeren, der uns geschaffen hat, und wir spüren, dass wir in ihn eingetaucht sind, bis wir uns schließlich eins mit ihm fühlen. Darin besteht das echte Zeugnis aller Mystiker der unterschiedlichen spirituellen Traditionen im Osten wie im Westen.

Der heilige Johannes vom Kreuz, der leidenschaftlich-glühende Mystiker des 16. Jahrhunderts, entäußerte sich seiner selbst und konnte sagen: „Die Geliebte [die Seele] fühlt sich verwandelt in den Geliebten.“ Bei anderer Gelegenheit bekannte er kühn, dass er sich „als Gott durch Teilhabe“ empfinde.

Dies ist das rechte Maß unseres unendlichen Begehrens, das schließlich das im höchsten Maße wirklich Unendliche findet, das es stets

bewusst oder unbewusst gesucht hat. In dem Maße, in dem der Mensch sich entäußert und Platz schafft für den großen Anderen, gewinnt er an Menschlichkeit und erkennt er, dass sein Ich in etwas Größerem und Unaussprechlichem mündet und dort zu seiner vollen Verwirklichung gelangt.
Vielleicht kann uns die folgende kleine Geschichte diesen Prozess der allmählichen Selbstentäußerung, durch den ich mehr „ich selbst" werde, etwas klarer vor Augen führen. Die Erzählung fand hier bei uns in Brasilien Verbreitung:

Es war einmal eine Figur aus Salz. Nachdem sie durch trockenes Land gereist war, entdeckte sie schließlich das Meer, das es nie zuvor gesehen hatte, und deshalb konnte sie nicht verstehen, was es war. Die Salzpuppe fragte also: „Wer bist du?" Und das Meer antwortete: „Ich bin das Meer." Die Salzpuppe erwiderte: „Aber was ist denn das Meer?" Da antwortete wiederum das Meer: „Na das bin ich!" „Ich verstehe nicht", sagte die Salzpuppe. Doch ich möchte dich so gern verstehen! Wie soll ich das anstellen?" Da sagte das Meer einfach: „Berühre mich!"

Dann berührte die Salzpuppe vorsichtig das Meer mit ihren Zehenspitzen … Doch bald wurde ihr klar, das die Zehenspitzen verschwunden waren! Eigenartigerweise bemerkte sie, dass das Meer verständlich zu werden begann.

„Ach Meer, was hast du nur mit mir gemacht?" Und das Meer antwortete: „Du hast etwas von dir gegeben und ich gab dir dafür das Verstehen. Du musst alles geben, um mich ganz zu verstehen."

Und die Salzpuppe begann langsam ins Meer zu steigen, so wie jemand, der gerade die wichtigste Sache in seinem Leben vollbringt. Und je mehr sie ins Wasser ging, umso mehr löste sie sich auf und verstand dabei das Meer immer besser. Und die Puppe fragte immer noch: „Was ist das Meer?" bis es eine Welle völlig bedeckte. Bevor sie sich ganz im Meer auflöste, konnte sie gerade noch sagen: „Ich bin es."

Diese allmähliche Selbstentäußerung ist das genau richtige Maß, um zu sich selbst zu gelangen und im vollen Sinne selbst zu sein, eingetaucht in die große Wirklichkeit, die uns in diese Welt gestellt hat.

Der rechte Umgang mit dem Geld: Selbstbeschränkung

Eine der Formen der Selbstentäußerung besteht darin, den rechten Umgang mit dem Geld zu bestimmen. Fast alles ist durch das Geld oder davon abgeleitete Zahlungsmittel (Kreditkarten, Wertpapiere, usw,) vermittelt. Wir verachten das Geld nicht, aber wir verehren es auch nicht wie einen Götzen. Ein Schüler des Apostels Paulus formulierte treffend: „Die Wurzel aller Übel ist die Gier nach Geld. Viele gingen verloren, weil sie sich von ihr hinreißen haben lassen, und sie quälten sich selbst mit vielen Leiden." (1 Tim 6,10) Ein Weiser warnte bereits: „Wer das Geld liebt, wird nie genug davon haben … noch Schlaf finden." (Koh 5,9–11)
Das Fundament unserer Gesellschaft ist das Kapital, dessen Maßstab die Geldmenge auf den Banken oder die Menge an Gütern ist. Sie hat die schlimmsten Verbrechen an ganzen Klassen von Überausgebeuteten und an der Natur verübt, deren Güter und Kapazitäten sie erbarmungslos ausgesaugt hat, um immer mehr Vermögen anzuhäufen. Das Geld wurde zu einem Götzen, der sich ein ganzes Heer von Anbetern schuf, und das fast immer auf Kosten der Armut der Bevölkerungsmehrheiten und unter Aufopferung der Mutter Erde. Auch beim Geld geht es um das rechte Maß. Einige streben danach, über ihre Bedürfnisse hinaus immer mehr anzuhäufen. Sie geben sich niemals zufrieden und fallen so der Übertreibung anheim, die das Fehlen des rechten Maßes anzeigt. Dazu kommen ein luxuriöser Konsum, eine Wegwerfmentalität und die Anhäufung von Überflüssigem, das so viel Leben retten könnte.
Andere wiederum verwenden einen großen Teil ihrer Lebenszeit dafür, das Notwendige für das Leben und Überleben ihrer Familien zu verdienen, und nur selten gelangen sie zum unentbehrlichen Gleichgewicht. Der Großteil der Menschheit überlebt mehr schlecht als

recht aufgrund des Egoismus, aufgrund fehlender Solidarität und aufgrund der Gesinnung der Hohenpriester einer „Wirtschaft, die tötet“, wie Papst Franziskus anklagt. Der Hungertod, den diese Hohenpriester produzieren, ist die grausamste Art der langsamen Ermordung von Abermillionen Mitmenschen, die zu Untermenschen, zu ökonomisch nicht Verwertbaren und zu vom Produktions- und Konsumsystem Ausgestoßenen degradiert werden.

Zum rechten Umgang mit der Zeit

Wenn es etwas gibt, was wir nicht unter unserer Kontrolle haben und wovon wir kaum wissen, was es wirklich ist, dann ist es die Zeit. Die Vergangenheit ist nicht mehr. Zukunft ist das, was noch nicht ist. Und die Gegenwart hält niemand fest, denn sie ist flüchtig und schwindet dahin wie die Wasser der Flüsse, die stets fließen und niemals zurückkehren. Niemand, nicht einmal die scharfsinnigsten Philosophen und genialsten Denker können uns sagen, was die Zeit ist.

Der heilige Augustinus meinte: In diesem Augenblick weiß ich, was sie ist, aber wenn du mich fragst, weiß ich es schon nicht mehr, denn sie ist bereits vergangen.

Vielleicht könnten wir es wagen, sie als *das Erwarten dessen, was kommen muss*, zu begreifen. Dieses unbeschreibbare Warten würde dann das Wesen der Zeit ausmachen. Ich möchte sagen, dass die Zeit das Hereinbrechen der Ewigkeit selbst wie ein momentan aufleuchtender und unaufhaltsamer Strahl ist. Doch die Ewigkeit ist keineswegs endlose Zeit. Sie ist anderer Art: eine so vollkommene Fülle, dass sie eine dauernde Gegenwart bedeutet, die niemals erlischt.

Jedenfalls sind wir Wesen, die mit anderen zusammen in der Welt und in der Zeit leben und auf ein Jenseits der Zeit zulaufen. Alles hängt davon ab, was wir mit der Zeit anstellen: ob wir sie zum Beispiel als ein *dolce far niente*, ein allen Sinn entbehrendes Vorüberziehenlassen, als eine tote Zeit verbringen. Die Zeit findet ihr rechtes Maß jedoch, wenn wir aus ihr die Chance machen, unser Leben zu gestalten, durch stets mühevolle Arbeit unsere Eigenständigkeit zu erlangen und einen Halt für uns selbst und für andere zu schaffen, damit die Verhältnisse für den, der mit uns das Leben teilt, stärker geschwisterlich geprägt werden und es sich darin wohnen lässt. Dies ist die lebendige Zeit, die von Sinn erfüllt ist.

Es gibt die Zeit, die die Uhr anzeigt und die stets gleich ist. Sie ist ein von den Menschen erfundenes Maß und hat die Sonne, den Mond oder den Lauf des Universums als Bezugspunkt. Es gibt die rechte Zeit, jenen Moment der Zeit, in dem uns eine einzigartige Chance zur Verwirklichung eines Wunsches oder für eine grundlegende Erfahrung geboten wird, die das gesamte Leben prägt: Das kann eine Begegnung der Liebe, ein von Weisheit durchdrungenes Gespräch mit einer charismatischen Persönlichkeit sein, das uns fasziniert und vollständig einnimmt, das kann auch die Ekstase angesichts der Wasserfälle von Iguaçu sein, deren Kraft, Majestät und Schönheit uns die Zeit vergessen lässt und uns eine existenzielle Erfahrung vermittelt.

Eine besonders qualifizierte Zeit kann die tiefe und unerwartete Begegnung mit dem Geheimnis aller Dinge, die Wahrnehmung seiner so dichten Gegenwart schaffen, welche die chronologische, von den Uhren gemessene Zeit zugunsten einer so intensiven Gemeinschaft und Verschmelzung aufhebt, die der Zeit zu entkommen scheint, da sie ohne Dauer und Gemeinschaft mit dem Sein ist, das alle Seinsformen im Sein hält. Wir haben es hier mit einer mystischen Erfahrung zu tun, mit etwas, das mittels der Kategorie Zeit nicht mehr darstellbar ist.

Diese Erfahrung vollzieht sich in einer so verdichteten Zeit, dass man den Eindruck hat, dass die Zeit dabei nicht vergeht. Es ist die Zeit der leidenschaftlichen Liebe, die Zeit der Ekstase angesichts des Numinosen und Unaussprechlichen, das wir im Innersten, in uns selbst und in der ekstatischen Betrachtung des Universums erleben können. Diese dichte Zeit, welche die Texte der Heiligen Schrift den *kairós* nennen, befindet sich außerhalb eines jeglichen Maßes. Es ist eine Art sich momentan einstellender Erfahrung der Aufhebung der zeitlichen Dauer, die es uns ermöglicht, das zu erahnen, was Ewigkeit bedeutet. Die Ewigkeit ist nicht die Verlängerung der Zeit ohne Ende. Sie ist keine unbegrenzte Quantität, sondern eine neue Qualität: eine Dichte des Seins und Lebens, die nicht zeitlich gemessen werden kann, weil sie immerwährende Gegenwart ist. Ein Jetzt ohne Vergangenheit und Zukunft.

Diese unterschiedlichen Zeiten in der ihnen angemessenen Weise zu leben ist es, was in Bezug auf die Zeit und das zeitliche Leben das rechte Maß bedeutet.

Das rechte Maß an einem besonderen Ort des Hauses

Unter den verschiedenen Arten von Zeit gibt es eine, die unsere Aufmerksamkeit besonders verdient: die Zeit, die wir uns für uns selbst nehmen, um in unser Inneres hineinzuhorchen, unser Herz zu Rate zu ziehen, unsere Wünsche, auch die intimsten, abzuwägen und um schließlich bei uns selbst zu sein, ohne die Gegenwart der anderen.

Für diese Momente hat die griechisch-lateinische Tradition den schönen Brauch der Verehrung von Héstia (für die Griechen) oder Vesta (für die Römer) gepflegt. Damit ist eine existenzielle Dimension gemeint, nämlich das Zentrum des eigenen Zuhauses, das Zentrum von uns als Person und das Zentrum unseres Gemeinsamen Hauses. Die Hauptaufgabe der Göttin Héstia oder Vesta war es, dafür zu sorgen, dass die Vorratskammer stets gefüllt ist, aber vor allem, die Harmonie innerhalb der Familie aufrechtzuerhalten. Dazu gehörte die Fähigkeit zum Verzicht, zur Selbstbescheidung und zur Uneigennützigkeit aller zugunsten der Mitglieder des Hauses.

Héstia oder Vesta steht auch für das Heim, in dessen Zentrum das Feuer glühte, um das sich alle versammelten, um sich zu wärmen, miteinander zu sprechen und miteinander zu leben. Es ist also das Herz des Hauses, der Ort der familiären Intimität, weit weg vom Lärm der Straße.

In den griechischen und römischen Städten war stets ein Feuer angezündet, um die schützende Gegenwart von Héstia oder Vesta anzuzeigen, so wie übrigens auch noch heute einige Familien ein kleines Licht, die Flamme einer Öllampe, im Hauptzimmer des Hauses brennen lassen.

Im Zusammenhang unseres Themas, nämlich des rechten Maßes, geht es uns darum, die Dimension von Héstia oder Vesta für das konkrete persönliche Leben wieder zur Geltung zu bringen: jenen Winkel zu würdigen, in den sich jemand zurückzieht, um allein, mit sich selbst zu sein, seine Zeitung oder ein Buch zu lesen, seine Gedanken zu ordnen und zu meditieren.

Ein jeder und eine jede haben im Haus ihren bevorzugten Ort oder ihren besonders geliebten Stuhl. Um zu wissen, wo unsere Héstia oder Vesta ist, müssen wir uns, wenn wir außer Haus sind, die folgende Frage stellen: Welches Bild erinnert am besten an unseren Winkel, in dem Héstia oder Vesta gegenwärtig wird? Dort ist der Ort, wo ich mich bei mir selber fühle.

Ohne die Dimension Héstia bzw. Vesta wird das Haus zu einer bloßen Schlafgelegenheit oder zu einer Art Pension ohne Leben. Mit ihr gibt es Emotionalität, Wohlbefinden und das Gefühl, „endlich zu Hause zu sein“. Sie wurde mit einer Spinne verglichen, da sie das Netz webt, das alle verbindet und in dem sich alle Informationen finden, die die Familienmitglieder interessieren.

Unsere patriarchalische Kultur und die Maskulinisierung der sozialen Beziehungen haben die Dimension Héstia bzw. Vesta sehr geschwächt, ja sogar ausgetilgt.

Die Frauen taten gut daran, das Haus zu verlassen, ihre Fähigkeit zu entfalten, am öffentlichen Leben teilzunehmen, zu organisieren und Leitungsaufgaben wahrzunehmen. Sie brachten die wichtigsten Tugenden der Weiblichkeit in die Arbeitswelt ein, nämlich den Geist der Kooperation und der Achtsamkeit. Dieser Geist sorgt für das Gleichgewicht und gestaltet die Beziehungen persönlicher und weniger funktional. Doch es kommt der Moment, um ins Haus zurückzukehren und die Dimension Héstia bzw. Vesta wieder zur Geltung zu bringen, das Zuhause, ohne das es die Zuflucht nicht gibt, welche

die Seele braucht, um bei sich selbst zu sein, sich zu erholen und sich „zu Hause zu fühlen“.
Wehe einem vernachlässigten und unordentlichen Haus! Da hat man sofort den Wunsch, dass Héstia bzw. Vesta erscheinen möge, um eine gute, intime und familiäre Atmosphäre in ihrem Gleichgewicht und rechten Maß zu gewährleisten.
Das ist nicht nur Aufgabe der Frau, sondern auch des Mannes. Deshalb müssen jeder Mann und jede Frau das rechte Maß, das Gleichgewicht finden zwischen dem „außer Haus sein“, um zu arbeiten, und dem Moment der Rückkehr ins Haus, um es sich gemütlich zu machen.
Heute finden die Frauen, je mehr sie sich als Feministinnen verstehen, immer mehr diese so lebenswichtige Dosierung: das rechte Maß zwischen der Abwesenheit von zu Hause, um zu arbeiten, und der Rückkehr ins eigene Heim, um sich selber zu finden.
Es ist dringend notwendig, die Dimension von Héstia bzw. Vesta wiederzuerlangen, um das richtige Maß zwischen Arbeit und Fürsorge, zwischen Lebenskampf und dem „zu Hause sein“ in seinem Lieblingswinkel zu finden.

Das rechte Maß zwischen dem Männlichen und dem Weiblichen

Der Mensch ist kein einfaches Wesen, sondern komplex. Er tritt unter zwei Gestalten in Erscheinung, als Mann und Frau. Er kommt in seiner Gänze zur Welt, hat einen Kopf, ein Herz, einen Rumpf und Füße, er hat mit einem Wort Körper, Seele und Geist. Doch er ist dennoch unvollständig. Leben heißt das Leben zu vervollständigen, es wachsen zu lassen, verborgene Fähigkeiten zu entwickeln, Mann und Frau zu werden. Und Mann und Frau sind wir innerhalb des Bezugsrahmens einer jeweiligen Kultur. Deshalb gibt es in jedem Mann und jeder Frau etwas von der Natur Eingestiftetes, doch die

Ausgestaltung dieser Gegebenheit erfolgt durch die Kultur. Wir sind in unserer Existenz und unserem Dasein kulturell geprägt.
Wir sind also niemals fertig, denn, wie wir bereits erörtert haben, ist jeder Mensch, ob Mann oder Frau, ein unendlicher Entwurf. Er trägt einen Hunger in sich, der niemals gestillt wird, denn er wird umso stärker, je mehr er in dem, was er tut, Erfüllung findet. Das könnte gar nicht anders sein, denn der Heiligen Schrift zufolge ist er nach dem Bild und Ebenbild Gottes geschaffen. Und Gott ist der Unendliche, der uns die unendliche Sehnsucht eingestiftet hat, die in Wahrheit das Echo der Stimme Gottes ist, der uns ruft. Deshalb sind wir nur dann im vollen Sinne Mensch als Mann und Frau, wenn wir diesem Unendlichen begegnen und in es eingehen. Mit anderen Worten: Das Ziel der Menschwerdung ist die Vergöttlichung.
Mann und Frau verwirklichen jeder auf seine Weise das Menschsein. Sie treten zusammen in Erscheinung, und zwar nicht in erster Linie, um zusammen Nachkommen zu zeugen. Das tun sie natürlich auch. Doch der ursprüngliche Sinn ihrer Unterschiedenheit ist es, dass sie miteinander kommunizieren, ins Gespräch treten und zusammenleben. Die Gemeinsamkeit in Unterschiedlichkeit macht das Menschsein aus.
Mann und Frau gelangen nur in wechselseitiger Beziehung zu ihrer vollen Verwirklichung. Sie entsprechen einander und sind auf den jeweils anderen hin orientiert. Und wir wissen, dass der Mann erst unter dem Blick der Frau im vollen Sinne Mann wird. Desgleichen wird die Frau im vollen Sinne Frau unter dem Blick des Mannes. Warum dies?
Die Biowissenschaften und die Beobachtung des konkreten Menschen zeigen uns, dass Mann und Frau mehr bedeuten als Mann und Frau im herkömmlichen Sinne. Es sind Dimensionen des Menschseins, die wir als maskulin und feminin bezeichnen, oder wie einige sagen: Einem jeden und einer jeder eignet die Dimension von *animus* (männlich) und *anima* (weiblich).

Jeder Mann birgt in sich die weibliche Dimension, die *anima*, so wie die Frau ihrerseits die männliche Dimension, *animus*, aufweist. Aufgrund der Tatsache, dass der jeweils eine ein Stück der anderen in sich trägt, können beide in Dialog treten, sich austauschen und einander verstehen. Wenn sie völlig unterschiedlich wären, wie könnten sie dann jemals Gespräch und Austausch pflegen? Jede bzw. jeder besitzt ein Stück vom anderen, aber stets auf die je eigene Weise. In jedem und jeder gibt es die männliche und die weibliche Dimension. Was wäre dann das Weibliche im Mann und in der Frau? Das sind die Achtsamkeit, die Zärtlichkeit, die Empfindsamkeit, die Wahrnehmung von Botschaften in den Dingen und Ereignissen, die Intuition, die Werte, die Ethik und die Spiritualität. Wohlgemerkt: Es handelt sich hierbei nicht um etwas ausschließlich der Frau Zukommendes, sondern um etwas, das auch im Mann existiert.
Was hingegen wäre das Männliche im Mann und in der Frau? Die Kraft, die Rationalität, die Fähigkeit der Leitung, Arbeit, Erfindergeist, das Bewältigen von Schwierigkeiten, Mut, das Erschließen neuer Wege. Wiederum haben wir es nicht mit Eigenschaften zu tun, die ausschließlich dem Mann zuzuschreiben wären, sondern auch der Frau eignen. Sie ist dazu berufen, Leitungsaufgaben zu übernehmen, zu arbeiten, etwas zu schaffen, mit Schwierigkeiten fertig zu werden, Mut zu fassen, um neue Wege zu erschließen.
Zusammenfassend können wir sagen: Ein jeder bzw. eine jede trägt in sich die weibliche und die männliche Dimension. Doch jeder bzw. jede verwirklicht diese auf je seine bzw. ihre Weise und in unterschiedlichem Maße. Und hier kommt das rechte Maß ins Spiel.
Praktisch gesehen geht es um die Frage: Wie verbindet man Zärtlichkeit und Kraft, Empfindsamkeit und Ratio, Intuition und Kritik miteinander? Es kann passieren, dass die Frau ihre männliche Dimension übertreibt und als Frau autoritär, berechnend, rationalistisch wird. Sie hat sich dann an Kraft selbst übertroffen und das rechte Maß verloren.

Etwas Ähnliches kann mit dem Mann passieren, der seine weibliche Dimension nicht gut integriert, auf eine besitzergreifende Art fürsorglich wird und der Sentimentalität auf Kosten des gesunden Hausverstands Raum gibt. Auch er hat dann das rechte Maß verloren.

Das anzustrebende Ideal wäre es, den Mittelweg zwischen Kraft und Zärtlichkeit, Empfindsamkeit und Vernunft, Kopf und Herz zu finden, ein Gleichgewicht herzustellen und auf diese Weise als Mann und als Frau mehr Mensch zu sein.

III. Das rechte Maß im zwischenmenschlichen Bereich

Das rechte Maß in den sozialen Beziehungen

Einen großen Teil unserer Zeit, ja die meiste Zeit, verbringen wir mit Arbeit – auf dem Feld, in einem klimatisierten Büro, im Supermarkt, auf Kurz- und Langstreckenflügen, als Lehrkräfte in Schulen und an Universitäten oder in der Kinderbetreuung zu Hause. Wie finden wir das rechte Maß all unserer Aufgaben?

Das rechte Maß von Arbeits- und Lebenszeit

Die Arbeit gehört zur Daseinsverfassung des Menschen, der, da er als rein biologisches Wesen nicht unabhängig ist, gezwungen ist, seine Mittel zum Leben zu erzeugen. Doch die Arbeit, die Selbstverwirklichung sein könnte, wurde nach und nach zu einer auf dem Markt gehandelten Ware. Die Lohnarbeit ist es, die die Menschen im Austausch für Geld zu wahren Sklaven ihrer Tätigkeit macht. Für diese wenden sie die besten Stunden des Tages auf. Doch der Mensch lebt nicht nur von Arbeit und Brot. Er ist ein Wesen mit vielen emotionalen, intellektuellen, beruflichen, persönlichen und spirituellen Anforderungen. Wie kann man das rechte Maß zwischen der unvermeidlichen Arbeitszeit und der Lebenszeit finden, die man mit der Familie und seinen Freunden als eine Zeit verbringt, die die Heilige Schrift „Sabbat“ nennt?
Am Sabbat vergisst man die Arbeit, die Hierarchien verlieren ihre Geltung und die Ungleichheiten werden geringer. An diesem Tag sind alle Menschen einfach Geschöpfe, die voller Freude feiern, dass sie leben und eine erfüllte und freie Zeit genießen. Vielleicht kann

uns dies ein Text eines großen brasilianischen Schriftstellers, des Autors des berühmten Arztromans *Die Lilien auf dem Felde*, in gewisser Weise veranschaulichen:

> Wenn in diesem Augenblick ein Marsbewohner auf die Erde käme […], er würde sich wohl wundern, dass die Mehrzahl der Menschen an einem so herrlichen sonnigen Morgen eingezwängt in Werkstätten und Fabriken und hinter Schreibtischen schuftete … Und wenn er einen fragte: „Mensch, warum arbeitest du so besessen, während draußen die Sonne scheint?“, würde er die merkwürdige Antwort erhalten: „Um den Lebensunterhalt zu verdienen.“ Und doch lag das Leben zum Greifen nahe und bot sich wunderbarerweise unentgeltlich an. So blind waren die Menschen in ihrem Streben nach materiellen Gütern, dass sie es gar nicht merkten. Allen geistigen Errungenschaften zum Trotz hatten sie noch keine Möglichkeit gefunden, weniger zu arbeiten und mehr zu leben. Ruhelos wimmelten sie durcheinander, kannten einer den anderen nicht und liebten sich nicht, wie sie sollten. Der Wettkampf machte sie zu Feinden. Und vor vielen Hunderten von Jahren hatten sie einen Propheten ans Kreuz geschlagen, der ihnen verkündete, dass sie alle Brüder wären, für immer und ewig Brüder. (Verissimo o. J, 381–382)

Aus der Feder eines Schriftstellers wird uns die beste Lektion erteilt: Die Menschen sind noch immer auf der Suche nach dem rechten Maß zwischen Arbeit und Lebensfreude, zwischen der Unrast, durch Arbeit das Leben zu erwerben, und dem ungeschuldeten Geschenk des Lebens, das uns ohne jeglichen Preis und ohne Arbeit Tag für Tag dargereicht wird.

Das rechte Maß zwischen Sorgen und Lebensfreude

Die meisten Menschen haben in ihrem Leben ein Kreuz zu tragen und möchten dabei so wenig wie möglich Schmerz erdulden. Zu diesem Kreuz zählen die vielfachen Sorgen: um das, was wir morgen essen werden, um den Unterhalt des Hauses oder die Miete, um einen sicheren Arbeitsplatz, um das Schulgeld für die Kinder, darum, wie

man die Rechnungen am Monatsende bezahlt und was man zum anziehen hat. Uns plagt die Angst, dass wir auf der Straße überfallen werden könnten, dass wir dies und jenes verlieren könnten, dass wir krank werden und die Familie im Stich lassen müssen. So ergeht es dem Menschen mit seiner alltäglichen Last.
Trotz der Sorgen gibt es in uns das tiefe Empfinden, dass das Leben mehr als Arbeit und Kummer ist. Wir sind von einem Grundvertrauen in uns geprägt, dass sich das Leben lohnt, dass es unzerstörbar Gutes in sich birgt.
Das rechte Maß stellt sich dann ein, wenn wir diese beiden Dimensionen in heiterer Gelassenheit miteinander verbinden. Niemand hat dies besser zum Ausdruck gebracht als unser Meister Jesus von Nazaret. Er lehrte uns, wie wir das rechte Maß zwischen der Last des Lebens und dem Leben als unverdientem Geschenk herstellen können. Dies waren seine Worte:

Sorgt euch nicht um euer Leben, um das, was ihr zu essen haben werdet, und nicht um euren Leib, um das, was ihr anziehen werdet. Ist denn das Leben nicht mehr als Nahrung und der Leib mehr als Kleidung? Seht die Vögel des Himmels: Sie säen nicht und ernten nicht und sammeln nichts in Scheunen. Und der himmlische Vater ernährt sie indessen. Seht, wie die Lilien des Feldes gedeihen: Sie arbeiten nicht und spinnen nicht. Doch ich sage euch: Nicht einmal Salomo in seiner ganzen Pracht hat sich so gekleidet wie sie. Sorgt euch also nicht darum, was ihr essen oder was ihr trinken werdet. Euer himmlischer Vater weiß sehr gut, was ihr von all dem braucht. Kümmert euch nicht um morgen. Der morgige Tag hat seine eigenen Sorgen. Ein jeder Tag hat genug eigene Last. (Mt 6,25–34)

Diese Lehre Jesu ist keine Einladung zur Nachlässigkeit und Verantwortungslosigkeit. Er weiß sehr wohl, dass auch die Vögel ihre Nahrung suchen müssen und dass sie sich abmühen, um ihre Nester zu bauen.
Jesus will die Menschen nicht von ihrer Pflichterfüllung abhalten, aber er möchte ihnen das rechte Maß vermitteln: Das menschliche

Leben ist mehr wert als all diese Dinge. Wenn wir nur um unsere Sorgen kreisen, dann werden wir Sklaven und verlieren den Sinn für das Leben und seine Freuden. Wenn wir Arbeit mit dem Vertrauen darauf verbinden, dass das Leben im Grunde gut ist, dann finden wir das rechte Maß. Das Kreuz wird weiterhin auf unseren Schultern lasten, doch wir werden von einer inneren Begeisterung erfüllt sein, die es erträglich macht, und wir werden die tägliche Last mit Leichtigkeit und fröhlicher Gelassenheit auf uns nehmen.

Das rechte Maß zwischen Religiosität und Spiritualität

Die Religion gehört zu den ältesten Gegebenheiten der Menschheitsgeschichte. Die archäologischen Funde zeugen von der Religiosität der Menschen. Man sagt, die erste Deutung der Welt erfolgte unter religiösen Vorzeichen. So sehr die Religion auch von den „Meistern des Verdachts“ ins Visier genommen wurde, die sie entweder als Überbleibsel einer mythischen Vergangenheit, als kollektive Neurose, als Entfremdung oder gar als Illusion entlarven wollten, widerstand sie dem allem und erneuerte sich stets. Diese Tatsache macht deutlich, dass die Kritiker nicht kritisch genug waren, um die Einzigartigkeit und Besonderheit des Faktums Religion zu erfassen.
Einer der Leiter der US-Diplomatenschule kritisierte die Außenpolitik seines Landes, weil sie den Faktor Religion nie ernst genommen habe. Er argumentierte, dass fast alle Konflikte unserer Zeit einen religiösen Hintergrund hätten, in den Muslime, Orthodoxe oder andere christliche Konfessionen involviert seien. Und dies habe seinen Grund, denn was die Menschen motiviert, sind weder Ideologien noch wirtschaftliche Interessen. Was sie mobilisiert, sind in den Religionen so tief verankerte Werte, dass es Gläubige gibt, die bereit sind, ihr Leben dafür zu geben.
Die Religion hat nicht nur mit Ideen in Gestalt von Lehrinhalten zu tun, sondern mit starken Kräften, die „Berge versetzen“, das heißt

Widerstand, Opfer und den Einsatz des eigenen Lebens begründen können. Eine edle Religion will den Menschen mit jener höchsten Wirklichkeit in Kontakt bringen, die als schöpferische und alle Dinge im Himmel und auf Erden erhaltende Realität aufgefasst wird. Sie erscheint als die Spenderin und Garantin des letztgültigen Sinnes des Lebens.

Der Irrtum der Religionskritiker war es, sie da verortet zu haben, wo sie nicht beheimatet ist: in der aufgeklärten Vernunft. Wenn man sie dort ansiedelt, dann zeigen sich Widersprüche zwischen Glaube und Vernunft, Wissenschaft und Religion. Sie erkannten nicht, dass sich das Wesen der Religion anderweitig entfaltet. Ihr Sitz ist das tiefe Empfinden und nicht die Vernunft, das Herz, die Utopie, die großen Träume und Wünsche.

Gut hat es einer der größten Denker der französischen Kultur, Blaise Pascal (1832–1862), zum Ausdruck gebracht: „Das Herz ist es, das Gott empfindet, nicht die Vernunft." Aus dem Herzen entspringen die großen Werte, die Liebe und die tiefsten Empfindungen. Hier ist der Ort der Religion – ein Ort, der vonseiten der Vernunft stets unter Verdacht steht, da sie nicht fähig ist, die Gründe des Herzens zu begreifen.

Die Religion will die Welt nicht erklären. Das tun die Wissenschaften. Sie will der Welt einen letzten Sinn verleihen. Ja mehr noch: Sie stellt einen Protest gegen diese Welt dar, wie sie ist, nämlich voller Unvollkommenheit und Unmenschlichkeit. Sie will eine Welt der Versöhnung, in der alles miteinander und mit einer größeren Wirklichkeit verbunden ist. Deshalb schlägt sie vor, diese Welt zu überschreiten, auf eine andere, vollkommenere Welt hin zu transzendieren, die die Sehnsucht der Menschen erfüllt.

Diese Sehnsüchte sind im Herzen und im Geist eines jeden Menschen verankert. Wir wollen eine andere Art von Welt, in der wir in Liebe, Gerechtigkeit, Sorge für die Armen und Verehrung der Gottheit leben können, die alles im Sein hält.

Hier finden wir das wahre Wesen der Religion. Wir geben zu, dass alles Gesunde krank werden kann. So kann auch die Religion an Fundamentalismus (allein meine Wahrheit ist richtig), an dogmatischer oder moralischer Starrheit (die Dogmen und Gesetze stehen über dem Leben) und anderen Irrwegen erkranken, insbesondere wenn sie zu einer Ware wird und sich den Marktgesetzen unterwirft, ein wahres Geschäft zum Geldverdienen wird und die Gutgläubigkeit der Menschen ausnutzt. Das ist eine Krankheit und nicht das wahre Wesen der Religion, die dafür da ist, das Wertvollste und Großartigste im Menschen zu nähren: die Fähigkeit, mit der Quelle in Kontakt zu kommen, aus der alle Seinsformen hervorgehen.

Eine jede Kultur bringt ihre je eigene Religion hervor, das heißt eine Bedeutung, die sie der Geschichte und dem endgültigen Geschick des Menschen beimisst. Doch die Religion entsteht nicht aus sich selbst heraus. Sie bricht aus etwas Tieferem hervor: aus dem ozeanischen Gefühl, dass hinter allen Dingen und dem sternübersäten Himmel eine mächtige und liebevolle Energie existiert, die alles in Gang gesetzt hat. Die Religion lebt von der Erfahrung des Geheimnisses unseres eigenen Daseins (niemand verleiht sich selbst das Dasein), des Geheimnisses des Lebens in all seinen Gestalten, des Geheimnisses des Universums mit seinen Myriaden von Galaxien und Sternen, Sonnen und Planeten. Dieses Geheimnis stellt nicht die Grenze der Vernunft, sondern das Unbegrenzte der Vernunft dar. Es kann stets mehr und mehr erkannt werden. Doch in aller Erkenntnis bleibt es Geheimnis.

Angesichts dieses immer schon erkannten und unerkennbaren Geheimnisses wird der Mensch mit Staunen und Ehrfurcht erfüllt. Er schweigt davor eher ehrfürchtig, als dass er spricht, denn kein Wort kann die Großartigkeit und Erhabenheit des Geheimnisses zum Ausdruck bringen. Die Spiritualität besteht darin, dieses Geheimnis zu erfahren. Sie vollzieht den Übergang vom Kopf zum Herzen, das empfindet, meditiert und verehrt. Jede Religion bringt dieses Geheimnis auf je ihre eigene Weise mittels Riten, Symbolen, Festen und dogmatischen Lehrsätzen zum Ausdruck.

Viele Namen hat man dem namenlosen Geheimnis gegeben. Man nannte es Tao, Shiva, Allah, Jahwe, Olorum oder einfach Gott. Doch keiner dieser Namen definiert dieses Geheimnis, und sein Reichtum erschöpft sich in keiner bestimmten kulturellen Form seiner Verehrung. Dieses Geheimnis zuinnerst und tief zu empfinden macht die Spiritualität aus. In diesem Sinne ist sie mehr als Religion.

Es mag Menschen geben, die sich aus Gründen, die hier nicht weiter zu erörtern sind, keinem religiösen Bekenntnis anschließen. Und sie können dennoch zutiefst spirituell sein, denn sie erfassen dieses Geheimnis und verehren es, wie es zum Beispiel das große Genie unter den Wissenschaftlern, Albert Einstein, tat. Er bezeichnete sich selbst nicht als religiösen Menschen, doch er bekannte sich sehr wohl als zutiefst spirituell und als in ekstatisches Staunen versetzt angesichts des Geheimnisses des Universums und aller Dinge.

Die Religion kann zur Erfahrung dieses Geheimnisses verhelfen, sie aber auch erschweren. Wenn eine Religion die Erfahrung durch starre Lehren, durch Riten, die bereits ihren Sinn eingebüßt haben, ersetzt, dann schafft sie Hindernisse für die Öffnung und Erfahrung des Geheimnisses. Doch sie kann auch hierfür hilfreich sein, indem sie die geeigneten Bedingungen der Ehrfurcht, der Verehrung, einer entsprechenden Ethik schafft, die den Menschen auf etwas stets Größeres, das Geheimnis, verweisen. Die Spiritualität erweist sich am Respekt, an der Verehrung, an der Solidarität, am Mitleid und an der völligen Öffnung für das Unendliche, auch wenn sie diesem keinen Namen verleiht.

Das rechte Maß besteht nun darin, ein Gleichgewicht zwischen Religion und Spiritualität zu finden, wobei man dieser stets den Vorrang einräumen sollte, denn sie ist der Quellgrund der Religionen. Die Religionen sind so etwas wie die unterschiedlichen Kanäle, die das kristallklare Wasser der Quelle weiterleiten, welche die Spiritualität ist.

Der Mensch, der die Spiritualität pflegt, erweist sich als empfindsam, voller Mitleid angesichts des Schmerzes des anderen und bereit, ihm die Hand zu reichen, er erweist sich als respektvoller angesichts der Unterschiedlichkeiten, als solidarischer und als liebevoller in den menschlichen Beziehungen.
Es hat schon seinen Grund, warum die verehrenswertesten Menschen in der Menschheitsgeschichte wie Mose, Jesaja, Jesus Christus, Franziskus von Assisi, Teresa von Ávila, Gandhi, Dom Hélder Câmara, Irmã Dulce, Martin Luther King, Edith Stein, der Dalai Lama und andere inspirierende Persönlichkeiten eben jenem spirituellen und religiösen Milieu entstammen.

Das rechte Maß im Hinblick auf die Natur

Von grundlegender Bedeutung sind die persönlichen Veränderungen, die sogenannten *molekularen Revolutionen*. Sie beginnen mit dem Einzelnen selbst, der die Bereitschaft entwickelt, seine Revolution auf persönlicher Ebene zu vollziehen. Es ist eines der Prinzipien der Quantenphysik, die gesamte Wirklichkeit, auch die Materie, als Formen von Energie in unterschiedlicher Dichte und stets innerhalb von Netzen von Beziehungen zu sehen. Dieser Auffassung gemäß existiert nichts außerhalb von Beziehungen, keine von einem Menschen vollbrachte Tat ist davon ausgenommen. Die ausströmende Energie zirkuliert in allen Netzen, verstärkt sie und beschleunigt auf diese Weise den Prozess des Paradigmenwechsels. Daraus leitet sich die Tatsache her, dass sich keine menschliche Tat auf den persönlichen Bereich beschränkt, sondern stets das Gesellschaftliche und Globale mit einbezieht. Betrachten wir einige Ausdrucksgestalten dieser Dimension des rechten Maßes im zwischenmenschlichen Bereich.

Das rechte Maß zwischen der Befriedigung der Bedürfnisse und dem Eingreifen in die Natur

Der Druck auf den Konsumbedarf aufgrund des weltweiten Bevölkerungswachstums erfordert ein fein abgestimmtes rechtes Maß hinsichtlich des Eingreifens in die Natur. Dazu ein Beispiel: Die Hälfte der Menschheit ernährt sich von Reis als Grundnahrungsmittel. Berücksichtigt man das Bevölkerungswachstum, dann müssen wir bis zum Jahr 2050 etwa 70 % mehr Reis produzieren als heute verfügbar ist. Das wiederum ist mit einer Inanspruchnahme von Land, Wasser und Energie verbunden. Wird das bebaubare Land unter den Bedingungen von Extremwetterereignissen und globaler Erwärmung tatsächlich die erforderliche Menge an Reis hervorbringen können?
Hier bedarf es eines fein abgestimmten rechten Maßes hinsichtlich unseres Eingreifens in die Natur, damit diese ihre Biokapazität, also die Fähigkeit, Leben hervorzubringen, erhält und gleichzeitig das hervorbringt, was wir brauchen.

Nicht aggressive, sogenannte soziale Techniken, die neuen Formen des ökologischen Landbaus wie die solidarische Ökonomie und die Bioökonomie können hierbei einen entscheidenden Beitrag leisten. Dazu kommt noch, dass wir dem Ökosystem, in dem Reis gedeiht, Erholung gönnen müssen, damit es sich regenerieren und weiterhin für den zukünftigen Bedarf des Menschen zur Verfügung stehen kann.

Dasselbe Problem taucht in allen Bereichen auf, wenn wir das rechte Maß zwischen dem Eingreifen in die Natur und der Notwendigkeit einer Produktion bestimmen müssen, die Millionen Menschen das für ein anständiges Leben Notwendige bereitstellt (im Gegensatz zu einer unbegrenzten Akkumulation). Es gibt hierfür keine allgemein gültige Formel. Sie hängt von jedem einzelnen Ökosystem, vom jeweiligen Land, vom lokalen Klima, von in der Bevölkerung verankerten Traditionen und anderen begrenzenden Faktoren ab. Doch sie alle sind in das rechte Maß und das dynamische Gleichgewicht einbezogen, die für die gegenwärtige und für die künftigen Generationen notwendig sind.

Andernfalls wird die Nachhaltigkeit nicht aufrechterhalten, und es beginnt ein Prozess der ökologischen Verschlechterung. Mehr als jemals zuvor wird eine weltweite Ethik des rechten Maßes und der universalen Verantwortung zwingend nötig. Es geht hierbei um Entscheidungen, die von allen angenommen werden.

Alles wird von der Art der Beziehung abhängen, die wir mit der Natur etablieren müssen. Sie kann das herrschende Paradigma nicht fortsetzen, demzufolge man sich die Natur als unbegrenztes Depositum von Gütern und Fähigkeiten vorstellt, das unbegrenzt ausgeplündert werden kann und angeblich die Grundlage für ein ebenfalls unbegrenztes Wachstum („Entwicklung") bildet.

Ein solches Projekt zwingt angesichts der bereits geschehenen Veränderungen am Gleichgewicht der Erde aufgrund der globalen Erwärmung und der Covid-19-Pandemie insbesondere den entwickelten und reichen Ländern ein gewisses Maß an Schrumpfung (degrowth) auf (s. weiter unten, S. 213 ff). Dies setzt den freiwilligen Verzicht auf das Projekt der Moderne voraus, immer mehr zu wachsen, ohne Rücksicht auf die Grenzen der Natur. Diese Option ist nicht nur von ökologischer Bedeutung, sie ist auch eine Form der Solidarität mit den Regionen, die schweren Mangel leiden. Diesen eine Schrumpfung aufzuzwingen käme einer Verdammung zum Elend gleich. Sie bedürfen einer nachhaltigen Entwicklung, um die Grundbedürfnisse ihrer Bevölkerung zu erfüllen.

Alle müssen das Gemeinwohl dem Wohl des Einzelnen überordnen, sich mit weniger zufriedengeben, um zusammen mehr zu sein und die Grundlagen in einem guten Zustand zu erhalten, die den Fortbestand des Lebens auf der Erde garantieren. Wenn wir diese paradigmatische ökologische Umkehr nicht vollziehen, dann sind wir dazu verdammt, innerhalb einer nicht allzu langen Zeitspanne einem wahren sozioökologischen Amargeddon beizuwohnen. Dies wäre jene trostlose Verheerung, die sicherlich alle vermeiden wollen.

Das rechte Maß zwischen Erhaltung der Natur und Extraktivismus

Es ist bekannt, dass die Regenwälder Afrikas, im Südosten Asiens und vor allem in der Amazonasregion, die sich über acht Länder erstreckt, die größten natürlichen Reichtümer in sich bergen. Das betrifft vor allem Wasser und Artenvielfalt. Der Extraktivismus erfolgt normalerweise in wilder Form, ohne jegliches rechtes Maß im Hinblick auf die Erhaltung der Naur und deren Fähigkeit, weiterhin natürliche Gaben anzubieten.

Insbesondere in der Amazonasregion gibt es eine große Menge an Nahrungsmitteln wie Kakao, Kastanien, Palmherzen, Asai-Beeren, Pfirsichpalmen, verschiedene Arten von Holz und dazu unzählige Arten von Fisch und Wildtieren.

Chico Mendes, der Märtyrer der Verteidigung Amazoniens, wurde nicht müde zu sagen, dass der intakte Regenwald weitaus mehr produziert als der abgeholzte. Man kann mittels bereits erprobter Techniken ruhig und in gesunder Ausgewogenheit Soja-Anbau, ja selbst die Viehzucht betreiben, ohne das ökologische Gleichgewicht des Ökosystems Amazonien zu beeinträchtigen.

Bei der derzeitigen Geschwindigkeit der illegalen Abholzung riesiger Flächen zur Gewinnung von Edelhölzern, zur Schaffung von Monokulturen von Soja und Sonnenblumen sowie zur Viehzucht könnte das brasilianische Amazonasgebiet sein Gleichgewicht verlieren und zu einer riesigen Savanne werden. Die Verringerung der Feuchtigkeit des Amazonasgebietes (die berühmten fliegenden Flüsse) beträfe ein großes Gebiet bis nach Nordargentinien und Uruguay. Der Grundwasserspiegel in Regionen, die auf Regen aus dem Amazonas angewiesen sind, wie der Cerrado (der eigentliche Wasserspeicher vieler brasilianischer Flüsse), wird sinken, und damit auch der Pegel des Flusswassers und Grundwassers in großen Gebieten wie Guarani, Res do Chão und anderen.

Der Extraktivismus ist legitim innerhalb der streng einzuhaltenden Grenzen eines rechten Maßes, um den Regenwald samt seiner Artenvielfalt zu erhalten. Die Hauptfunktion der Regenwälder besteht indessen in seiner Dienstleistung für das gesamte System Erde. Jahr für Jahr nehmen sie Abermillionen Tonnen Kohlendioxid aus der Atmosphäre auf, halten es im Boden zurück und verwandeln es mittels der Fotosynthese in Sauerstoff, ohne den es kein Leben mehr gäbe. Darüber hinaus sind sie reich an Stoffen für die Pharmazie, für Duftstoffe und Parfum sowie Fasern für viele Produkte, unter anderem Kleidung.

Alles aber hängt von einem bewusst gewollten Gleichgewicht und vom achtsamen Streben nach dem rechten Maß ab, damit der Regenwald erhalten bleibt und dem Menschen wie der Wissenschaft zugleich nützlich ist. Niemand kann dieses Gleichgewicht besser gewährleisten als die indigenen Völker. Sie empfinden sich selbst als Teil des Regenwaldes und behandeln ihn achtsam, genau so, wie sie sich um ihren eigenen Leib kümmern. Von ihnen haben wir viel zu lernen. Sie sind unsere Lehrmeister und Experten im achtsamen Umgang mit der Natur, als deren Teil und Hüter sie sich empfinden.

Das rechte Maß zwischen Legalität und Allgemeininteresse

Es gibt keine Gesellschaft, die sich nicht selbst durch Normen und Gesetze regelt. Diese stellen immer auch eine Eingrenzung dessen dar, was man tun kann und was nicht. Doch die konkrete Wirklichkeit überschreitet aufgrund der Gier des herrschenden Produktionssystems und einem Mangel an kollektivem Verantwortungsbewusstsein der Staaten, der großen Unternehmen und der einzelnen Menschen die Gesetze.

Betrachten wir nur die notwendigen Normen und Gesetze für die Erhaltung der ökologischen Lebensgrundlagen. Wenn sie wie in Brasilien flexibel gestaltet werden, dann führen sie zu Katastrophen wie zum Brand von riesigen Flächen inklusive der Zerstörung der Artenvielfalt und dem Verlust wichtiger Teile des Waldes, die das Klima regulieren.

Doch es kann auch das Gegenteil passieren. Die Normen können verabsolutiert werden, ihren Bezug zum Strom des Lebens verlieren und so der Natur und der Gesellschaft Ungerechtigkeit und Schaden zufügen. Daher rührt die Einsicht, dass das Leben mehr wert ist als die Gesetze, dass die Prozesse des Lebendigen mehr zählen als das Vorschreiben von Grenzen.

Hier taucht von Neuem das Problem des Austarierens des rechten Maßes auf. Es ergibt sich nicht einfach aus dem Abwägen der Normen, sondern aus der Beobachtung der Verhältnisse und Prozesse, die im Gang sind und aus denen das entsteht, was für diese und jene Situation das Angemessenste ist.

Die Normen und Gesetze sind nicht außer Kraft gesetzt: Sie dienen der Orientierung und sollen keine Bremsen für Ereignisse sein, die nach ihrem dynamischen Gleichgewicht streben. Aus dieser Perspektive gewinnt das Prinzip der Komplementarität Bedeutung, das heißt der Integration unterschiedlicher Perspektiven auf die Wirklichkeit, die einander so ergänzen, dass sie das entscheidende und echte, nicht künstlich erzeugte, rechte Maß bestärken und garantieren. Wenn es bloß um Legalität ginge, ohne jede Verbindung zu dem, was eine jede Lebensform braucht, dann kann Nachhaltigkeit nicht aufrechterhalten werden und das rechte Maß geht verloren.

Die Wahrheit ist: Was wir wirklich beachten müssen, weil es das ist, was letztlich zählt, sind die Prozesse und die Gesamtheit der Beziehungen und nicht einfach nur die Ergebnisse, die entgegen dem Rhythmus des vernetzten Ökosystems auf künstlichem Weg erreicht werden können.

IV. Drama und Tragödie des abhanden gekommenen rechten Maßes

So kann es mit der Welt nicht weitergehen

Seit etlicher Zeit schon hat uns das unleugbare Gefühl erfasst, dass wir uns mitten in einer tief sitzenden Krise befinden, die praktisch alle Lebensbereiche, insbesondere aber die Menschheit und die Erde insgesamt, unser Gemeinsames Haus, betrifft. Wir laufen sogar Gefahr, dass unsere Zukunft, unsere weltweit verbreitete Zivilisation und das Leben selbst schwerste Schäden erleiden. So wie bisher kann es mit der Welt nicht weitergehen, denn es lasten auf ihr schwerwiegende Bedrohungen, die alles gefährden, was wir in Jahrhunderten und Jahrtausenden mühsam aufbauen konnten.

Die dringende Notwendigkeit, die Art und Weise zu ändern, wie wir das Gemeinsame Haus bewohnen

Ich beziehe mich auf die Verbreitung des Corona-Virus seit dem Jahr 2019, die bis heute andauert. Da es alle Menschen auf der Erde betraf, wird man noch lange daran denken. Das Virus verschonte lediglich unsere Haustiere – die Katzen, Hunde usw.

Aus all dem haben wir eine Lektion zu lernen. Da es sich um ein bisher nie in dieser Form in der uns bekannten Geschichte da gewesenes Ereignis handelt, das Millionen Tote nach sich zog, wird diese Anti-Wirklichkeit noch lange Zeit zum Nachdenken und zu entsprechenden Studien führen. Die aktuellen Reflexionen dazu weisen über den konkreten Verlauf im Jahr 2019, als das Virus in China ausbrach und sich dann auf die gesamte Welt ausbreitete, weit hinaus.

Wir wissen, dass der Ausbruch dieses Virus die Konsequenz aus einem maßlosen Eindringen der Menschen in die Natur ist, womit er den Lebensraum, das natürliche Habitat, des Virus zerstörte, das andere Wirtstiere fand und sich von dort aus in unseren Zellen einnistete.

Viele Ursachen wirkten hier zusammen, doch die unmittelbarste ist der *Verlust des rechten Maßes und das Fehlen der Sorge* füreinander, für die Natur und die Erde. Dies ist Gegenstand unseres Nachdenkens, Anlass für eine dringende Veränderung unserer Lebensweise und auch für die Dringlichkeit, unsere Zukunft nach der Pandemie in ganz neuer Weise zu gestalten.

In der Natur und in der Geschichte geschieht nichts zufällig. Das Virus hat uns gezwungen, alles anzuhalten: die Fabriken, die Schulen, die Kirchen, die Geschäfte, die Restaurants, die Kinos und andere öffentliche Einrichtungen. Es nötigte uns restriktive Maßnahmen auf, insbesondere eine Einschränkung unseres sozialen Lebens. Dies hat einen sehr klaren Sinn: uns zum Nachdenken über unsere begangenen Fehler zu bringen, die so katastrophale Folgen hatten, und eine Reflexion über neue Verhaltensweisen bei uns auszulösen, die wir in der Zeit nach der Pandemie umsetzen müssen, damit wir nicht mit anderen, noch tödlicheren Pandemien bestraft werden.

Ja mehr noch: Es bot uns die Gelegenheit, in einer Art innerer Einkehr darüber nachzudenken und zu befinden, welche Art von Erde wir von nun an bewohnen wollen. Es ist uns nicht gestattet, zum alten Normalzustand zurückzukehren. Dies würde einen Rückschritt in eine Welt von sozialen und ökologischen Untaten, einen Rückschritt also in genau jene Welt bedeuten, die uns das Corona-Virus bescherte. Wir müssen ein neues „Normal“ schaffen. Dieses muss sich am Streben nach dem *rechten Maß,* dem *Mittelweg* und dem *relativen Optimum* orientieren, das heißt am *„nicht zu viel und nicht*

zu wenig" und am *dynamischen Gleichgewicht* von Erde, Natur, Gesellschaft, Gemeinschaften und unserem persönlichen Leben.
Mit anderen Worten: Wir müssen uns als Menschen neu erfinden, die lernen, *sich selbst zu kontrollieren, sich selbst zu beschränken,* ihre Wünsche nach Wachstum, nach Entwicklung und nach immer mehr Besitz zu mäßigen. Nur mit einem solchen Verhalten werden wir den warnenden Botschaften gerecht, die uns das Covid-19-Virus gesandt hat. Andernfalls ist unsere Zukunft in Gefahr. Aufgrund dieser schmerzhaften Krise zeichnen sich düstere, Sorgen heraufbeschwörende und wenig verheißungsvolle Szenarien ab. Doch wir verstehen dies zuversichtlich nicht als fatale Tragödien, sondern als Herausforderungen, die es zu bewältigen gilt. Diese Szenarien tauchen auf, um uns dazu zu zwingen, uns zu ändern, uns selbst zu entwickeln und geeignetere Weisen des Lebens und Zusammenlebens mit unserer verbleibenden Umwelt zu suchen.

Gehen wir unserer Selbstzerstörung entgegen?

Höchst angesehene Experten aus dem Bereich der Ökologie, der Wissenschaften, der Politik und der Religion warnen uns: Dieses Mal wird es keine Arche Noachs geben, die einige rettet und die übrigen untergehen lässt. In seiner Enzyklika *Fratelli tutti* stellt Papst Franziskus fest, dass wir uns alle in ein und demselben Boot befinden, dass entweder alle gerettet werden oder niemand.
Die Werte der Vergangenheit und der Gegenwart sind unzureichend, um eine hoffnungsvolle Zukunft zu entwerfen. Wir können nicht länger auf sie bauen. Das gemeinsame Schicksal fordert uns dazu auf, einen *Neuanfang* zu wagen. Wir müssen uns ändern. Entweder wir ändern uns oder wir gehen einer ökologisch-sozialen Tragödie entgegen, wie es sie niemals zuvor in der Menschheitsgeschichte gegeben hat. Es ist nicht ausgeschlossen, dass große Teile der Gattung Mensch in Gefahr sind, vom Antlitz der Erde zu verschwinden. Hof-

fentlich hat der Schöpfer der Erde, der Mutter ist, Mitleid mit uns und lässt dies nicht zu.
Eine der direktesten und drohendsten Warnungen spricht die *Erd-Charta* aus. Ihr kommt eine besondere Autorität zu, denn sie ist das Ergebnis eines mehrjährigen Konsultationsprozesses, an dem viele Menschen aus der ganzen Welt beteiligt waren. Es ging darum, Werte und Grundsätze zu finden, die gemeinsam umgesetzt werden sollten, wenn wir weiter unser Gemeinsames Haus bewohnen wollen. Sie wurde im Jahr 2003 offiziell von der UNESCO approbiert. Es heißt darin:

> Wir stehen an einem kritischen Punkt der Erdgeschichte, an dem die Menschheit den Weg in ihre Zukunft wählen muss. [...] Wir haben die Wahl: Entweder bilden wir eine globale Partnerschaft, um für die Erde und füreinander zu sorgen, oder wir riskieren, uns selbst und die Vielfalt des Lebens zugrunde zu richten. (Erd-Charta ^{4}2003, 6–8)

Angesichts dieser ernsten Warnung erhebt sich sofort die Frage: Warum sind wir in diese Situation so großer Gefahr geraten? Was sind die Gründe für dieses dramatische Szenario? Haben wir reale Chancen, der Gefahr der Selbstzerstörung zu entrinnen? Welche Entscheidungen müssen wir treffen, die uns tatsächlich eine hoffnungsvolle Zukunft garantieren? Haben wir genügend Zeit und inzwischen genug Weisheit gesammelt, um die vor uns liegenden Herausforderungen erfolgreich zu bestehen? Kann es nicht sein, dass unsere Zeit gekommen ist, uns endgültig von unserem Planeten zu verabschieden, wie es jeden Tag so vielen Arten passiert?

Dieses Mal wird es keine rettende Arche Noachs geben

Hier kommt mir eine Erzählung des herausragenden dänischen Denkers Søren Kierkegaard (1813–1855) in den Sinn, die auch Josef Ratzinger, der spätere Papst Benedikt XVI., in seinem Buch *Einführung in das Christentum* zitiert hat:

Ein Reisezirkus war in Dänemark in Brand geraten. Der Direktor schickte daraufhin den Clown, der schon zur Vorstellung gerüstet war, in das benachbarte Dorf, um Hilfe zu holen, zumal die Gefahr bestand, dass über die abgeernteten und ausgetrockneten Felder das Feuer auch auf das Dorf übergreifen würde. Der Clown eilte in das Dorf und bat die Bewohner, sie möchten eiligst zu dem brennenden Zirkus kommen und löschen helfen. Aber die Dörfler hielten das Geschrei des Clowns lediglich für einen ausgezeichneten Werbetrick, um sie möglichst zahlreich in die Vorstellung zu locken; sie applaudierten und lachten bis zu Tränen. Dem Clown war mehr zum Weinen als zum Lachen zumute; er versuchte vergebens, die Menschen zu beschwören, ihnen klarzumachen, dies sei keine Verstellung, kein Trick, es sei bitterer Ernst, es brenne wirklich. Sein Flehen steigerte nur das Gelächter, man fand, er spiele seine Rolle ausgezeichnet – bis schließlich in der Tat das Feuer in das Dorf übergegriffen hatte und jede Hilfe zu spät kam, sodass Dorf und Zirkus gleichermaßen verbrannten. (Ratzinger 1968, 17)

Diese Erzählung Kierkegaards lässt sich perfekt auf die Skeptiker anwenden, darunter viele Wissenschaftler, Unternehmer, Repräsentanten der Kirche bis hin zu Leuten aus dem einfachen Volk. Sie meinen, die globale Erwärmung sei ein großer Betrug, eine Verschwörung der Globalisten und Kommunisten, um die Welt zu beherrschen, oder ein Fehlalarm. Sie sagen, das Phänomen sei zu einem großen Teil ein natürlicher Vorgang und die Erde habe selbst Möglichkeiten, das für das Leben optimale Gleichgewicht zu finden. Und sie leben wie die Reichen auf der Titanic, machen ihre Geschäfte mit Edelsteinen, essen, trinken, lauschen dem Orchester, ohne sich dessen bewusst zu werden, dass sie untergehen werden. Dieses Mal ist es kein Schiff, das auf einen Eisberg zusteuert, es ist der Eisberg, der sich auf Kollisionskurs zum Schiff befindet, das heißt die globale Erwärmung mit ihren Extremereignissen.

Auf der anderen Seite gibt es Menschen – nicht allzu viele –, die die Warnungen ernst nehmen. Dazu zählen einige Länder, große Institutionen, Nichtregierungsorganisationen, Basisgruppen und Schulen, insbesondere aber die vielen Klimakonferenzen der UNO. Ein besonderer Name darf hier angeführt werden: Papst Franziskus, der ohne Unterlass von der alarmierenden ökologischen Lage auf dem Planeten spricht, die alle Ökosysteme der Erde betrifft. Er hat diesbezüglich zwei Enzykliken zur ganzheitlichen Ökologie verfasst, die beide ernsthafte Warnungen enthalten: *Laudato si'. Über die Sorge für das gemeinsame Haus* (2015) und *Fratelli tutti* (2020).

Man weiß inzwischen: Wenn die Entscheidungsträger nun beginnen, 2 % des weltweiten BIP dafür aufzuwenden, könnte man das globale Klima ins Gleichgewicht bringen und den Fortbestand des Planeten mit hoffnungsvollen Perspektiven garantieren. Doch die große Mehrzahl von ihnen hat keinerlei effektive Maßnahmen ergriffen.

Es ist unbestreitbar, dass wir es mit einem globalen Problem zu tun haben. Es betrifft nicht nur diese oder jene Region, sondern die Atmosphäre und die Biosphäre sowie den ganzen Planeten. Wir sind alle wechselseitig voneinander abhängig, und die Handlungen aller betreffen alle anderen – im guten wie im schlechten Sinne. Dieses Mal wird es keine Arche Noachs geben, die seinerzeit einige gerettet und den Rest dem Untergang preisgegeben hat. Dieses Mal, so möchte ich die Warnung von Papst Franziskus wiederholen, retten wir uns entweder alle gemeinsam oder niemand wird gerettet.

Wenn vielleicht ein großer Teil der Menschen untergeht, dann wird die Erde weiter Abermillionen Jahre um die Sonne kreisen, aber ohne uns. Mit ernsten Worten hat uns einer der größten Historiker des 20. Jahrhunderts, Eric Hobsbawm, in seinem Buch *Das Zeitalter der Extreme* gewarnt:

> „Wir wissen nicht, wohin wir gehen … Doch Eines steht völlig außer Frage: Wenn die Menschheit eine erkennbare Zukunft haben soll, dann kann sie nicht darin bestehen, dass wir die Vergangenheit oder Gegenwart lediglich fortschreiben. Wenn wir versuchen, das dritte Jahrtausend auf dieser Grundlage zu bauen, werden wir scheitern. Und der Preis für dieses Scheitern, die Alternative zu einer umgewandelten Gesellschaft, ist Finsternis." (Hobsbawm 1998, 720)

Die Zukunft des Lebens und der Menschheit ist in unserer Hand

Selbst wenn wir die zitierten Bedrohungen ernst nehmen, dann liegt es an uns, die wir heute leben, ihr wahrscheinliches Eintreten zu verhindern. Wir sind als Schöpfer geschaffen. Wir nähren die Hoffnung, dass wir eine andere Art und Weise hervorbringen werden, das Gemeinsame Haus zu bewohnen, in dem alle zusammen mit den übrigen Geschwistern der Natur ein Mindestmaß an Glück erfahren können. Darüber hinaus schenkt uns das Wort der Offenbarung Zuversicht, das uns folgendermaßen Mut macht und Hoffnung schenkt:

> Ja, Gott, du liebst alle Lebewesen. Wenn du etwas hassen würdest, hättest du es nicht geschaffen. Du verschonst alle, denn sie gehören zu dir, du souveräner Liebhaber des Lebens. (Weish 11,23–24)

Sicher, wir werden verschont werden, weil wir ihm gehören, dem *souveränen Liebhaber des Lebens*. Der von Mitleid erfüllte Schöpfer wird nicht zulassen, dass wir nach so viel Mühe und unter so schwerer Last und Opfern auf dem anstrengenden Weg der Evolution nach oben auf so elendige Weise zugrunde gehen.

Unser Ursprung ist im Herzen der großen Sterne, der sogenannten roten Riesen, zu finden, die nach dem Urknall vor etwa 13,7 Mrd. Jahren entstanden sind. In ihrem Inneren haben sich wie in einem Hochofen alle physikalisch-chemischen Elemente gebildet, aus denen wir bestehen. Als diese Sterne der ersten Generation explodierten, wurden diese Elemente in alle Richtungen hinausgeschleudert: der Sauerstoff, der Kohlenstoff, der Schwefel, der Stickstoff und die übrigen Elemente der Periodentafel. Es bildeten sich unzählige Galaxien, die Sterne, die Sonne, unsere Erde und alle Lebewesen auf ihr, einschließlich wir selbst.

So bilden etwa 26 chemische Elemente die Grundlage allen Lebens auf der Erde. Mehr als 95 % dieses Lebens ist aus nur sechs dieser Elemente aufgebaut: Kohlenstoff, Wasserstoff, Stickstoff, Sauerstoff, Phosphor und Schwefel.

Wenn wir das herausragendste Kapitel im Buch des Lebens und Kinder der Sterne sind, dann ist das ein Zeichen dafür, dass es unser Auftrag ist, es möglich zu machen, dass die Erde durch uns, durch unsere Augen und unsere Sinne insgesamt, das gesamte Universum betrachten und sich als Teil davon empfinden kann. Abgesehen von dieser wahren Mission sind wir hier, um uns an unseren Ursprung aus den Sternen zu erinnern, das Leuchten der Sterne in uns zu bewahren und auszustrahlen. Dies ist der Sinn unseres Daseins innerhalb des Evolutionsprozesses und auch der Plan des Schöpfers in seiner Liebe und Allmacht.

Die Astrophysiker und Kosmologen haben uns über das allerfeinst abgestimmte rechte Maß unterrichtet, in dem sich die ursprünglichen Energien miteinander in Beziehung setzten, damit das Universum entstehen konnte. Wenn zum Beispiel die Gravitation auch nur um ein Winziges stärker gewesen wäre, dann hätte sie das rechte Maß verfehlt und wäre zu stark gewesen, alles hätte sich zusammengezogen, und es wäre zu einer Implosion nach der anderen gekommen. Das Universum wäre nicht entstanden. Wenn sie andererseits nicht ein höchst exaktes rechtes Maß in dem Sinne eingehalten hätte, alle Elemente anzuziehen, hätten diese sich aufgelöst und die Bildung der Galaxien, der Sterne, der Erde und von allem, was sie enthält, wäre nicht möglich gewesen. Das rechte Maß ist also ein Grundprinzip des gesamten Universums, nicht nur unserer Gesellschaften und unseres Verhaltens.

Unsere größte Sorgfalt besteht darin, auf der Erde alle wechselseitigen Beziehungen und Rückbeziehungen im rechten Maß zu halten, eine allgemeine Harmonie zu bewirken und auf diese Weise in unserem aktuellen Kontext das Ende der Welt zu vermeiden oder hinauszuschieben. Positiv gesagt: Es liegt in unserer Verantwortung, den Fortbestand des Lebens zu gewährleisten und die Unversehrtheit der Mutter Erde wiederherzustellen. Zugleich ist es unsere Verantwor-

tung, ob gelegen oder ungelegen, die Warnung auszusprechen, dass unser Ende keineswegs unmöglich ist.
Nachdem wir den Sohn Gottes am Kreuz hingerichtet haben, als er unter uns weilte, ist nichts mehr unmöglich. „Er kam in sein Eigentum, und die Seinen nahmen ihn nicht auf", kommentiert der Evangelist Johannes traurig.
Dennoch halten wir das Vertrauen und die Hoffnung auf die Fähigkeit der Rettung der Menschen am Leben. Dabei helfen uns die richtunggebenden Kräfte des Universums und der Erde und nicht zuletzt das Wohlwollen jenes Seins, das alle Seinsformen entstehen ließ: Gottes, des Schöpfers des Himmels und der Erde und von allem, was existiert.
Dies wird nur erreicht werden, wenn wir das rechte Maß und das verloren gegangene Gleichgewicht der Mutter Erde wieder zur Geltung bringen.
Uns Christen tröstet es zu wissen, dass zwei Repräsentanten der Gattung Mensch, Jesus und Maria, bereits mit Leib, Seele und Geist in der glückseligen Ewigkeit sind, in das Reich der Dreieinigkeit, ins Innerste des Gottes, der Gemeinschaft von Vater, Sohn und Geist ist, aufgenommen sind.

Das kapitalistische System und der Neoliberalismus unter Beschuss

Die deutlichste Ursache von allen für das Fehlen des rechten Maßes, ein wahres planetarisches Drama, ist konkret der Kapitalismus als Produktionsweise bzw. der Neoliberalismus als seine politische Ausdrucksform.
Wie bereits das Wort „Kapitalismus" selbst andeutet, hat hier das Kapital den zentralen Platz inne und nicht die Arbeit, die ihm stets untergeordnet ist. Das Verhältnis zwischen beiden ist zutiefst ungleich zum Vorteil des Kapitals, was eine Quelle für Ungleichheiten und Ungerechtigkeiten darstellt. Von seinem Wesen her liebt das Kapital

nicht die Menschen, sondern deren physische Arbeitskraft oder intellektuelle Fähigkeiten. Es zielt auf Konsumenten und Kundschaft ab, nicht auf Bürger und Bürgerinnen.

Die Mantras des Kapitalismus

Dieses Produktionssystem orientiert sich an folgenden Mantras, die auch den Neoliberalismus definieren: Der Gewinn steht über allem, der Wettbewerb ist sein Motor. Dazu kommen die individuelle Akkumulation, die unbegrenzte Ausbeutung der natürlichen Ressourcen, eine Reduzierung des Staates auf minimale Funktionen, die Flexibilisierung der Gesetze (Aushebelung von Rechten) und die Überzeugung, dass der Markt gewinnen, die Gesellschaft aber verlieren muss.

Der Ausbruch des Corona-Virus und seine darauf folgende Verbreitung über den ganzen Planeten schlug nun wie ein rasender Meterorit oder wie ein furchtbarer Blitzschlag auf dieses System ein. Das Virus löste die Struktur der oben erwähnten Mantras vollständig auf. Wäre man ihnen gefolgt, dann wäre ein Großteil der Menschen praktisch schutzlos und in Todesgefahr gewesen.

Was uns rettet, sind die Werte, die innerhalb des kapitalistischen und neoliberalen Systems fast ganz fehlen und sogar unsichtbar gemacht wurden: Leben anstelle von Profit; wechselseitige Abhängigkeit aller anstatt Individualismus; Solidarität anstatt Wettbewerb; Sorge um die Natur und füreinander anstelle von Ausbeutung von Mensch und Natur; Gesetze und Normen, die die Bildung von Oligopolen verhindern, denn diese bedeuten eine maßlose Konzentration von Reichtum in wenigen Händen, und schließlich ein Staat, der hinreichend mit Mitteln ausgestattet ist, um den Bedürfnissen der Bevölkerung, insbesondere der Schwächsten, zu entsprechen.

Wie sich das Fehlen des rechten Maßes im Kapitalismus auswirkt

Die Übertreibung, das heißt das Fehlen des rechten Maßes, ist das Hauptlaster dieser Produktionsweise und seiner politisch-sozialen Organisation: Übertreibung des Reichtums auf der einen Seite und übergroße Armut auf der anderen; Übertreibung von Konsum einerseits und Hunger andererseits; Übertreibung der Anmaßung, immer mehr und besser zu sein als die anderen; Übertreibung im Einsatz von realer und symbolischer Gewalt, von Gewalt in Worten und Taten; Übertreibung der Ausbeutung der Natur; Übertreibung des Konsums eines kleinen Teiles der Menschheit auf Kosten der großen Mehrheit, der es an elementaren Gütern fehlt.

Die Schlüsselworte des Systems des Kapitals und des Neoliberalismus offenbaren ihr Wesen und Wirken und ihren Geist. Hier einige Wörter, die die Übertreibung und das Fehlen des rechten Maßes zum Ausdruck bringen:

Fehlen des rechten Maßes; Maßlosigkeit; Übertreibung; Hybris (übersteigerter Ehrgeiz): fehlende Mäßigung; Fehlen von Selbstbeschränkung; Fehlen des Mittelwegs; Fehlen des dynamischen Gleichgewichts; Fehlen des relativen Optimums, Fehlen der Mitte; Mangel an Selbstkontrolle; fehlender Verzicht; Fehlen des „weder zu viel noch zu wenig“; uneingeschränktes Begehren; Gewinnstreben; Neid; Habgier; Unausgewogenheit; Überheblichkeit; sich niemals zufrieden geben; Individualismus, usw.

Das Motto dieser Seins- und Denkweise lautet: Wer nicht hat, will haben; wer hat, will mehr haben; wer mehr hat, sagt: Es ist niemals genug.

Einer der Slogans einer der wichtigsten Börsen der Welt, nämlich der New Yorker Börse, lautet: Gier ist eine gute Sache. (*greed is good*). Fragt sich nur: gut für wen?

Die verschiedenen Übertreibungen und das Fehlen des rechten Maßes finden ihre konkrete Ausprägung in allen Bereichen des persönlichen, familiären, kollektiven und weltumspannenden Lebens der Menschen: In der Wirtschaft zeigt es sich im Streben nach unbegrenztem Wachstum und unbegrenzter Akkumulation von Reichtum. Im gesellschaftlichen Leben und im Weltzusammenhang erleben wir es als die Vorherrschaft einer einzigen Denk- und Handlungsweise. In der Politik zeigt es sich in Gestalt unbegrenzter Machtausübung über die armen Länder an der Peripherie. Kulturell wird uns ein einziges Denken und eine einzige herrschende Lebensweise aufgenötigt. Im Alltag erleben wir die Überheblichkeit, die vorgibt, mehr zu sein und zu wissen als die anderen.

Eine Wirtschaft der Arbeit und eine andere des arbeitslosen Gewinns

Etwas vereinfachend gesagt, gibt es heute zwei vorherrschende Arten von Wirtschaft: eine *produktive* und eine *spekulative*.
Die produktive investiert in die Produktion aller möglichen Erzeugnisse: Bauten, Möbel, Kühlschränke, Kleidung, Schuhe, Autos, Flugzeuge und andere Gebrauchsgegenstände.
Die spekulative nimmt das angehäufte und unproduktive Geldkapital und spekuliert damit auf den Finanzmärkten, auf den Börsen, mit verzinsten Darlehen … Es ist mit einem Wort nichts als Spekulation, Geld, aus dem wiederum Geld, ein Gewinn ohne Arbeit, entsteht.
Der Wirtschaftswissenschaftler und Ex-Banker Eduardo Moreira, der durch das Instituto Conhecimento Liberta (ICL) zu einem der wichtigsten Protagonisten eines kritischen Bewusstseins in Brasilien geworden ist, sagt: „Ein Prozent der Landbesitzer vereinigt mehr als 50 % des bebaubaren Landes Brasiliens in ihren Händen. Wenn wir auf die Geldmenge schauen, dann besitzt das reichste Prozent der Welt mehr Ersparnisse als die ärmeren 90 %. Das ist eine wahre soziale Katastrophe.“ Und natürlich ein klares Beispiel für das totale Fehlen jeden rechten Maßes und für übertriebene Gier. Das Geld

wird nicht mit denen geteilt oder unter sie aufgeteilt, die zur Schaffung dieses Reichtums beigetragen haben.

Ein großer Teil der derzeitigen Vermögen ist auf den Finanzmärkten geparkt und bildet das unproduktive Kapital. Auf der Welt werden 90 Billionen Dollar erwirtschaftet. Bedeutende Wirtschaftswissenschaftler, die sich einen Sinn für Menschlichkeit bewahrt haben, haben errechnet: Wenn diese Geldmenge bei entsprechender Verzinsung unter die acht Milliarden Menschen auf der Erde aufgeteilt würde, dann entspräche das 20.000 Reais monatlich für eine vierköpfige Familie. Im Falle Brasiliens mit 214 Millionen Einwohnern ergäbe das 11.000 Reais für eine vierköpfige Familie.

Mit anderen Worten: Eine solche Aufteilung des Geldes würde es möglich machen, allen ein angenehmes Leben in Würde mit gesunder Ernährung, einer guten Gesundheitsversorgung, anständigem Wohnraum, einer guten Bildung, Freizeit, Versicherungen und einer höheren Lebenserwartung zu ermöglichen.

Im Rahmen einer solchen humanitären Umverteilung ist das Geld nicht länger Zweck an sich. Es erlangt seine wahre Bedeutung, nämlich die, den Menschen und der Gemeinschaft das Überleben zu sichern. Es ist stets Mittel und niemals Zweck an sich, was der Kapitalismus niemals akzeptiert hat. Er ist eine Maschine, um aus Geld und um des Geldes willen Geld zu machen, und kein Werkzeug, um in der Vereinigung von natürlichen Ressourcen und menschlicher Arbeit ein anständiges und angenehmes Leben für alle zu sichern.

Warum machen wir das nicht? Weil wir in Gesellschaften ohne rechtes Maß leben, weil wir kein Herz haben, weil uns die Intelligenz des Herzens fehlt, weil wir das Leid des anderen nicht empfinden, weil wir die Bedürftigen nicht als unsere Geschwister oder als Gefährten auf dem kurzen Weg auf diesem kleinen und schönen Planeten Erde annehmen. Wir haben es verlernt, zu weinen und Mitleid mit denen zu haben, die am Straßenrand des Lebens liegen geblieben sind. Wir ziehen den Gewinn und die unbegrenzte Akkumulation vor, anstatt ein wenig von dem umzuverteilen, was uns im Übermaß übrig bleibt.

Und bekanntlich können wir nichts von diesem Reichtum über dieses Leben hinaus mit uns nehmen.

Alles wurde zur Ware, sogar menschliche Organe

Ein anderer schrecklicher Aspekt zeigt die Perversität unserer Ökonomie: Wir sind von einer Marktwirtschaft zu einer Marktgesellschaft gelangt. Märkte hat es in der Menschheitsgeschichte immer gegeben, zumindest seit die ersten Städte entstanden waren. Ein Markt war der Ort der Begegnung von Menschen, der Ort, an dem sie die Produkte tauschten oder an dem sie gekauft und verkauft wurden, der Ort, an dem sogar Freundschafts- und Liebesbande entstanden, die von einer Hochzeit gekrönt wurden. In diesem Sinne war der Markt ein wichtiger Teil des Dorfes oder der Stadt.
Plötzlich aber war der Markt nicht nur ein Teil, er wurde zu einem Ganzen. Die ganze Gesellschaft wurde zu einem großen Markt. Das heißt: Alles wurde zu einem Objekt, das verkauft und gekauft werden konnte, sogar heilige Dinge, die zuvor niemals verkauft wurden, wie etwa menschliche Organe, eine Leber, eine Netzhaut, ein Gen, ja Menschen insgesamt, die man versklavte.
Lebenswichtige Dinge wie das Wasser, das ein natürliches, allen gemeinsam gehörendes, unersetzliches und für die Menschen und übrigen Lebewesen lebenswichtiges Gut ist, wurden zum Markt gebracht und erzielten ihren Preis. Es entstand das Dilemma: Ist das Wasser Quelle von Profit oder Quelle des Lebens? Was ist mehr wert: das Wasser oder der Profit? Die Antwort liegt klar auf der Hand: Das Leben steht über allen anderen Dingen, es stellt das wertvollste Gut des Universums dar, und ohne Wasser gibt es kein Leben. Doch das Wasser wurde zu einem Milliardengeschäft.
Dasselbe lässt sich über das Saatgut sagen, das die Natur unentgeltlich bereitstellt und heute von einem halben Dutzend Unternehmen kontrolliert wird, die mit den Produzenten Geschäfte machen. Eini-

ges davon ist genetisch so verändert, dass es sich nicht weiter vermehrt und nur für eine Ernte Frucht hervorbringt.
Ein kritischer Denker des 19. Jahrhunderts, ein wahres Genie der politischen Ökonomie, nämlich Karl Marx (1818–1883), hat die Kommerzialisierung von allem vorausgesehen. In prophetischer Weise schrieb er in seinem Werk *Das Elend der Philosophie* (1847) völlig zu Recht:

> Kam endlich eine Zeit, wo alles, was die Menschen bisher als unveräußerlich betrachtet hatten, Gegenstand des Austausches, des Schachers, veräußert wurde. Es ist dies eine Zeit, wo selbst Dinge, die bis dahin mitgeteilt wurden, aber nie ausgetauscht, gegeben, aber nie verkauft, erworben, aber nie gekauft: Tugend, Liebe, Überzeugung, Wissen, Gewissen etc., wo mit einem Wort alles Sache des Handels wurde. Es ist die Zeit der allgemeinen Korruption, der universellen Käuflichkeit oder, um die ökonomische Ausdrucksweise zu gebrauchen, die Zeit, in der jeder Gegenstand, ob physisch oder moralisch, als Handelswert auf den Markt gebracht wird, um auf seinen richtigsten Wert abgeschätzt zu werden. (MEW 4, 69)

So fand unsere gegenwärtige Gesellschaft ihren Niedergang. Alles ist konsumierbar, denn alles, wirklich alles ist zur Ware geworden, selbst das Heilige und Religiöse. Mit allem kann man Geld machen. Es ist der Triumph einer materialistischen und armseligen, unmenschlichen und respektlosen Sicht der Dinge.
Der Höhepunkt dieser Art und Weise, die Wirtschaft innerhalb der gegenwärtigen Gesellschaft zu organisieren, erhielt die Bezeichnung Wirtschaftsliberalismus, dessen extremste Form der ultraradikale Neoliberalismus ist. Von der Wiener Schule der Ökonomie (August von Hayek) ausgearbeitet, wurde er noch radikaler in Chicago weiterentwickelt und in vielen Ländern, darunter auch Brasilien, angewandt.
Die Grundthese dieser ökonomischen Richtung lautet: Es gibt keine universalen Rechte. Das einzige universale Recht ist das Recht auf Eigentum. Es ist einzig, universal, grundlegend und absolut und

beginnt mit dem Recht auf den eigenen Körper. Die einzige ethisch akzeptable Institution ist der freie Markt.

Der freie Markt (eine andere Bezeichnung für Kapitalismus) wird als eine sozioökonomische Wirklichkeit verstanden, die man nicht von außen regulieren darf. Die Freiheit ist dafür da, ohne jegliches Hindernis, sei es vonseiten der Regierungen oder der Gesetzgebung, sei es vonseiten der Menschenrechte, Geschäfte machen zu können. Man vertritt die These, dass es *außerhalb des Marktes keine Rechte* gebe.

Folgende Perversität wird bekräftigt: Diejenigen, die sich außerhalb des Marktes befinden, sind die Schwachen und Gescheiterten. Sie können sich nicht durchsetzen, und deshalb müssen sie den Stärkeren weichen. Vor dem Hintergrund dieser Auffassung behaupten die Neoliberalen, dass die Armut kein ethisches Problem (das Problem einer solidarischen Sozialpolitik, die dafür sorgt, dass jeder das Nötige zum Leben hat) sei, sondern eine technische Inkompetenz. Sie sagen: Die Armen sind Individuen, die aus eigener Schuld im Wettbewerb mit den anderen unterlegen sind.

Selten in der Geschichte hat man so viel Unmenschlichkeit und Perversität erlebt. Mit Recht nennt die höchste spirituelle Autorität des Katholizismus, Papst Franziskus, dieses Wirtschaftssystem lebensfeindlich, Mörderin der Armen und der Natur.

Die Konsequenz aus diesem absoluten Mangel an rechtem Maß, der rechten Mitte und der Gleichheit war die höchstmögliche Reduktion des Staates, die Demontage der Arbeitsgesetzgebung und der sozialen Rechte, die in vielen, zuweilen sogar blutigen, Kämpfen errungen worden waren. Wenn dieses Projekt fortdauert, dann wird es ganze Bevölkerungen zur Paria machen, die Natur einer unerbittlichen Aggression aussetzen und das Leben auf dem Planeten selbst, insbesondere das menschliche Leben, der ernsthaften Gefahr aussetzen, stark reduziert (entvölkert), wenn nicht gar völlig von der Erde hinweggefegt zu werden.

Ein endlicher Planet erträgt kein grenzenloses Wachstum

Diese Art von Ökonomie geht von zwei falschen Prämissen aus: dass die Erde ein Behälter mit unbegrenzten Ressourcen ist und dass sie deshalb ein ebenfalls unbegrenztes Projekt von Wachstum bzw. Entwicklung zulässt. Beide Vorannahmen erweisen sich als illusorisch und verlogen. Die Erde ist klein und verfügt nur über knappe Ressourcen, von denen viele zudem nicht erneuerbar sind, wie etwa das Erdöl, die Kohle und viele Mineralien. Deshalb erträgt sie kein Projekt grenzenlosen Wachstums bzw. unbegrenzter Entwicklung.

Trotz dieser Begrenzungen fährt die derzeitige Wirtschaftsform fort, sich über die Güter und Fähigkeiten der Natur unbegrenzt herzumachen, immer in der Perspektive, zu akkumulieren und zu akkumulieren, ohne jeglichen Sinn für Maß und Gleichgewicht.

Im Bestreben, alles zu erobern, ohne sich selbst physische oder ethische Schranken aufzuerlegen, dringt man ins Innerste der Materie selbst vor, in den subatomaren Bereich und zu den kleinsten Teilchen (Nanopartikel), mit denen man Dinge erzeugt, die die Natur selbst niemals hätte hervorbringen können. In ihrer maßlosen Gier dringen sie in die heiligen Geheimnisse des Lebens ein, in die Gene, die den Bauplan unseres Lebens enthalten. Sie manipulieren sie skrupellos. Sie können daraus Vorteile für die Gesundheit gewinnen, aber sie beschwören auch große Gefahren herauf, wenn sie in das Gleichgewicht eingreifen, das Millionen von Jahren brauchte, um sich zu entwickeln und zu festigen. Mit welchem Recht machen wir das? Immer geschieht dies um des Profits willen.

In diesem Bereich müssen folgende Grundprinzipien bestimmend sein: das der *Vorbeugung* und das der *Vorsorge*. Um Vorbeugung geht es, wenn wir die schlechten Folgen vorhersehen und sie rechtzeitig vermeiden können.Vorsorge wiederum meint, dass wir die schlechten Auswirkungen eines wissenschaftlichen Experiments oder eines neuen Medikaments nicht kennen. Deshalb ist es uns untersagt, solche Dinge zu tun, denn deren Wirkung kann großen Schaden für das Leben anrichten und im Grenzfall den genetischen Code verändern, ja das Leben in der Natur und unter den Menschen auslöschen.

Da sich dieses politisch-ökonomische System mit nichts zufrieden gibt, ist es vom Mittelweg, vom „nicht zu viel und nicht zu wenig", vom rechten Maß abgewichen. Es wurden ganze Arsenale von Atomwaffen, chemischen und biologischen Waffen geschaffen, die das gesamte sichtbare Leben auf der Erde gleich mehrfach vernichten können, auch unseres. Es handelt sich hier um das bereits erwähnte *Prinzip der Selbstzerstörung*.

Die Vernunft wurde, als sie das rechte Maß verlor, irrational. Sie wurde verrückt und schuf die Mittel, die Spezies Mensch vollkommen auszurotten. Damit haben wir den Gipfel der Hybris, das heißt die höchste Form der Überheblichkeit, alles beherrschen und unterwerfen zu wollen, auch um den Preis unseres eigenen Untergangs, erreicht.

Ein Beispiel für die große Perversität, für das Fehlen des rechten Maßes und für die übertriebene Gier finden wir in Brasilien. Das Ökosystem des Amazonasbeckens ist von entscheidender Bedeutung für den Planeten, insbesondere für das klimatische Gleichgewicht, für die Erhaltung der Artenvielfalt und für die Versorgung mit Wasser, das weltweit zu einem immer knapperen Gut wird. Ein großer Teil des Regenwaldes wurde abgeholzt, um dem Agrobusiness und der Viehwirtschaft, Bergbauprojekten und der Jagd nach Gold an den großen Flüssen Platz zu machen.

Alle Länder folgen mehr oder weniger demselben kapitalistischen Muster unbegrenzten Wachstums, das mittels des BIP (Bruttoinlandsprodukt) gemessen wird. Es gibt die Summe aller Güter und Dienstleistungen in einem jeweiligen Land an. Wehe dem Land, das nicht Jahr für Jahr ein BIP-Wachstum aufweist! Es fällt zurück oder gerät in eine Krise.

Das Wichtigste im Leben wird nicht vom BIP erfasst

Eigenartigerweise geht nichts, was das menschliche Leben wirklich lebenswert und wahrhaft menschlich macht, in die Bilanz des Bruttoinlandsprodukts ein: Das Ausmaß von gesellschaftlicher Harmonie, der Respekt vor den Grenzen der Natur, die Betreuung der Kinder und Alten, der Friede, die Solidarität, die Großzügigkeit, das Zusammenleben unterschiedlicher Menschen, die respektvoll aufgenommen werden, die Künste, die Poesie und die Musik, die moralischen, religiösen und spirituellen Werte, mit einem Wort: Alles, was unserem mühevollen Leben Sinn verleiht, wie die Freude am Leben und Zusammenleben, findet keinen Eingang in die Berechnung des BIP. Diese Feststellung macht unsere geistige Blutarmut und unseren radikalen Materialismus deutlich.

Sehr weise war Bhutan, ein kleines Land am Fuße des Himalaya. Es führte als Index das *Bruttoinlandsglück* ein, dessen humanistische Grundlage das rechte Maß ist, das heißt konkret: niemanden zurückzulassen und jedem eine ausreichende Grundlage für das Leben zu garantieren. An erster Stelle stehen das seelische und menschliche Wohlbefinden der Einwohner, die Gesundheit, die Bildung, die traditionellen Werte. Unter den zehn einzelnen Größen des Bruttoinlandsglücks nimmt die Wirtschaft lediglich den siebten Platz ein. Hier zeigt sich, was uns wirklich glücklich macht und in die Gemeinschaft des Lebens mit einschließt.

Kehren wir zur Grundfrage zurück: Kann die Erde, ein bereits alter, müder Planet, der nur über beschränkte Mengen an Ressourcen verfügt, so viel Gier und Mangel an jeglicher Mäßigung aushalten? Sie macht bereits deutlich, dass sie der Gier der Spezies Mensch nicht entsprechen kann. Sie sendet uns Zeichen und erteilt uns bittere Lektionen. Eine von ihnen, die härteste und direkteste, war der Ausbruch des Corona-Virus seit 2019 in verschiedenen Varianten.

Es geht darum, richtig zu deuten, was dieses Virus an verheerendem Schaden für die ganze Menschheit angerichtet hat. Es ist ein Wink, den uns die Mutter Erde gibt. Wir können mit unserem lebensfeindlichen Verhalten und einer bloß utilitaristischen Mentalität hinsichtlich der Schätze der Erde nicht weitermachen, als ob sie keinen Wert in sich selbst hätten und als ob wir nicht die Hüter ihrer Fruchtbarkeit und ihrer Großzügigkeit wären. Wir müssen lernen, uns selbst unter Kontrolle zu halten und uns in allem am rechten Maß zu orientieren, ohne das es keinen Frieden mit der Natur und der Menschen untereinander geben wird.

Wir müssen uns ändern, wenn wir noch eine Zukunft auf diesem kleinen, lachenden Planeten haben wollen. Dies ist die Herausforderung: Wird das Gemeinsame Haus geliebt, respektiert, umsorgt? Ist die Verwirklichung eines Traumes von einer Geschwisterlichkeit ohne Grenzen und einer sozialen Liebe möglich, die alle mit einschließt und sie als Geschwister in die Arme schließt, auch die anderen Lebewesen der Natur, wie es Papst Franziskus in seiner Enzyklika *Fratelli tutti* zur Sprache gebracht hat?

Dies wird nur dann erreicht, wenn das rechte Maß und der Sinn für soziale und ökologische Gerechtigkeit bestimmend werden, wenn die Mäßigung und unsere Großzügigkeit, zugunsten des Lebens und des Planeten selbst zu verzichten, die Leitsterne unseres Handelns werden.

Das Fehlen des rechten Maßes führt zum Krieg gegen die Erde

Aus welchen Gründen haben wir den Sinn für das rechte Maß verloren und den Krieg erfunden? Es ist unbestreitbar, dass wir einen unvernünftigen Krieg gegen Gaia, die Mutter Erde, führen. Wir können annehmen, dass eine der Hauptursachen hierfür die illusorische Fantasievorstellung und wahrhafte Anmaßung ist, der Mensch wäre „ein kleiner Gott auf Erden“.

Die Erzählung vom ehrgeizigen Fischer und vom verzauberten Prinzen (weiter oben, S. 5 ff) handelt von der Hybris, vom grenzenlosen

Begehren, das sein rechtes Maß verloren hat, bis der Fischer schließlich Gott selber sein wollte, der die Sonne und den Mond aufgehen lässt. Heute ist es die Technowissenschaft, die zur Vorstellung von jenem „kleinen Gott" gelangen lässt, der fast alles kann. Das geht so weit, dass er sogar die Mittel für die Zerstörung der gesamten Menschheit bereitstellt.

Das unsichtbare, nicht attackierbare Corona-Virus hat die Besitzer von Massenvernichtungswaffen in die Knie gezwungen. Sie können gegen das Virus nichts ausrichten. Alle flehen gedemütigt um Rettung.

Der „Gotteskomplex": Über alles nach eigenem Gutdünken verfügen

Es heißt, dass der moderne Mensch in seinem Streben nach Allmacht am „Gotteskomplex" erkrankt ist. Er kann aber nicht mehr so tun, als wäre er „Gott". Im Gegenteil: Die Probleme, die er selbst hervorgebracht hat, sind so zahlreich, dass er sich ihrer gar nicht mehr bewusst ist. Noch viel weniger kann er mit all seiner Techno-Wissenschaft ein unsichtbares Virus oder ein Bakterium kontrollieren, das ihn vernichten kann. Diese Tatsache hat das Patriarchat und den Machismus, deren Grundlage der Glaube an die Macht des Mannes und Machos ist, schwer getroffen. Bereits lange zuvor wurde das Patriarchat vom Feminismus und Ökofeminismus kritisiert, deren Argumente nun an Überzeugungskraft gewinnen.

Es bleibt dem Menschen nichts anderes übrig, als sich demütig als Geschöpf anzuerkennen, sich mitten in die anderen Geschöpfe einzureihen und unter ihnen den Auftrag zu erfüllen, den Garten Eden, das heißt die Erde, zu „hüten und zu pflegen". Er hat ihn in einen Schlachthof verwandelt. Nun muss er wieder dafür sorgen, dass er fruchtbar, grün und erfüllt von allen Lebensformen wird, wie er es früher war und weshalb er auch als solcher Garten bezeichnet wurde.

Anstatt der „Herr und Gebieter über die Natur“ zu sein, wie es die Gründerväter unseres derzeitigen Lebensstils vor bereits dreihundert Jahren wollten (Descartes, Newton, Bacon, u. a.), muss er sich einfach als Bruder bzw. Schwester aller empfinden, in erster Linie unter seinesgleichen und auch im Kreis der anderen Lebewesen der Natur. Alle haben wir denselben Ursprung im Schöpfungshandeln Gottes, alle kommen wir aus dem Humus der Erde (woraus sich das lateinische Wort für Mensch, *homo*, ableitet), und die Wissenschaft hat uns gelehrt, dass unser genetischer Code dasselbe Grundgerüst aufweist wie der der übrigen Lebewesen, bis hin zum Regenwurm: die zwanzig Aminosäuren und die vier stickstoffhaltigen Basen.

Man sagt deshalb, dass genau dies die große Erfahrung des Franz von Assisi und auch des Franziskus von Rom, des großen russischen Schriftstellers Leo Tolstoi, von Mahatma Gandhi, des Dalai Lama, von Chico Mendes und anderen war. Die Folge daraus war eine tiefe Versöhnung mit allen Seinsformen, das konkrete Leben des rechten Maßes und eine große Freude darüber, im Gemeinsamen Haus, der Mutter Erde, zu wohnen, die die ganze Gemeinschaft des Lebens als Brüder und Schwestern ernährt.

Wenn wir den Übergang vom Herrn (*dominus*) zur Schwester und zum Bruder (*frater*) vollziehen, dann eröffnet sich uns die Möglichkeit eines freundschaftlichen Verhältnisses zur Natur. Dies ist der Traum, den Papst Franziskus in seiner Enzyklika *Fratelli tutti* (2020) vorschlägt: eine Geschwisterlichkeit ohne Grenzen und eine universale Liebe unter allen. Das Motto, das unter uns entstand, lautet: „Die Seele hat keine Grenze, kein Leben ist fremd, denn alle sind Kinder der ganzen Erde.“

Dieser Fragenkomplex liegt der aktuellen Krise zugrunde. Um sie zu überwinden, müssen wir uns mit allen Seinsformen verbrüdern, das rechte Maß im Verhältnis zu ihnen finden, der Natur in maßvoller und nicht zerstörender Weise nur so viel entnehmen, wie für unsere Bedürfnisse notwendig ist, und das ökologische Gleichgewicht aufrechterhalten. Es kommt darauf an, der Welt wieder ihren Zauber zu verleihen und die *relationale Matrix* wiederherzustellen, die im Begriff ist, sich aufzulösen. Sie ist es, die das Netz des Lebens erhält und die Beziehungen trägt, die alle mit einschließen, damit wir, die Menschen, zusammen mit den übrigen Seinsformen der Natur in der Tat als die große irdische Familie erstehen.

Wir sind alle miteinander verbunden

Wir stehen vor der Herausforderung, unseren Platz im Evolutionsprozess und unsere Aufgabe auf der Erde zu suchen – der Erde, die als Gaia aufgefasst wird, das heißt als unsere lebendige und Leben hervorbringende große und großzügige Mutter. Wir sind eine Blüte des Universums, das bereits seit 13,7 Mrd. Jahren existiert und sich in einem Prozess der Evolution, der immer größeren Komplexität und der Selbstorganisation befindet.

Mit den großen Denkern der Kosmologie und Bioanthropologie können wir in radikalerer Weise formulieren: Wir sind die Erde selbst, die in einer fortgeschrittenen Phase ihrer Komplexität begonnen hat zu fühlen, zu denken, zu lieben, Sorge zu tragen und Ehrfurcht zu empfinden. In diesem Moment gingen wir als Mann und Frau aus diesem Prozess hervor.

Die großen Wissenschaftler, die das Universum und das Leben erforschen, haben uns eine neue Sicht der Dinge vermittelt. Sie haben uns die Wirklichkeit, deren Teil wir sind, als ein Geflecht von Beziehungen und in Kooperation vor Augen geführt. Wir sind in ein unermessliches Ganzes eingefügt.

Dieses Bewusstsein stellt das sichere Fundament einer geschwisterlich verbundenen Weltgesellschaft dar, die sich allem Leben gegenüber als freundlich erweist, die erfüllt ist von Ehrfurcht und Staunen angesichts der Erhabenheit und Schönheit des Universums und der Erde. Und sie wird es verstehen, gerechte und integrierende Beziehungen zu allen Seinsformen herzustellen.

Die Leitideen wie wechselseitige Abhängigkeit, Gegenseitigkeit, Reziprozität, Komplementarität, Mitverantwortung, Nachhaltigkeit, irdische und kosmische Gemeinschaft sind hermeneutische Schlüssel, die uns eine neue, harmonischere Sichtweise des Lebens, der Natur und schließlich von allem, was uns umgibt, vermitteln.

Leider hat die Menschheit nicht diese Richtung eingeschlagen. Doch sie muss die Lektion aus Covid-19 lernen und sich auf diesen rettenden Pfad begeben, wenn sie ihre Laufbahn auf diesem Planeten fortsetzen will.

Fakt ist, dass wir uns immer noch in der gefährlichsten Phase der Erdgeschichte, im Anthropozän, dem Zeitalter der systematischen Zerstörung von Leben, befinden. Mithilfe ultramoderner Techniken holen wir von den begrenzten, vielfach sehr knappen und nicht erneuerbaren Ressourcen der Erde so viel heraus, wie wir nur können. Wir haben den Punkt der Überlastung der Erde (Earth Overshoot) bereits erreicht. Das heißt: Die äußerst intensive Ausplünderung der Güter und Fähigkeiten der Erde ohne jeglichen Sinn für ein Maß hat dazu geführt, dass die Erde in eine besonders ausweglose Lage geraten ist. Alle Alarmleuchten begannen zu blinken.

Um das derzeitige Konsumniveau aufrechtzuerhalten, brauchen wir mehr als anderthalb Erden (1,7). Das ist ein deutliches Indiz für jegliches Fehlen von rechtem Maß. Mit dieser ungebremsten Gier haben wir die Grenzen des Planeten erreicht. Es fehlte der Erde an Zeit, ihre Vorratskammer wieder mit ihren begrenzten Ressourcen aufzufüllen; sie ist fast leergeplündert. Unter diesen Umständen ist unser Leben und das verschiedener anderer Lebewesen bedroht. Viele von diesen Arten verschwinden sogar endgültig.

Die perversen Folgen des Krieges gegen die Erde

Die erste Folge zeigt sich an der Menschheit als Teil der Erde. Acht einzelne Menschen besitzen mehr als 3,6 Milliarden, also fast die Hälfte der Menschheit. Sechs brasilianische Milliardäre haben bekannten Wirtschaftswissenschaftlern zufolge mehr als hundert Millionen andere Brasilianer. Dieser akkumulierte Reichtum könnte, würde man ihn an die Erdbewohner verteilen, allen ein Leben in Würde garantieren.

Ein anderes absurdes Beispiel stammt aus der Zeit, als man noch von Ländern der Dritten Welt sprach (Heute spricht man lieber von Entwicklungsländern, obwohl sich an der Realität dadurch nichts geändert hat.). Im Jahr 1970 schuldeten diese Länder – es waren damals insgesamt sechzig – der Weltbank, dem Internationalen Währungsfonds und anderen Finanzinstituten 15 Milliarden Dollar. Dreißig Jahre später, also im Jahr 2000, waren die Schulden dieser Länder aufgrund der Wucherzinsen auf 550 Milliarden Dollar angewachsen. Das ist ein Beispiel für den kapitalistischen Gewinn, der grausam und völlig jenseits allen menschlichen rechten Maßes ist. Dieses System ist tatsächlich ein System des Todes, denn es opfert lieber Millionen auf dem Altar des Gottes Mammon anstatt die Mitmenschen, Schwestern und Brüder, aus äußerster Not und sogar aus dem Tod zu retten. Diese Art von unausgewogenem Verhältnis existiert bis heute in sogar noch größerem Ausmaß.

Kommen wir zur Natur. Schauen wir auf einige offizielle Daten: Bis heute wurden etwa 15 bis 20 % aller lebenden Arten ausgerottet. Sie kehren nie wieder zurück. Sie sind nach Millionen von Jahren, in denen sie auf dem Planeten Erde existiert haben, verschwunden.

Was Brasilien betrifft, so wurden bereits 17 % des amazonischen Regenwaldes abgeholzt. Da es sich um ein höchst fragiles Ökosystem handelt, das nicht vom Boden, sondern vom Wurzelgeflecht getragen wird, hat es systemische Auswirkungen, wenn ein Baum gefällt wird, weil dann auch andere Bäume ihren Halt verlieren. Mit der Zeit könnte das gesamte System kollabieren und sich in eine große Savanne verwandeln. 93 % des atlantischen Waldes, 50 % des Waldes des Cerrado und 50 % in Caatinga wurden bereits abgeholzt.

Wenn der Prozess der Entwaldung (allein im Jahr 2021 betraf sie 3 km^2 im Amazonasbecken) nicht gestoppt wird, werden die „fliegenden Flüsse“, das heißt die Feuchtigkeit, die von den Baumkronen produziert wird, deren Menge pro Baum 800 bis 1000 Liter ausmacht und die die Winde in den zentralen Westen, den Südosten und den Süden des Landes bis in den Norden Argentiniens und nach Uruguay bringen, verschwinden. Wenn der Regenwald von den Holzhändlern abgeholzt ist, dann wird die entsprechende Fläche sehr schnell für Landwirtschaft und Weidewirtschaft ungeeignet. In kurzer Zeit versandet der Boden und wird unfruchtbar.

Große Schäden richten auch die etwa 300.000 bis 350.000 Goldschürfer an, die für große illegale Unternehmen arbeiten und die Flüsse mit Quecksilber und anderen Chemikalien verschmutzen. Nicht geringer ist der Schaden, den die Holzhändler anrichten, die riesige Gebiete verwüsten und zuweilen große Brände legen, die Tausende Hektar jungen Regenwalds verschlingen.

Das derzeitige Artensterben, dessen Ursache die Sorglosigkeit und die übertriebene Gier des Menschen ist, ist zehnmal so groß wie das Artensterben auf natürlichem Wege, bevor der Mensch die Bühne betrat. Es drängt sich uns der Eindruck auf, als ob wir aus dem Evolutionsprozess hervorgegangen wären, um das Ende aller Dinge, das eines Tages mit Sicherheit eintreten wird, zu beschleunigen. Im Verhältnis ist der von uns angerichtete Zerstörungsprozess tausendmal größer als die bekannten geologischen Katastrophen vor Millionen von Jahren.

Die Menschheit kannte im Lauf ihrer Geschichte etwa 3000 Arten von essbaren Pflanzen. 150 von ihnen werden einzig und allein deshalb angebaut, um den Markt zu beliefern, und nicht, um die wirklichen Bedürfnisse der Menschen zu befriedigen. Zurzeit werden weltweit nur 15 bis 20 Sorten von essbaren Pflanzen für die Bedürfnisse des Menschen kultiviert.

Daran können wir die verhängnisvolle Zerstörung ermessen, die die Menschen in ihrer grenzenlosen Gier anrichten und die wohlgemerkt auch noch durch die Überbevölkerung verschärft wird, die natürlich die entsprechende Versorgung mit dem Lebensnotwendigen erfordert.

Das Fehlen des rechten Maßes: die DNA des Kapitals

Ein Beispiel dafür, dass uns das rechte Maß abhanden gekommen ist: Unsere Generation verbrannte mehr fossile Ressourcen als Energieträger (Kohle, Erdöl, Erdgas) als alle Generationen zuvor insgesamt. Dieses maßlose Verhalten, die DNA des kapitalistischen Systems, ist weit entfernt von jeglicher Selbstbeschränkung und jedem rechten Maß. Deshalb hat es uns in die gegenwärtige Sackgasse geführt.

Leider fuhren und fahren die Menschen, insbesondere jener Teil von ihnen, der an einen üppigen Konsum gewöhnt ist, fort, die Erde auszuquetschen und sie zu zwingen, das herzugeben, was sie schon fast nicht mehr anzubieten hat.

Wie jedes Lebewesen begann sie darauf zu reagieren, und zwar mit größerer globaler Erwärmung, dem Schwund von Hunderten und Tausenden von Arten, mit großen Dürren einerseits und Schneestürmen bzw. Überschwemmungen andererseits, mit höchst gewaltigen Orkanen, mit Erdbeben und Tsunamis, mit einer Reihe von Viren wie Corona, Zika, Chikungunya, Ebola und vielen anderen Extremereignissen. Es ist ein aggressiver und verheerender Krieg gegen Gaia, die Mutter Erde, im Gange.

Die Wissenschaftler haben für diesen perversen Zerstörungsprozess einen Ausdruck geprägt: das schon erwähnte Anthropozän. Es geht dabei um ein neues Erdzeitalter, in dem die große Bedrohung für das Leben vom Menschen selbst ausgeht. Er wurde zum Terminator der Erde, anstatt ihr guter Schutzengel zu sein. Er verwandelte den Garten Eden in ein Schlachthaus – so heftig war und ist die verheerende Attacke des Menschen.

Angesichts dieser Fähigkeit zur maßlosen Zerstörung spricht man auch vom Nekrozän, das heißt vom Zeitalter des Massensterbens von Lebewesen, inklusive dem Menschen. Es gibt keine natürliche oder vom Gesetz auferlegte Grenze, die nicht übertreten und verletzt worden wäre. Wir erleben einen wahren Exzess an Ausplünderung, an absurder Anhäufung von Reichtum in den Händen einer kleinen

Gruppe, an luxuriösem Konsum und an Zerstörungskraft, der weder tagsüber noch nachts innehält.
Doch wir Menschen haben keinerlei Chance, diesen Krieg gegen die Natur und die Erde zu gewinnen. Die Erde ist unendlich stärker und kann uns auslöschen. Sie braucht uns nicht, aber wir brauchen sie. Sie beschert uns in ihrer Großzügigkeit im Überfluss alles, was wir zum Leben brauchen und genießen.
Anstatt ihr zu danken und sich um sie zu kümmern entgelten wir ihr dies mit tödlichen Attacken und Schlägen. Wir wurden zu Erzfeinden der Erde und schlugen sie ans Kreuz. So gelangten wir schließlich in die aktuelle Situation, in der unser Schicksal ernsthaften Bedrohungen ausgesetzt ist.
Doch ich sage mit Nachdruck: Die Zerstörung darf nicht die Vernichtung des oben beschriebenen Traumes bedeuten. Die Zerstörung kann lediglich jene Art von Welt betreffen, die nicht weiterbestehen darf. Sie ist nicht einfach die Zerstörung der Welt. Diese pervertierte Welt braucht einen neuen Bauplan für das Gemeinsame, nachhaltigere und lebendigere Haus.
Unser verwüstetes und verwittertes Haus ist für die große Mehrheit seiner Bewohner nicht mehr wohnlich. Es wird zwangsläufig einem neuen oder renovierten Haus weichen müssen, das für die ganze Gemeinschaft des Lebens, zu der auch wir Menschen gehören, geeignet ist. Doch das wird nur möglich sein, wenn wir uns gemeinsam eine Ethik der Achtsamkeit, der Zurückhaltung, des rechten Maßes und des Respektierens der Grenzen und beschränkten Möglichkeiten der Natur zu eigen machen. Andernfalls werden uns andere strenge Lektionen wie die im Jahr 2019 mit dem Ausbruch des Corona-Virus erteilt werden.

Chronik des Kriegs gegen die Erde: Von der Zusammenarbeit zur Zerstörung

Betrachten wir, ohne ins Detail zu gehen, im Überblick die verschiedenen Phasen des Verhältnisses der Menschheit zur Natur. Der Prozess der Interaktion war lang und intensivierte sich ständig, bis er einen gefährlichen Punkt der Zerstörung erreichte. Wir haben ein neues Erdzeitalter, das Anthropozän, eingeleitet. Dessen besonderes Merkmal ist eben genau das Fehlen des rechten Maßes und die übertriebene Gier hinsichtlich der natürlichen Güter und der Fähigkeiten der Natur.

Alle Phasen dieses Verhältnisses zwischen Menschheit und Natur offenbaren die Dimension des Menschen als *sapiens* und *demens* zugleich, den exzessiven Willen zur Akkumulation und das Fehlen des rechten Maßes auf praktisch allen Gebieten. Zusammenfassend können wir vier Arten der Beziehung zur Natur im Lauf der Geschichte erkennen: eine Beziehung der Interaktion, eine Beziehung der Intervention (des Eingreifens), eine aggressive Beziehung und die Zerstörung.

Die Interaktion mit der Natur

Unsere Vorfahren vor langer Zeit pflegten eine harmonische Beziehung zur Natur. Sie unterhielten zu ihr ein Verhältnis der nicht zerstörenden Interaktion. Sie entnahmen der Natur das, was sie ihnen in reichem Maße darbot. Es genügte, die Hand auszustrecken und eine Frucht zu pflücken oder eine Wurzel auszureißen, um sich zu ernähren.

Diese Zeitspanne währte einige tausend Jahre. Sie begann in Afrika, der Geburtsstätte des Menschen. Deshalb sind wir alle in irgendeiner Weise Afrikaner. Dort bildeten sich unsere körperlichen, seelischen, intellektuellen und spirituellen Anlagen heraus, die in allen Menschen wirksam sind.

Das Eingreifen in die Natur

Vor mehr als zwei Millionen Jahren entstand im Lauf des Prozesses der Anthropogenese, also der Entwicklung des Menschen, der *Homo habilis*. Damit kam es zur ersten Richtungsänderung. Es begann das, was heute in extremer Form seinen Höhepunkt erreicht hat.
Der Homo habilis erfand die Werkzeuge, mit deren Hilfe er in die Natur eingreifen konnte: einen zugespitzten Stock, einen scharf geschliffenen Stein und andere ähnliche Hilfsmittel. Es genügte ihm nicht mehr das, was die Natur von sich aus anbot. Sein Eingreifen in die Natur bestand nun darin, dass er mit der Spitze eines Holzstockes ein Tier verletzen oder töten oder mit geschliffenen Werkzeugen aus Stein einen Baum fällen konnte.
Diese Phase des Eingreifens in die Natur dauerte Jahrtausende an, doch sie intensivierte sich sehr stark mit der Einführung des Ackerbaus und der Bewässerung. Das geschah etwa vor zehn- bis zwölftausend Jahren (je nach Region) in der sogenannten Jungsteinzeit (Neolithikum). Das Wasser von Flüssen wie dem Tigris und Euphrat im Mittleren Osten oder dem Nil in Ägypten, dem Indus oder Ganges in Indien oder dem Gelben Fluss in China wurde zum Zweck der Bewässerung umgeleitet. Man erzielte reichere Ernten und züchtete Tiere und Vögel, die man schlachtete, insbesondere Hühner, Rinder und Schafe.
Es ist jene Zeit, in der die Menschen ihr Dasein als Nomaden aufgaben und sesshaft wurden. Sie gründeten Dörfer und Städte, im Allgemeinen am Ufer der erwähnten Flüsse oder am großen Binnengewässer, dem Amazonas, der vor Tausenden Jahren in den Pazifik mündete.

Die Aggression gegen die Natur

Aus dem Eingreifen in die Natur wurde schließlich Aggression gegen sie. Das geschah, als man begann, Metallwerkzeuge, Lanzen, Äxte und Waffen zu benutzen, um Tiere und Menschen zu töten. Die

Aggression wurde immer höher entwickelt, bis sie schließlich im 17. Jahrhundert in Europa in den Beginn der Industrialisierung mündete, die in England ihren Anfang nahm. Es entstanden die Fabriken als Stätten der Massenproduktion. Es wurden alle möglichen technischen Instrumente entwickelt, mit deren Hilfe man die enormen Reichtümer der Natur ausbeuten konnte.

Ein entscheidender Schritt in diesem Prozess der Aggression vollzog sich in der Moderne, als die experimentellen Wissenschaften aufkamen und die Grundlagen unserer heutigen technisch-wissenschaftlichen Kultur gelegt wurden.

Man ging von der Prämisse aus, dass der Mensch „Herr und Gebieter" der Natur ist. Er empfand sich nicht mehr als Gast, als Teil von ihr und als verantwortlich für sie, wie dies bisher der Fall gewesen war. Der beherrschende Gedanke war der Wille zur Macht – Macht aber im Sinne der Fähigkeit, alles zu beherrschen: andere Menschen, gesellschaftliche Klassen, Völker, Kontinente, die Natur, die Materie, das Leben und die Erde insgesamt.

Der Engländer Francis Bacon, der im 18. Jahrhundert lebte und als Begründer der modernen wissenschaftlichen Methode gilt, konnte sogar schreiben, man müsse die Natur auf die Folter spannen wie der Folterknecht den Delinquenten, um sie dazu zu bringen, dass sie all ihre Geheimnisse preisgibt.

Der Sinn des Lebens bestünde demnach darin, immer mehr natürliche Ressourcen auszubeuten und dabei von der irrigen Annahme auszugehen, sie seien unbegrenzt. Dies würde ein ebenfalls unbegrenztes Projekt von Entwicklung und Bereicherung möglich machen.

Im Dienste dieses wahrlich exzessiven Hungers nach Gütern und Reichtümern wurden die verschiedenen Wissenschaften etabliert. Sie sind es, die die Naturgesetze und die Rhythmen der Natur entdeckt haben. Doch sie verharrten nicht in einer Haltung der Bewunderung davor, wie sie wissenschaftliche Entdeckungen auszeichnet. Die wissenschaftlichen Erkenntnisse wurden sofort in Techniken umgesetzt, das heißt in immer vollkommenere praktische Operationen der Extraktion natürlicher Güter, um das Projekt zu verwirklichen, das man sich zum Ziel gesetzt hatte: ohne Rücksicht auf bestehende Grenzen alles auszubeuten, was für die Menschen Wohlstand und Reichtum bedeuten könnte. Dies ist das große Projekt der modernen Techno-Wissenschaft.

Die Zerstörung der Natur

In den letzten Jahrzehnten, insbesondere nach dem Zweiten Weltkrieg, hat die systematische Aggression die Ausmaße einer wahren Zerstörung von Ökosystemen, der Artenvielfalt, der knappen Güter und Fähigkeiten der Natur angenommen, ja die Erde wird an allen ihren Fronten angegriffen.
Der Mensch wird nun zur größten Bedrohung der Natur und des Gleichgewichts der Erde, insbesondere ihres Klimas. Unser Industrialisierungsprozess und der konsumistische Lebensstil sind an dem Punkt angelangt, jährlich etwa 100.000 lebendige Organismen auszurotten. Mehr als eine Million sind ernsthaft von der Ausrottung bedroht.
Diese wahrhafte biologische Tragödie führte uns den Schwund der Artenvielfalt vor Augen, die von grundlegender Bedeutung für die Ernährung der Menschen ist. Es stellten sich Extremereignisse ein, die globale Erwärmung nahm zu und das Abschmelzen der Polkappen nahm gigantische Ausmaße an, was den Meeresspiegel ansteigen lässt. Dieser in höchstem Maße zerstörerische Prozess verweist uns auf etwas Grundlegendes, das es tiefer zu erkunden gilt.

Die Erosion der relationalen Matrix

Dieser aggressive Angriff auf die Natur und die Erde hat das Antlitz der Erde verändert. Ihre physikalisch-chemisch-ökologischen Grundlagen waren betroffen. Die Erde verliert ganz offensichtlich ihr Gleichgewicht.

Die Perspektive des Ganzen ist verloren gegangen. Man bleibt nur noch auf den Teil fixiert. Es kam zu einer wahren Fragmentierung und Atomisierung der Wirklichkeit und der entsprechenden Wissenschaften. Man weiß immer mehr über immer weniger. Das hat seine Vorteile, aber auch seine Grenzen. Die Vorteile kann man besonders an der Medizin ablesen, der es gelang, die verschiedenen Arten von Krankheiten zu erforschen und entsprechende Behandlungsmethoden zu entwickeln. Doch es kommt darauf an, sich bewusst zu machen, dass die Wirklichkeit eben nicht fragmentiert ist. Deshalb dürfen auch die wissenschaftlichen Zugänge zu ihr nicht fragmentiert sein.

Bildlich ausgedrückt: Die Aufmerksamkeit richtete sich auf die Bäume, die für sich betrachtet wurden, und dabei hat man den umfassenden Blick auf den Wald verloren. Ja schlimmer noch: Man hat davon abgesehen, die wechselseitigen Beziehungen zu betrachten, die die Dinge untereinander pflegen. Sie sind nicht einfach aufs Geratewohl irgendwie verstreut nebeneinander da, ohne dass es notwendige Verbindungen zwischen ihnen gäbe, die erst eine solidarische Verbundenheit, Hilfe und gemeinsame Entwicklung, Koevolution, möglich machen.

Betrachten wir zum Beispiel die Bäume: Sie verfügen über eine eigene Sprache, die anders ist als die unsere, die auf dem Ausstoßen von Lauten basiert. Sie sprechen mittels Düften, die sie ausdunsten, und mittels der Produktion von Giften, die sie in ihre Umgebung abgeben. Unter ihresgleichen schaffen sie Beziehungen der Gegenseitigkeit und Zusammenarbeit. Mit anderen führen sie oftmals wahre chemische Schlachten darum, mehr Zugang zum Licht oder zu Nährstoffen aus dem Boden zu bekommen als die jeweils anderen. Doch das geschieht stets ohne Übertreibung, gemäß einem rechten Maß, sodass die Bäume insgesamt einen reichhaltigen und vielfältigen Wald bilden.

Was den Menschen betrifft, so haben wir dieses Gleichgewicht und rechte Maß verloren. Der Strom, der alle mit allen verbindet, die

sogenannte relationale Matrix, ist ausgetrocknet. Man verlor das äußerst umfassende Netz von Beziehungen und wechselseitigen Verbundenheiten aus den Augen, welches das Universums selbst und alle existierenden Dinge umspannt. Nichts existiert außerhalb der Beziehung. Alles ist mit allen unter allen Umständen verbunden. Dies ist die Wirklichkeit aller Dinge, im Universum und auf der Erde, auch die der Wildkräuter und schädlichen Pflanzen. Es ist die Wirklichkeit auf unserem Mond und in den entferntesten Galaxien. Sie haben ihren Platz und ihre Funktion im Ganzen.
Schön formuliert hat dies Papst Franziskus in seiner Enzyklika *Laudato si'. Über die Sorge um das gemeinsame Haus* (2015). Da heißt es:

> Alles ist aufeinander bezogen, und alle Menschen sind als Brüder und Schwestern gemeinsam auf einer wunderbaren Pilgerschaft, miteinander verflochten durch die Liebe, die Gott für jedes seiner Geschöpfe hegt und die uns auch in zärtlicher Liebe mit „Bruder Sonne", „Schwester Mond", Bruder Fluss und Mutter Erde vereint. [...] Die Sonne und der Mond, die Zeder und die Feldblume, der Adler und der Sperling – all die unzähligen Verschiedenheiten und Ungleichheiten besagen, dass kein Geschöpf sich selbst genügt, dass die Geschöpfe nur in Abhängigkeit voneinander existieren, um sich im Dienst aneinander gegenseitig zu ergänzen. (*Laudato si'*, 92; 86)

Wenn wir tatsächlich alle miteinander verbunden sind, dann müssen wir daraus den Schluss ziehen, dass die individualistische kapitalistische Produktionsweise, die auf den größtmöglichen Profit abzielt und hierfür die Rhythmen der Natur zugunsten der Ausplünderung der natürlichen Reichtümer nachhaltig stört, grundlegend falsch ist. Man gibt sich kaum Rechenschaft über die Beziehungen, die unter allen Dingen existieren. Deshalb verschmutzt man ohne irgendwelche Skrupel die Luft, man kontaminiert die Gewässer und man vergiftet die Böden mit Pestiziden. So zu handeln widerspricht der Logik der Natur und des Universums selbst, denn sie verbinden und rückverbinden alles mit allem und bilden auf diese Weise das glänzende große Ganze.

Die Erde hat uns einen wohnlichen Ort zum Leben bereitet, doch wir verhalten uns keineswegs freundlich ihr gegenüber. Im Gegenteil: Wir greifen sie ohne Unterlass an, bis sie es nicht mehr erträgt und in einer Art Gegenangriff reagiert. Dies ist die wichtigste Bedeutung des Ausbruchs des ganzen Spektrums von Viren, insbesondere des Corona-Virus. Von Hütern der Natur sind wir zu deren bedrohendem Satan geworden.

Bis zur Heraufkunft der Moderne im 17. Jahrhundert hat sich die Menschheit gemeinhin als Teil der Mutter Erde und eines lebendigen, sinnerfüllten Kosmos verstanden. Man fühlte sich dem Ganzen verbunden. Nun wurde die Erde zu einer Lagerstätte von Ressourcen und einem Behälter voller natürlicher Güter gemacht, die man ausplündern kann. Innerhalb dieser Auffassung, die sich schließlich durchgesetzt hat, sind die Dinge und die Menschen unverbunden, und alle verfolgen ihren eigenen individuellen Kurs.

Das Fehlen des Gefühls der Zugehörigkeit zu einem größeren Ganzen, die Missachtung der Netze von Beziehungen, die alle Seinsformen miteinander verbinden, haben dafür gesorgt, dass wir entwurzelt und in eine tiefe Einsamkeit geworfen sind. Wir sind von einem Gefühl ergriffen, allein und verloren im Universum zu sein. Genau dies hat eine integrierende Weltsicht, die es früher gab, verhindert.

Heute werden wir uns dessen bewusst, dass wir eine emotionale Verbindung zur Natur und ihren unterschiedlichen Lebewesen und anderen Seinsformen (Bäumen, Tieren, aber auch Bergen, Seen und Flüssen) herstellen müssen. Wenn wir in diese unsere Beziehung kein Herzblut investieren – das Wort „Herzlichkeit“ leitet sich davon ab –, dann wird es schwierig für uns, die Vielfalt des Lebens und die Vitalität der Mutter Erde selbst zu retten.

Warum haben wir diesen Richtungswechsel vorgenommen? Dafür gibt es nicht nur einen Grund, sondern einen Komplex von Ursachen. Doch die wichtigste und schädlichste ist, dass wir uns von der sogenannten relationalen Matrix verabschiedet haben, das heißt von der Erfahrung des Netzes von Beziehungen, die alle Seinsformen miteinander verbinden. Sie vermittelte uns das Empfinden, Teil eines größeren Ganzen zu sein, in die Natur als ihr Teil und nicht nur als solche, die sie schlicht nutzen und bloß ein utilitaristisches Interesse an ihr haben, eingefügt zu sein. Wir verloren die Fähigkeit, die Großartigkeit der Schöpfung zu bewundern. Ehrfurcht zu empfinden angesichts des bestirnten Himmels und Respekt zu haben vor allen Formen des Lebens.

Der angebliche „kleine Gott" auf Erden

Neben dem Verlust der relationalen Matrix müssen wir auch auf das übertriebene Vertrauen hinweisen, das der Mensch in die eigene Macht setzt. Er fühlte sich als ein „kleiner Gott" auf Erden mit der Fähigkeit, aufzubauen und zu zerstören und die Natur nach seinem Gutdünken zu gestalten.

Bereits die Bibel kannte diese Versuchung und erzählte davon ganz am Anfang nach der Erschaffung Adams und Evas. Der Schlange werden die Worte in den Mund gelegt: „Wenn ihr die Frucht vom verbotenen Baum esst, dann werden sich eure Augen öffnen und ihr werdet sein wie Götter, die das Gute und das Schlechte kennen." (Gen 3,5)

„Das Gute und das Schlechte" kennen ist in der Bibel ein Ausdruck, der sagen will: „Ihr werdet Zugang zu jeglicher Erkenntnis haben." Darin besteht die große Versuchung: wie Gott sein zu wollen. Und tatsächlich sagt Gott, nachdem Eva von der Frucht vom verbotenen Baum gekostet hatte und Adam dazu gebracht hatte, ebenfalls zu probieren: „Siehe da, der Mensch ist geworden wie einer von uns und in der Lage, das Gute und das Schlechte zu erkennen." (Gen 3,22) Das heißt: Sie werden unbegrenzten Zugang zur Erkenntnis haben. Was wird der Mensch damit anfangen? Wird er die Schöpfung vervollkommnen, wird er die überreich vorhandenen Früchte des Gartens

Eden unter allen verteilen oder wird er diesen Garten privatisieren, verschleudern und zerstören?

Natürlich handelt es sich bei diesem „Ihr werdet sein wie Götter“ um eine Metapher, die eine nicht metaphorische Wahrheit zum Ausdruck bringen will. Die große Versuchung des Menschen bestand und besteht immer noch darin, sich mithilfe seines Wissens und Könnens über die anderen Lebewesen zu stellen und sie für seine Zwecke zu unterwerfen. Auf diese Weise würde er sich auf der Höhe des Schöpfers selbst wähnen.

Er vergaß also, dass er Geschöpf ist. Eine jede Kreatur hängt immer und in jedem Augenblick von dem ab, der sie erschaffen hat. So viel Macht jemand auch haben mag: Niemand erschafft sich selbst. Er ist von einem Größeren innerhalb des Prozesses der Kosmogenese ins Dasein gerufen, vom Schöpfer. Der Mensch hat Macht, aber immer im begrenzten Maße.

Bereits der vorsokratische Philosoph Protagoras (484–414 v. Chr.) sagte: „Der Mensch ist das Maß aller Dinge.“ Das ist weniger, als sich als einen kleinen „Gott auf Erden“ zu betrachten. Aber in dem Maße, als er sich als das „Maß aller Dinge“ hinstellt, nimmt er den Raum des Gottseins ein.

Man sollte also darauf achten, dass es im Menschen eine ständige Sehnsucht nach Macht und noch mehr Macht gibt, und er weiß, dass er die Macht nur erhalten kann, indem er nach noch mehr Macht strebt. Doch dieses Begehren stellt die Illusion der Macht dar: alles unbegrenzt zu können. In unseren Zeiten steigerte sich dies sogar zur Macht, alles Leben einschließlich sich selbst zerstören zu können. Deshalb muss jegliche Macht kontrolliert werden, sie muss sich an ethischen Werten des Dienstes orientieren. Die Macht ist ethisch gerechtfertigt, wenn sie die Macht der anderen stärkt, die Macht teilt und nicht immer mehr Macht für sich selbst anhäuft. Diese Tendenz, die in unserer Kultur vorherrschend ist, hat im Lauf der Geschichte Gewalt, Konflikte und verheerende Kriege hervorgebracht.

V. Eine Kultur des rechten Maßes in unserer Situation?

Zwei Voraussetzungen: wechselseitige Abhängigkeit und gemeinsame Verantwortung

In der gegenwärtigen Welt hat sich die kapitalistische Produktionsweise allgemein in allen Ländern durchgesetzt. Sie zerstört die Natur und führt zur Ungleichheit auf Weltebene. Zugleich erleben autoritäre Regime oder solche mit schwach ausgeprägten Demokratien einen Aufschwung. In diesem Kontext ergibt es Sinn, das rechte Maß, die Mäßigung und die Selbstkontrolle als Korrektive und systemische Alternativen zum herrschenden Status quo ins Spiel zu bringen.

Ernste Fragen

Fakt ist, dass wir keine unmittelbar umsetzbaren Alternativen erkennen können. Die Geschichte ist an einen Punkt angelangt, der uns vor die Wahl stellt: Entweder wir ändern uns oder wir erleben düstere Zeiten.

Was uns Mut macht, ist, dass im Lauf der Geschichte der Überlebensinstinkt angesichts einer tödlichen Gefahr immer die Oberhand behalten hat. Er wird uns sicherlich auf unserer Suche nach dem rechten Maß und im Bestreben, Mechanismen der für das Überleben unabdingbaren Selbstbeschränkung zu entwickeln, Kraft verleihen.

Langsam, aber nicht so schnell, wie es nötig wäre, wächst das Bewusstsein davon, dass wir in sozioökologischer Hinsicht dramatischen Situationen entgegengehen. Die Zeichen dafür können wir auf internationaler Ebene jeden Augenblick erkennen.

Dass wir gezwungen sind, unsere Art der Produktion und des Konsums völlig zu ändern und andere Gewohnheiten anzunehmen, widerspricht letztlich dem System. Und genau deshalb erweisen sich viele, insbesondere große Unternehmen und auch ganze Regierungen, aber auch Einzelne, als Leugner der Tatsachen. Doch die Fakten setzen sich mitsamt ihren schlimmen Konsequenzen und dem hohen Preis an Menschenleben sowie dem Verlust materieller Güter durch. Man muss nur an die großen Flutkatastrophen, an die Dürreperioden, an die riesigen Waldbrände in Australien, in Kalifornien, im Amazonas und im Pantanal, an die häufigen Taifune und an andere Extremereignisse denken. Es sind Naturereignisse, die aber in hohem Maße von den klimatischen Veränderungen auf globaler Ebene verschärft werden.

Sollten wir uns dazu entschließen, den Planeten Erde weiterhin zu bewohnen, müssen wir lernen, uns selbst zu beschränken, auf die Anmaßung zu verzichten, „ein kleiner Gott" auf dieser Welt zu sein, und all unser Handeln und Verhalten an rechtem Maß, Selbstbeschränkung und Achtsamkeit auszurichten.

Zwei Übertreibungen, also zwei Arten, das rechte Maß vermissen zu lassen, können unser Überleben als Spezies gefährden: an erster Stelle der Gewaltexzess gegenüber der Natur, der ein Ausmaß an globaler Erwärmung bewirkt, das die Erde unbewohnbar machen kann, und zweitens die übersteigerte Todesmaschinerie, die bereits errichtet wurde und jegliche Art von Massenvernichtungswaffen enthält, die das Leben in unterschiedlicher Weise auslöschen können.

Diese dramatische Situation kann zu einer kollektiven Tragödie werden, die diesmal nicht durch einen auf die Erde zurasenden großen Meteoriten ausgelöst wird, sondern durch die unverantwortliche Art und Weise, wie wir das Gemeinsame Haus bewohnen. Das geht so weit, dass wir es der Nachhaltigkeit und Lebensfähigkeit berauben. Deshalb sind die scharfen Worte zutreffend, die der UNO-

Generalsekretär Antonio Guterres im Juli 2022 bei einer Konferenz in Berlin zur Klimakatastrophe formuliert hat: „Wir haben die Wahl zwischen kollektivem Handeln oder kollektivem Selbstmord. Es liegt in unseren Händen."

Zwei Voraussetzungen müssen ernsthaft bedacht werden, wenn wir die Tragödie vermeiden oder die schädlichen Auswirkungen abmildern wollen: kohärent gelebte globale wechselseitige Abhängigkeit und ein Sinn für universale Verantwortung.

Globale wechselseitige Abhängigkeit

Wir haben bereits mehr als hinreichend über das kosmogenetische, universale Prinzip der wechselseitigen Abhängigkeit aller von allen im Dienste des Überlebens und der Koevolution aller nachgedacht. In unserem Zusammenhang wollen wir die planetarische Abhängigkeit näher betrachten, die man auch als Planetarisierung bezeichnet hat, die aber hauptsächlich als Globalisierung bekannt ist.

Man sollte darauf aufmerksam machen, dass die Globalisierung mehr ist als ein ökonomisches Ereignis. Sie stellt eine neue Entwicklungsstufe der Erde und der Menschheit dar – eine Phase, in der sich die Menschen allmählich dessen bewusst werden, dass sie ihre Länder und Kulturen verlassen haben und sich alle an einem einzigen Ort wiederfinden. Dieser Ort ist der Planet Erde im Sinne unseres Gemeinsamen Hauses. Es gibt keine Trennung zwischen einem Schicksal der Menschheit und einem Schicksal der Erde. Es gibt nur ein gemeinsames Schicksal beider.

Einer der guten Effekte von Covid-9 bestand darin, dass die Pandemie uns vor Augen führte, wie überholt der immer noch vorherrschende Nationalismus eigentlich ist. Das Virus kümmerte sich nicht um Grenzen zwischen einzelnen Ländern. Ohne Unterschied attackierte es alle. Wir sollten an die berührenden Worte eines Astronauten denken, als er vom Mond auf die Erde zurückkehrte: „Von dort oben erkennt man die Schranken der Hautfarbe, der Religion und der Politik nicht mehr, die hier unten die Welt spalten." Alles ist auf dem einzigen Planeten Erde vereint. Ein anderer Astronaut meinte: „Am ersten und zweiten Tag zeigten wir auf unser Land, am dritten und vierten Tag auf unseren Kontinent, und nach dem fünften Tag hatten wir nur noch das Bewusstsein von der Erde als ganzer."

Diese Stellungnahmen wecken in uns die Überzeugung, dass die Erde und die Menschheit tatsächlich ein unteilbares Ganzes bilden. Genau das hat Isaac Asimow, ein russischer Autor, geschrieben, der berühmt wurde, weil er wissenschaftliche Erkenntnisse einem breiten Publikum vermittelte. In einem Artikel in der *New York Times* vom 9. Oktober 1982 anlässlich des 25. Jubiläums der ersten Umkreisung der Erde durch den künstlichen Satelliten Sputnik schrieb er unter der Überschrift: *Das Vermächtnis des Sputnik: der Globalismus*: „Unserem widerstrebenden Geist drängt sich die Einsicht auf, dass Erde und Menschheit eine einzige Einheit bilden."

Tatsächlich wurden sich die Völker innerhalb kurzer Zeit bewusst, dass wir alle voneinander abhängig sind. Diese Tatsache wurde durch den Ausbruch des Corona-Virus zur unbestreitbaren Gewissheit. Alle entdeckten ihre wechselseitige Abhängigkeit voneinander und die Tatsache, dass einer den anderen braucht, dass wir wissenschaftliche Erkenntnisse miteinander austauschen müssen. Diejenigen Länder, die keine entsprechende Wissenschaft betreiben und keinen Impfstoff usw. erzeugen können, empfinden die Dringlichkeit integrierender Beziehungen noch stärker. Aus der Not entstand eine Solidarität, die unverzichtbar ist, damit sich alle schützen und gemeinsam den unsichtbaren Feind bekämpfen können.

Mit aller Kraft setzte sich die Einsicht durch, die bereits vor mehr als fünfzig Jahren von der neuen Kosmologie formuliert wurde, dass wir alle weltweit wechselseitig voneinander abhängig, miteinander verbunden und in eng geflochtene Netze inkludierender Beziehungen eingebunden sind. Sie sind unabhängig von nationalen Grenzen, und so erfährt das Konzept der Souveränität, das sich bereits seit Jahrhunderten durchgesetzt hat, eine starke Relativierung.

Mit dem Covid-19-Virus in all seinen Varianten und darüber hinaus mit den Affenpocken wurde die wechselseitige globale Abhängigkeit eine unbestreitbare Tatsache und eine Notwendigkeit. Auf Gedeih und Verderb sind wir alle voneinander abhängig. Alle müssen wir uns davor schützen, angesteckt zu werden und andere anzustecken.
Wir haben ein neues Bewusstseinsstadium erreicht, das die alten Grenzen zwischen den Nationen hinter sich lässt. Sie sind die Ausdrucksgestalten einer vergangenen Geschichte. Ihre Zeit ist vorbei. Nun ist die Zeit der Erde angebrochen, der Erde als ganzer und als Gemeinsamen Hauses. Ein solcher Alarmzustand, wie wir ihn erleben, zwingt uns zur *global governance*, zur globalen, pluralistisch ausgestalteten Regulierung von uns allen betreffenden Dingen, um den globalen Problemen gerecht zu werden.
Die verschiedenen Weltsozialforen haben bereits das Bewusstsein von einer anderen möglichen Welt geweckt. Heute sind wir davon überzeugt, dass wir eine neue Welt schaffen müssen, die nicht nur möglich, sondern höchst notwendig ist. Innerhalb dieser notwendigen neuen Welt werden die verschiedenen kulturellen Welten mitsamt ihren Werten, ihren historischen Erfahrungen, ihren Formen von Wissen und Weisheit und ihren Religionen Platz haben. Sie werden nicht für nichtig erklärt werden. Doch sie werden ihren Platz innerhalb der einen notwendigen Welt finden müssen, die wir als das eine Gemeinsame Haus empfinden. Wir haben kein anderes, nur dieses eine, um darin zusammen mit der ganzen Gemeinschaft des Lebens zu wohnen.
So ersteht unaufhaltsam die neue Phase der Geschichte, des Bewusstseins und der Spezies Mensch. Um sich zu etablieren, ist sie darauf angewiesen, dass sich alle als voneinander abhängig empfinden und um diese wechselseitige Abhängigkeit wissen, ohne dass sich irgendjemand ihr entziehen kann. Niemand kann eine Insel sein und aus sich selbst und für sich leben. Jeder muss saubere Luft einatmen, jeder ist auf ein reguliertes Klima und auf Hilfe angewiesen, wenn es

zu einer Naturkatastrophe wie einem Tsunami oder einem verheerenden Erdbeben kommt.
Die wechselseitige Abhängigkeit setzt das Bewusstsein voraus, dass alle ihren Beitrag zum Wohle aller leisten müssen. Wenn sich auch nur ein einziges Land verweigert, dann genügt das, um das gemeinsame Schicksal der Menschheit aufs Spiel zu setzen. Wir befinden uns alle im selben Schiff. Entweder gelangen wir damit ans gewünschte Ziel, oder wir prallen wie die Titanic auf einen Eisberg und führen so eine tödliche Katastrophe herbei.
In diese Wechselseitigkeit müssen wir die Natur mit einbeziehen, denn wir sind ein Teil von ihr und ohne sie können wir nicht leben. Die Zeit ist vorbei, in der wir nach unserem Gutdünken über sie verfügen konnten, sie ausbeuten konnten, ohne die Grenzen ihrer Nachhaltigkeit und ihrer Fähigkeit, ihre natürlichen Reichtümer wiederherzustellen, anzuerkennen.
Wie niemals zuvor in der Geschichte müssen wir sparen lernen, müssen wir lernen, das rechte Maß genau einzuhalten, das uns die Befriedigung unserer Bedürfnisse erlaubt. Deshalb müssen wir den Ökosystemen eine Pause zugestehen, damit sie sich erholen und weiter ihre Dienste anbieten können. Der Konsum muss sich bescheidener gestalten und er muss solidarisch erfolgen, damit allen Nahrungssicherheit, die biologischen und sozialen Voraussetzungen und kulturelle Teilhabe garantiert wird.
Der Wert des Verzichts muss zu den großen Tugenden zählen, die wir uns dringend aneignen müssen. Es handelt sich hierbei nicht um eine asketische Übung und nicht einfach darum, zu sparen, um Reserven für die Zukunft zu haben. Den Verzicht müssen wir uns als konkrete Ausdrucksgestalt von Solidarität und Mitleid zu eigen machen. Es geht nicht nur darum, von dem zu geben, was wir übrig haben, sondern das zu teilen, was wir haben, um allen das Recht zuzugestehen, ein Leben in einem Mindestmaß an Sicherheit führen zu können.
Ohne diesen Verzicht setzt sich das Ich, der Egozentrismus und der Individualismus, durch, die typisch für unsere Kultur sind, welche

an eine Kultur des rechten Maßes nicht gewöhnt ist. Wenn das Ich den anderen ausschließt, dann isoliert es sich selbst, sein Lebenssaft versiegt und die Zerstörung der Bande, die alle vereinen, führt zur Deshumanisierung.
Nur wenn wir uns zueinander in Beziehung setzen und wechselseitig voneinander abhängig sind, werden wir stärker und widerstandsfähiger angesichts der unvermeidlichen Veränderungen der Natur, die noch durch die exponenzielle Zunahme der globalen Erwärmung verschärft werden.
Es gibt keine Gesellschaft ohne das „Wir". Der Individualismus und die Übertreibung des Ich bringen Ungleichheiten, soziale Ungerechtigkeiten und schwer zu lösende Konflikte hervor – genau dies sind Merkmale der Perversität des Kapitalismus und des Neoliberalismus. Sie sind unempfänglich für den Verzicht und die Akzeptanz eines rechten Maßes.
Hier zeigt sich eine andere Logik, die dieser ökonomischen Logik diametral entgegengesetzt ist. In der Wirtschaft gilt: Je mehr wir geben, umso weniger haben wir. In der menschlichen Ökonomie gilt der Grundsatz: Je mehr wir geben, umso mehr sind wir. Je mehr wir weggeben, umso mehr empfangen wir. Im Sinne der südafrikanischen Weltanschauung des Ubunti werden wir mehr Ich: „Ich bin nur ich durch dich." „Ich werde umso mehr ich sein, je mehr ich durch dich sein kann."
Hier haben wir ein Modell, das weltweit anzuwenden wäre, denn es ist der natürliche Weg der wechselseitigen Abhängigkeit aller von allen. Es stellt auch eine kosmologische Konstante dar, denn keine Seinsform des Universums befindet sich außerhalb des Netzes von Beziehungen. Und diese werden durch das dynamische Gleichgewicht und das rechte Maß aller beteiligten Faktoren reguliert. Wenn es diese Feinabstimmung aller Faktoren nicht gegeben hätte, dann wären wir nicht hier, um über all diese Dinge zu schreiben bzw. zu lesen.

Die universale Verantwortung

Die universale Verantwortung leitet sich direkt aus der globalen wechselseitigen Abhängigkeit her. Wir sind an einen Punkt unserer Geschichte angelangt, an dem es nur ein gemeinsames Schicksal von Erde und Menschheit gibt. Das hat zur Folge, dass sich alle für dieses Geschick verantwortlich fühlen müssen.

Verantwortung heißt, sich die Folgen unseres Handelns und unserer Lebensweise bewusst zu machen. Der kategorische Imperativ in der Situation, in der wir leben, kann nur lauten: Handle so und mit rechtem Maße, dass die Folgen deines Tuns gut für dich und alle übrigen sind. Suche jenes dynamische Gleichgewicht, aus dem die Rettung des Lebens und die Erhaltung der Lebensfähigkeit der Natur resultieren, und stärke die Integrität der Mutter Erde.

Im Zusammenhang dieser Frage kommt es darauf an, genau auf die Bedeutung des *Vorsorge-* und des *Vorbeugeprinzips* zu achten. Das Vorbeugeprinzip greift dann, wenn wir die Folgen unseres Tuns vorhersehen können. So wissen wir etwa, dass wir uns vor den möglichen Schäden durch Stürme schützen können, die die Region heimsuchen, wenn wir auf dem benachbarten Berg Bäume Pflanzen. Und wir wissen, dass uns die Einnahme eines vom Arzt verschriebenen Medikaments die gewünschte Gesundheit bringen kann, ohne dass wir schwere Nebenwirkungen befürchten müssen.

Davon zu unterscheiden ist das Vorsorgeprinzip. Es besagt: Es ist nicht zulässig, Handlungen durchzuführen oder Medikamente bzw. bestimmte Schadstoffe zu benutzen, deren Wirkungen nicht vorhergesehen und nicht kontrolliert werden können. Dies betrifft vor allem die Landwirtschaft, die mit Pestiziden arbeitet, welche auf Nahrungsmittel gelangen, und deren gesundheitsschädliche Folgen unvorhersehbar sind. Oder das Besprühen mithilfe von Drohnen kann sich auf Vögel und andere Tiere schädlich auswirken, ja sogar genetische Veränderungen bewirken.

Die größte Verantwortung lastet auf den Militärmächten, die chemische, biologische und Nuklearwaffen produzieren, deren Wirkungen auf die Natur, das Überleben der Menschen und anderer Lebewesen unkalkulierbar ist und die die Biosphäre insgesamt schädigen, welche die Lebensfähigkeit der Organismen aufrechterhält.
Wie niemals zuvor hängt die Zukunft des menschlichen Lebens von den politischen Entscheidungen von Regierungen und vom Verantwortungsbewusstsein ab, das sie für die gemeinsame Zukunft der Spezies und der gesamten Gemeinschaft des Lebens entwickeln.
Diese Verantwortung muss universal sein und von allen übernommen werden, denn auch die Ursache der Situation ist universal und sie nimmt niemanden aus. Es braucht nur eine unverantwortliche Person – und bei den Militärmächten gibt es viele davon –, um einen Atomkrieg zu entfesseln, der einen nicht wiedergutzumachenden Schaden oder sogar die Ausrottung der Spezies Mensch bedeuten kann. Eine Konfrontation zweier Atommächte würde die Vernichtung beider kriegführender Parteien bedeuten, also 1 + 1 = 0.
Die Zukunft, die wir wollen, kann nicht den Technokraten in ihren Laboren oder Gruppen von Spezialisten an ihren Schreibtischen und Politikern und ihren Beraterstäben überlassen werden. Unser gemeinsames Schicksal muss von der ganzen Menschheitsfamilie diskutiert werden. Niemals dürfen wir es in die Hände von einigen geben, die für Experten oder technische Spezialisten gehalten werden. Wir alle sind verantwortlich für den ganzen Prozess, der uns einen Hoffnungshorizont für alle erschließt.
Der moderne Mensch hat sich überdies sogar des Todes bemächtigt, und wenn er nicht einen ernsthaften Sinn für Verantwortung und ein geschärftes Bewusstsein für die notwendige Mäßigung entwickelt, dann könnte er das Prinzip der Selbstzerstörung seines Lebens auf Erden aktivieren. Mehr als unter anderen Umständen sind hier die Selbstbegrenzung und der Verzicht auf jegliche Art von Anmaßung zwingend geboten – eine Anmaßung, die dazu führt, dass eine Nation die andere durch Gewalt beherrscht. Es genügt nicht, die Kriege zu

verurteilen. Wir müssen den Frieden suchen und eine wahre Kultur des Friedens schaffen.

Doch wir müssen realistisch sein. Die Weltbevölkerung hört nicht auf, nummerisch zu wachsen, und die Bedürfnisse dieser größeren Zahl an Menschen müssen befriedigt werden. Wir dürfen das sture Festhalten am Konsum der Menschen nicht unterschätzen, die sich an einen entsprechenden Luxus gewöhnt haben und die den Verzicht und eine Kultur des rechten Maßes nicht eingeübt haben. Ihr Egoismus kann die Menschheit in eine Sackgasse führen: Wenn wir auf diesem Weg fortfahren, könnten wir auf ein ökologisch-soziales Armageddon zusteuern. Die Alternative wäre, dass alle zu verzichten lernen und sich gemeinsam eine Ethik des rechten Maßes, der Selbstbeschränkung, der Mäßigung und des Mittelwegs zu eigen machen müssten. So können wir überleben.

Die *Erd-Charta* gipfelt in der Grundaussage, dass wir nur auf diese Weise auf allen Ebenen, von der lokalen bis zur Weltebene, eine nachhaltige Lebensweise erreichen werden. Man beachte: Im Gegensatz zum offiziellen, bis zum Überdruss wiederholten Mantra von einer „nachhaltigen Entwicklung" benutzt die Erd-Charta hier einen anderen Ausdruck: nachhaltige Lebensweise. Die auf der Welt herrschende Produktionsweise, nämlich die kapitalistische, hat sich als absolut nicht nachhaltig erwiesen, weil sie das unbegrenzte Wachstum (die unbegrenzte Entwicklung), das unmöglich erreicht werden kann, an die erste Stelle gesetzt hat. Wenn der Erde mehr abverlangt wird, als sie geben kann (*Earth Overshoot*), dann verliert sie ihr Gleichgewicht. Die Folgen können für das System Leben, einschließlich des menschlichen Lebens, katastrophal sein.

Was wir mittels des rechten Maßes im Hinblick auf die Natur und des Gleichgewichts der Kräfte zwischen allen Nationen erreichen müssen, ist eine nachhaltige Weise, zu leben und zusammenzuleben.

Das bedeutet: Die Gesamtheit unserer Beziehungen zwischen uns Menschen und insbesondere zwischen uns und der Natur und der Mutter Erde muss sich um die mit dem rechten Maß, der Selbstbeschränkung, dem freiwilligen Verzicht, der Mäßigung, der Eindämmng aller Übertreibung und jeglicher Gier, der Sorge füreinander und für die Natur verbundenen Werte gestalten. Persönlich und als Gemeinschaft geht es um die Überwindung jeglicher Art von Anmaßung und Überlegenheitsdünkel, ob er sich nun auf ethnische Unterschiede, auf intellektuelle Fähigkeiten, auf Religion oder Kultur bezieht.

Dies ist die große Frage, die die Menschheit beantworten muss. Dabei muss sie das Bewusstsein schärfen für die wechselseitige Abhängigkeit aller und für die universale Verantwortung: Wollen wir auf diesem Planeten weitermachen oder wollen wir in ein unvorhersehbares und düsteres Ende einwilligen? Im ersten Fall müssen wir uns kollektiv eine nachhaltige Lebensweise im Rahmen des rechten Maßes zu eigen machen. Im zweiten Fall machen wir einfach weiter mit der Nutzung der Natur samt ihren Grenzen und nehmen eine ungewisse Zukunft in Kauf.

Die vernünftigere Alternative ist jene, die die Heilige Schrift der Juden und Christen vor Augen führt: Sie fordert auf, angesichts der Entscheidung zwischen Leben und Tod das Leben zu wählen. Alles in uns schreit danach, genau diese Wahl zu treffen: das Leben, und zwar das Leben in Fülle.

Die mögliche Verwirklichung des rechten Maßes im persönlichen und regionalen Kontext

Die Veränderungen und die Geschichte überhaupt vollziehen sich nicht mechanisch. Sie finden stets unter den Bedingungen der Vergangenheit und der Gegenwart statt. Doch niemals dispensieren sie die historischen Subjekte vom Handeln. Diese machen von ihrer Freiheit Gebrauch und beziehen Stellung. Sie sind es, die untereinander vernetzt sind und ein Volk oder eine Nation bilden und als solche Geschichte machen. Dasselbe gilt für die Wiedererlangung des

rechten Maßes und der Logik der Selbstbeschränkung, die in unserer heutigen Zeit so dringend nötig sind.
Das rechte Maß findet sich in allen Ethikkonzepten der Welt. Ein echter Humanismus kommt nur dann zustande, wenn seine Grundlage die Mäßigung, der Mittelweg und das rechte Maß ist. Wo sollen wir damit anfangen?

Es fängt bei dir selber an

Von grundlegender Bedeutung sind die persönlichen Veränderungen, die sogenannten *molekularen Revolutionen*, die den ersten Schritt eines jeden Transformationsprozesses darstellen. Diese Transformation wird nur dann effektiv sein können, wenn die einzelne Person bereit ist, sie im eigenen Leben wirksam werden zu lassen. Wenn ich eine Leiter mit zwanzig Sprossen erklimmen will, dann muss ich bei der ersten beginnen. Anders werde ich die zwanzigste niemals erreichen.
Hier müssen wir konkret werden: Das übertriebene Marketing bewirkt, dass die Menschen zum Konsum verführt werden und jegliche Mäßigung oder jedes rechte Maß verlieren. Die Flut an Selfies offenbart den Narzissmus, der eine Art und Weise darstellt, das rechte Maß zu verlieren. Der Zeitaufwand für das Surfen im Internet aus purer Neugierde und anderes dergleichen sind Belege für das Fehlen des rechten Maßes. Als Geiseln der virtuellen Welt widerstreiten wir der Freude an der echten Begegnung und Freundschaft. Treffend hat Papst Franziskus in seiner Enzyklika *Fratelli tutti* bemerkt:

> … durch digitale Medien besteht die Gefahr, dass Nutzer abhängig werden, sich isolieren und immer stärker den Kontakt zur konkreten Wirklichkeit verlieren, wodurch die Entwicklung echter zwischenmenschlicher Beziehungen behindert wird. Es bedarf der körperlichen Gesten, des Mienenspiels, der Momente des Schweigens, der Körpersprache und sogar des Geruchs, der zitternden Hände, des Errötens und des Schwitzens, denn all dies redet und gehört zur menschlichen Kommunikation. (*Fratelli tutti*, 43)

Solche Medien können uns nicht zu Nächsten und Geschwistern machen. Hier ist ein weites Feld der Selbstkontrolle, welche ein anderer Ausdruck für das rechte Maß ist. Einige wurden buchstäblich süchtig, da sie einen großen Teil ihrer Zeit mit Spielen im Internet und Tausenderlei anderen Arten der Unterhaltung zubrachten.

Die gesamte Wirklichkeit, auch die Materie, als Formen von Energie unterschiedlicher Dichte und stets innerhalb von Netzen von Beziehungen zu betrachten, gehört zu den Grundprinzipien der Quantenphysik und der Auffassung von der Kosmogenese gemäß der neuen Kosmologie. Diesem Verständnis zufolge existiert nichts außerhalb von Beziehungen, keine von einer Person vollbrachte Tat ist davon ausgenommen. Die Energie, die sie ausstrahlt, zirkuliert durch alle Netze, verstärkt sie und beschleunigt auf diese Weise den Prozess der paradigmatischen Veränderungen.

Daraus leitet sich die Tatsache ab, dass sich keine menschliche Tat auf das rein Persönliche beschränkt, vielmehr beinhaltet sie immer schon das Soziale und Globale, denn wir sind damit in ständiger Verbindung. Betrachten wir einige Ausdrucksgestalten dieser Dimension des rechten Maßes auf persönlicher Ebene.

Vor allem muss eine jede Person von sich selber, ihren Antrieben, ihren inneren positiven oder negativen Energien eine minimale Kenntnis haben. Es gibt Menschen, die von Natur aus impulsiver sind und zu heftigeren Ausbrüchen neigen. Andere wiederum sind ruhiger und verlieren in Konfliktsituationen ihre Fassung nicht.

Das rechte Maß einhalten stellt einen Akt der Weisheit dar. Es geht darum, zu wissen, wann man sprechen muss und wann es angebracht ist, still zu sein; seine Impulse beherrschen zu lernen, zu denken und noch einmal nachzudenken, bevor man handelt. Andere unternehmen eine erhebliche bewusste Anstrengung, um sich zurückzuhalten, und verzichten auf harte Worte voller Ressentiments.

Es ist ein Fortschritt, der seine Zeit und Geduld braucht, bis jemand sich selbst beherrschen kann, nicht die Kontrolle verliert und das Gleichgewicht in seinen Worten und in seinem Inneren bewahrt. Ein

solches Verhalten ist Ausdruck dafür, das rechte Maß gefunden zu haben. Es ist ein Zeugnis von Reife und der Fähigkeit der Selbstbeherrschung.
Wir könnten das rechte Maß auch im Hinblick auf den Gebrauch der Macht, der Leitung einer Gemeinschaft, der Wahrnehmung politischer Führungsaufgaben und auch im Streit um die richtigen Ansichten näher bestimmen.

Den Naturvertrag mit der Erde neu verhandeln

Als Teil der Natur und als solche, die die Fähigkeit haben, in sie einzugreifen, ist für uns der Naturvertrag zwischen Erde und Menschheit von Bedeutung. Dieser Vertrag ist faktisch gegeben, er wird nicht gemacht. Es macht unsere Existenz aus, dass wir alles, was wir brauchen, von der Mutter Erde bekommen: den Boden, die Luft, das Wasser, jegliche Art von Nahrung, das dem Leben förderliche Klima, mit einem Wort: alle Faktoren, die den Erhalt und die Weitergabe des Lebens ermöglichen. Wie in jedem Vertrag ist auch hier ein Interessenausgleich bestimmend. Jeder der Vertragspartner erfüllt seinen Teil.
Anfangs lebten die Menschen den Naturvertrag, ohne daran denken zu müssen. Die Mutter Erde bot ihnen im Überfluss alles dar, was zum Leben nötig ist. Die Menschen verehrten die Mutter Erde wie eine Göttin, sie respektierten sie und wachten eifrig über ihre natürlichen Rhythmen. Dies geschah in vorbildlicher Weise vor mindestens 2000 Jahren unter dem Matriarchat. Die Frauen empfanden eine besondere Wesensverwandtschaft mit der Mutter Erde, denn wie sie bringen auch sie Leben hervor.
Mit der Zeit vermehrte der Mann seine Macht und setzte seinen Willen und seine Pläne durch. Langsam, aber in zunehmendem Maße, wurde der Naturvertrag gebrochen. Die relationale Matrix wurde gleichsam beiseite geschoben, und die heilige Verbindung aller mit allen ging verloren. Das Patriarchat und der Machismo griffen in der Gesellschaft Platz – und auch innerhalb der gewaltsam dem Be-

gehren des Menschen unterworfenen Natur. Sie wurde schon nicht mehr als großzügige Mutter aufgefasst, sondern als ein Behälter voller Ressourcen, die dem Gutdünken der Menschen zur Verfügung standen.

Die Gegenseitigkeit, die ein wesentliches Merkmal eines Vertrages ist, wurde durch die Unterwerfung der Natur und durch das Eingreifen in ihre Rhythmen ersetzt. Heute wurde dieser Vertrag vollkommen gebrochen. Das ging so weit, dass die Erde uns spüren lässt, wie schwerwiegend diese Zäsur ist. Die Extremwetterereignisse wie katastrophale Schneestürme auf der einen Seite und lange Dürreperioden auf der anderen, Tsunamis, Taifune, große Überschwemmungen und der Anstieg des Meeresspiegels führen uns die Folgen des Bruchs des Naturvertrags vor Augen. Sie treffen uns mit aller Gewalt in unserem Wunsch, individuell und kollektiv von den Gütern und Fähigkeiten der Natur zu profitieren.

Der Alarmzustand des weltweiten Klimas ist eine der Ausdrucksformen der Beerdigung des Naturvertrags. Der Verlust der Bodenfeuchtigkeit, der Schwund der Artenvielfalt und Ernteausfälle sind andere Zeichen dieses Vertragsbruchs.

Heute ist es dringender als jemals zuvor, diesen Naturvertrag neu zu besiegeln. Dies setzt auf unserer Seite ein Gefühl des Respekts, der Achtsamkeit, der Synergie und die Schaffung einer emotionalen Verbindung zur Erde und all ihren Elementen voraus. Hier kommt der höchst bedeutsame Wert des rechten Maßes, der Kontrolle unseres Impulses, immer mehr zu besitzen, des Respekts vor dem Eigenwert der Natur und auch vor ihren Rechten ins Spiel. Wenn wir die Vertragsbedingungen dieses Naturvertrags nicht in rechter Weise, das heißt gemäß den Erfordernissen der Natur, wieder in Kraft setzen, dann werden wir vergeblich Technik und Wissenschaft bemühen, um die bereits eingetretenen Schäden zu reparieren.

Entscheidend kommt es darauf an, ein emotionales Band zur Erde zu knüpfen, die nicht einfach als Planet voller Ressourcen verstanden werden darf, sondern, wie es von der UNESCO bereits feierlich proklamiert wurde, wahrhaft als Mutter Erde, als Pacha Mama, als Gaia aufgefasst werden soll. Allein das rechte Maß und die Synergie zwischen beiden Polen werden uns ein Fenster auf eine verheißungsvolle Zukunft hin eröffnen.

Das Land bebauen: Der Bioregionalismus

Eine der Möglichkeiten, der gefräßigen Logik des Kapitalismus zu entkommen und Nachhaltigkeit sicherzustellen, ist es, das Land in einer bestimmten Region zu bearbeiten. Anstatt an das herrschende System zu denken, beginnt man das Land wertzuschätzen, auf dem die Menschen verwurzelt sind.

Es handelt sich um ein von der Natur selbst, mit ihrer natürlichen Eigenart, mit den Bergen, mit den Wäldern, mit der Fauna und Flora, mit den Flüssen und Seen und vor allem mit der dort lebenden Bevölkerung gebildetes Gebiet.

Immer mehr weiß das ökologische Denken das konkrete Stück Land zu schätzen, wie es zuletzt auch Papst Franziskus getan hat, der in seiner Enzyklika *Fratelli tutti* dem Land viele Abschnitte gewidmet hat.

Dem liegt die allgemeine Annahme zugrunde, dass alles von unten her beginnen, von konkreten Personen und lokalen Gemeinschaften ausgehen muss. Innerhalb einer Region kann man nachhaltige Weisen der Produktion entwickeln. Anstatt die Natur zu zwingen, sich unseren Vorhaben anzupassen, sind wir es, die sich an die Natur, an ihre Rhythmen, an ihre Möglichkeiten und Grenzen anpassen. Daraus entsteht eine agroökologische Kreislaufwirtschaft, die eine Gemeinwirtschaft und umweltverträglich ist.

Wenn wir das Land einer konkreten Region bebauen, vermeiden wir die Errichtung großer Unternehmen, die von ihrer inneren Logik her mehr Energie brauchen, die Güter und Fähigkeiten der Natur ausbeuten und dazu tendieren, sich immer mehr auszudehnen. Im Gegensatz dazu wird nun die Chance eröffnet, dass der Produktivprozess von Familienbetrieben, von Produktions-, Verteilungs- und Konsumgenossenschaften getragen wird. Alles geschieht innerhalb der Grenzen der konkreten Region. Man braucht keine großen Transportwege mehr, die mehr Energie verbrauchen und damit zur globalen Erwärmung beitragen.

Auf regionaler Ebene ist es leichter und weniger aufwändig, Plattformen der Kommunikation aller mit allen zu schaffen, indem man die verfügbaren sozialen Medien nutzt: WhatsApp, E-Mail, Instagram. Facebook und andere. Auf ganz natürlichem Weg entsteht eine partizipative Demokratie von unten, die alle mit einbezieht. Damit verringern sich die Ungleichheiten, die ein soziales Unrecht darstellen. Das Ergebnis ist eine Gesellschaft mit mehr Harmonie und Frieden. Die kulturellen Werte, die Traditionen, die Feste, die Feiern für bedeutende Persönlichkeiten, die im Gedächtnis des Volkes weiterleben, werden gepflegt und gelebt. Die Kultur wird in den Prozess der tatsächlich nachhaltigen Entwicklung integriert.

Hier kann der Vorschlag der *Erd-Charta* verwirklicht werden, den auch die Enzykliken von Papst Franziskus zu einer ganzheitlichen Ökologie betonen: eine nachhaltige Lebensweise auf lokaler, regionaler und nationaler Ebene, die Auswirkungen auf die internationale Ebene hat. Diese nachhaltige Lebensweise ist eine andere Bezeichnung für das konkrete rechte Maß und auch für die Nachhaltigkeit, die in harmonischer Weise alle Faktoren umfasst, welche die Wirklichkeit ausmachen.

Mit anderen Worten: Das Ideal eines „erfüllten Lebens und Zusammenlebens“ (*bien vivir*; *sumak kawsay*), wie es die Andenvölker formuliert haben und dessen inspirierende Idee die Harmonie in allem, das Gleichgewicht, die Mäßigung und das rechte Maß ist, kann wirklich konkret werden.

Der übertriebene Vorrang des Tauschs vor dem maßvollen Gebrauch

Das in unserer Kultur vorherrschende Verhältnis zur Natur ist utilitaristisch. Die Güter der Natur werden nicht als Werte in sich betrachtet, die genau aus diesem Grunde zu respektieren wären. Innerhalb der Auffassung der Moderne haben die Erde und alles, was sie enthält, nur in den Maße einen Wert, als sie dem Menschen von Nutzen sind. Wiederum wurde der Naturvertrag gebrochen, und die relationale Matrix, durch die sich alle Seinsformen in endlose Netze von Beziehungen eingebunden wissen, in denen eines vom anderen abhängt und ein jedes seinen Beitrag zum Prozess der Entwicklung leistet, ging verloren.

In rechtem Maße genutzt und ohne die übertriebene Ausbeutung dienen die Güter der Natur dem Gebrauch des Menschen für seine vielfachen Bedürfnisse. Man strebt danach, die Lebensfähigkeit des Ökosystems zu erhalten und ihm die Ruhe zu gönnen, damit es die Nährstoffe, die ihm entnommen wurden, wiederherstellen kann.

Wie bereits erwähnt, hat sich vor fast einem Jahrhundert ein großer Wandel vollzogen: der Übergang von einer Marktwirtschaft zu einer Marktgesellschaft.

Der Markt gehört zur Geschichte der am meisten entwickelten Gesellschaften der Menschen. Er entstand, weil es eine Überschussproduktion gab. Sobald einmal die sozialen Bedürfnisse (an Gebrauchswerten) befriedigt waren, gelangten die Produkte auf den Markt, wo mit ihnen gehandelt wurde (Tauschwert).

Mit der Entwicklung der Industrialisierung und mit dem System der Ausbeutung aller Güter und Fähigkeiten der Natur vollzog sich die große Transformation: Die Wirtschaft bemächtigte sich aller Räume und verwandelte die Gesellschaft in eine Marktgesellschaft. Damit wurde alles verkäuflich, alles stellte einen Geldwert dar, selbst die menschlichen Organe.

Es entstand ein unmenschlicher Handel mit Menschen und Kindern, die man der Überausbeutung ihrer Arbeitskraft preisgab, ja Frauen wurden sogar in Bordelle verschachert. Man fing an, alles gegen Geld einzutauschen, selbst die heiligsten und religiösen Dinge. Damit kam es zur denkbar höchsten Pervertierung der Ökonomie und zur Korruption in einem zuvor niemals gekannten Ausmaß.

Wir dürfen nicht vergessen, dass es zur Logik des Kapitals gehört, so viel wie möglich zu akkumulieren, und zwar mithilfe von allem, was in Geld messbare Rendite abwirft. Hier ging nicht nur das rechte Maß verloren, sondern jegliches ethische und humanitäre Gespür. Zurzeit leben wir in dieser von der Gier und der Erniedrigung von Mensch und Natur vergifteten Atmosphäre.

Die Produktion im Rhythmus der Natur

Trotz dieses Ausmaßes an verallgemeinerter Perversität bricht sich relativ stark eine andere Matrix der landwirtschaftlichen oder industriellen Produktion gesunder und für das Leben notwendiger Güter Bahn. Dies wird immer mehr von kleinen Gruppen vorangebracht, die von der Basis, vom Volk, von Umweltschutzbewegungen, von Initiativen für den Schutz des Regenwalds, der Gewässer und der Artenvielfalt und für die Verteidigung der Rechte der Natur und der Erde herkommen.

An allen Ecken und Enden bilden sich familiäre Vereinigungen, kleine Genossenschaften oder landwirtschaftliche Produktionsunternehmen sowie Gruppen für die Wiederaufforstung, die eine emotionale und vernunftgeleitete Beziehung zur Natur pflegen. Sie nutzen die gegenüber der Umwelt nicht aggressiven Kenntnisse von Technik und Wissenschaft und verbessern ihre Produktion in einer Logik der Synergie. In diesen Prozess treten die Produzenten mit ihrer Kenntnis und ihrer Arbeit ein, und die Natur trägt dazu den Reichtum ihrer Güter und Fähigkeiten bei.

An verschiedenen Orten hat man eine Ernährungsdemokratie geschaffen. Produzenten treten mit Konsumenten in Kontakt. Von ihnen bekommen sie wissenschaftliche und technische Kenntnisse vermittelt, die gegenüber der Natur nicht aggressiv sind, und die Produzenten halten sich an solche Unterweisungen und bieten qualitativ hochwertige und ökologisch saubere Produkte an. So regen sie wiederum die Konsumenten zu genügsamen und solidarischen Konsumgewohnheiten an, die weder Verschwendung noch übertriebenen Luxus kennt. Hier wird das rechte Maß sozial verwirklicht, denn alle, ein jeder in seiner Einzigartigkeit, tragen zu einem Gemeinwohl, zum Wohl der Natur und zum Wohl des menschlichen Lebens bei.

Es kommt hier zu einer wahren Inversion, zu einer Umkehr der Verhältnisse. Herkömmlicherweise zwang der Mensch die Natur, sich seinen Plänen und Wünschen zu fügen. Nun ist es der Mensch, der sich der Natur anpasst, ihre Zeiten und Momente respektiert, wissenschaftliche Kenntnisse über ihre inneren Gesetze gewinnt, die ihr am meisten Gesundheit verschaffen und uns darüber Auskunft geben, wie viel sie dem menschlichen Verzehr zur Verfügung stellen kann, wenn hierbei stets die Lebensfähigkeit einer jeden Region oder eines jeden Ökosystems gewahrt werden soll. Diese Synergie setzt das rechte Maß beider Seiten in die Praxis um. Das Ergebnis ist der heitere und beständige Friede zwischen dem Menschen und der Umwelt, die er bewohnt und als dessen verantwortlichen Teil er sich empfindet.

Hier werden die Grundlagen einer Biozivilisation gelegt, über deren Eingangsportal das geschrieben sein könnte, was am Tor des großen Tempels von Delphi in Griechenland stand: *Keine Übertreibung* (*medén agan* auf Griechisch, *Ne quid nimis* auf Lateinisch).

Wie das rechte Maß in der Politik umzusetzen wäre

Seinem Wesen gemäß lebt und gedeiht der Mensch innerhalb eines Netzes von Beziehungen. Sein Leben ist ein Zusammenleben. Er wird in eine Familie hineingeboren, wo die primären Beziehungen zwischen Vater, Mutter und Kindern bestimmend sind. Es sind

emotionale Beziehungen der Eltern- bzw. Kindschaft, auch wenn es zu Meinungsverschiedenheiten kommt. Innerhalb dieses Ambientes entwickelt sich das soziale Kapital (die Gesamtheit von Gewohnheiten, Werten und Weltdeutungen) als Grundlage für die spätere Entwicklung einer Person.
Nach der Familie kommt die Gesellschaft, die sich aus allen Menschen, Männern, Frauen, Kindern, Jugendlichen, Erwachsenen und Alten, zusammensetzt. Ein jeder dieser Menschen unterscheidet sich vom anderen, verfügt über sein soziales Kapital, das seiner Klassenzugehörigkeit, seiner persönlichen und familiären Geschichte, seinem Ausbildungsniveau und seiner Kultur, seiner Stellung innerhalb der Arbeitswelt und anderen determinierenden Faktoren vorausliegt. Diese Unterschiedlichkeit bedeutet an sich noch nicht Ungleichheit. Es ist eine je andere und legitime Art des Menschseins. Kein Defekt, sondern etwas, das zur Conditio humana, zur konkreten Daseinsverfassung des Menschen, dazugehört.
Aufgrund der Tatsache, dass der Mensch von seinem Wesen her ein soziales Lebewesen ist, wäre eigentlich kein Gesellschaftsvertrag nötig, denn alle kämen miteinander zurecht, anerkannten einander als Gleiche, als Subjekte von Rechten und Pflichten mit der Fähigkeit zu teilen und gemeinsam für das Gemeinwohl zu arbeiten. Doch da unterschiedliche Interessen zutage treten und entsprechende Konflikte entstehen, wird ein Gesellschaftsvertrag nötig, an den sich alle halten müssen. Auf diese Weise werden alle zu aktiven Bürgern und Bürgerinnen.

Die Gesellschaft: eine Sphäre, in der es Gleichgewicht und Übertreibung gibt

Um das rechte Maß im Bereich der Politik zu bestimmen, bedarf es einiger Unterscheidungen.
Die Gesellschaft ist das natürliche Feld der Verwirklichung des rechten Maßes und auch der dieses rechte Maß verletzenden Übertrei-

bung. Max Weber (1864–1929), einer der Begründer des soziologischen Diskurses, unterscheidet in seinem klassischen Werk *Politik als Beruf* (1918) zwischen Politik als Machtstreben um persönlicher Vorteile willen und Politik als Machtstreben im Dienst der Gesellschaft. Es wurde auch schon gesagt, dass die Politik als Sendung die größte der Tugenden, als Beruf aber das schlimmste Laster darstellt. Doch man muss zwischen Politik im umfassenderen Sinne einerseits, und dem Politikbetrieb bzw. der Parteipolitik andererseits unterscheiden. Da es im Brasilianischen keine Großschreibung wie im Deutschen gibt, unterscheiden wir zwischen Politik mit großem Anfangsbuchstaben und Politik mit kleinem Anfangsbuchstaben.

Politik und Parteipolitik

Politik im umfassenden Sinne meint alles Handeln, das auf die Interessen aller abzielt und das Gemeinwohl anstrebt. Um eine gute Bildung, bessere Löhne, ein funktionierendes Verkehrssystem, öffentliche Sicherheit und die Lebensbedingungen in einer Stadt mit ihren Sanitäranlagen, die Qualität von Luft und Wasser kämpfen – das alles meint Politik im umfassenden Sinne, die „große Politik", die von den Bürgerinnen und Bürgern, von Organisationen der Zivilgesellschaft oder auch von Religionsgemeinschaften und Kirchen ausgeht.

Daneben gibt es die Politik im engeren Sinne, die „kleine Politik". Damit sind die verschiedenen politischen Parteien gemeint. Wie das Wort „Partei" schon sagt, sind diese ein Teil und nicht das Ganze. Eine jede dieser Parteien strebt nach der Macht im Dorf, in der Stadt und im Land, um ihre Vorstellung von Gesellschaft durchsetzen zu können. Es gibt ein breites Spektrum von umstrittenen Projekten, denn jede Partei vertritt ihren eigenen Standpunkt. Doch das darf nicht daran hindern, das allgemeine Interesse zu verfolgen.

Zum besseren Verständnis können die unterschiedlichen Parteien hier folgendermaßen klassifiziert werden: Es gibt jene, die die bestehende Situation konservieren wollen, sei es, weil sie sie gut finden, sei es, weil sie davon profitieren. Sie werden gemeinhin als die Konservativen bezeichnet.

Dann gibt es diejenigen, die die Gesellschaft verbessern wollen, die Progressiven, dabei die grundlegende Struktur der Gesellschaft beibehalten wollen und lediglich da und dort Änderungen vornehmen wollen, wie etwa das Verkehrswesen verbessern, mehr Schulen errichten, mehr Gesundheitsversorgungszentren schaffen, die Busverbindungen auch zu den entferntesten Armenvierteln hin ausdehnen, und so weiter.

Dann gibt es noch diejenigen, die die Stadt grundlegend verändern wollen, substanzielle Korrekturen am System der Macht vornehmen wollen und dabei dem „Wir", dem Kollektiv, den zentralen Stellenwert einräumen, das mehr zählen soll als das Individuelle oder ein gesellschaftlicher Stand. Ihnen geht es um die Beteiligung des Volkes, um mehr Gesundheits-und Bildungsräte, um mehr Hilfe für psychisch Beeinträchtigte. Ihre besondere Aufmerksamkeit gilt den Elendsvierteln, die sie in das Leben der Städte einbeziehen wollen. Sie vergesellschaften Land, um für die am meisten bedürftige Bevölkerungsschicht Wohnraum zu schaffen, sie streiten für kostenlose Verkehrsmittel insbesondere für Kinder und Alte, um so die sozialen Ungleichheiten möglichst zu verringern. Sie führen eine gerechte und fortschrittliche Steuerpolitik ein, verbieten Monopole und besteuern Vermögen. Sie werden gemeinhin Sozialisten genannt.

Dann gibt es schließlich die Anhänger des Zentrums, die zwischen Bewahrung und Veränderung hin und herschwanken, sich je nach ihren Interessen und Zweckmäßigkeiten mal in die eine und mal in die andere Richtung neigen. Sie können mächtig sein, stellen für Gewöhnlich das Zünglein an der Waage der Politik dar und befinden sich auf diese Weise stets an der Macht, gleich, ob diese konservativ ist oder gesellschaftsverändernd wirkt. Sie werden bei uns normalerweise als „Bi" bezeichnet. In Ausnahmefällen verbinden sie sich aus Gründen einer bestimmten politischen Konjunktur oder um gewisser

Vorteile willen mit den sozialistischen und gesellschaftsverändernden Kräften.

In den Ländern, die ehemals Kolonien waren, welche als historische Erblast Oligarchien und privilegierte Klassen hinterließen, ist die Demokratie eine von niedriger Intensität. So ist es auch bei uns in Brasilien. Wenn wir die aktuellen Demokratien am Maßstab der Einhaltung der Verfassung, der Gesetze, der Menschenrechte und am Niveau der Teilhabe organisierter sozialer Bewegungen und der zunehmenden Ungleichheit messen, dann sind sie eher eine Farce als echte Demokratien. Die Parlamentarier vertreten eher die Interessen der Gruppen, die sie gewählt haben, als das Interesse des gesamten Landes. Deshalb sind diese Demokratien permanenter Instabilität ausgesetzt und Staatsstreichen vonseiten der Inhaber der Macht, üblicherweise mit Unterstützung des Militärs, unterworfen.

Der Streit um das bessere Projekt, die Debatten, ja Konflikte, die normalerweise im Rahmen der Regeln der Zivilisation ausgetragen werden, wie sie im Gesellschaftsvertrag vorhanden sind, wenn sie auch oftmals verletzt werden, gehören zur Parteipolitik dazu.

Dieser Gesellschaftsvertrag findet seinen konkreten Ausdruck in Gesetzen und Normen, denen sich alle unterwerfen. Realistischerweise müssen wir anerkennen, dass auf dem Feld der Parteipolitik alle Tugenden und auch alle Laster zu finden sind, die die widersprüchliche Existenz des Menschen selbst ausmachen. Es gibt Politiker aus Berufung und im Sinne einer Sendung, die Macht als Dienst am Gemeinwohl verstehen. Und es gibt andere, die die Macht um bestimmter Interessen willen wie etwa um persönlicher Vorteile oder Vorteile bestimmter Schichten oder auch eines bestimmten mit der Macht verbundenen Status und entsprechender Privilegien willen anstreben. Das sind Opportunisten. Nicht selten ist die Sphäre der Politik von Korruption, von Abzweigung öffentlicher Gelder und von Bestechung vergiftet.

Schließlich gibt es eine Politik mit revolutionärem Anspruch. Eine solche Politik widersetzt sich nicht nur den herrschenden Politiken, die die Gesellschaft organisieren, sondern sie strebt eine andere Art von Gesellschaft mit neuen Werten und Strukturen an, die allen, den großen Bevölkerungsmehrheiten, und insbesondere den am stärksten Benachteiligten zugute kommen. Die Französische Revolution gilt als ein klassischer Fall hierfür: Nach Jahrhunderten der Monarchie wurde der König abgesetzt, man errichtete eine Republik und eine Demokratie, welche die Bürgerrechte garantierte. Fast alle Länder haben Ähnliches durchgemacht.

In Brasilien hingegen hat es niemals eine wirkliche Revolution gegeben. Die Inhaber der Macht, des Eigentums und des Wissens haben stets eine Politik der Versöhnung der mächtigen Klassen verfolgt, um sich den Staat und seine Apparate anzueignen. Niemals haben sie ein Projekt für die Nation erarbeitet, sondern lediglich eines, das ihnen ihre Macht und ihre Vorteile auf Kosten des Volkes sicherte. Doch niemals ging die Idee einer Neugründung des Landes auf kollektiven Grundlagen gänzlich verloren, einer Neugründung, die sich von unten nach oben und von innen nach außen zu vollziehen hätte. Doch es kam nie zu einer genügend großen Vereinigung revolutionärer Kräfte, um eine andere Gesellschaftsstruktur durchzusetzen, die von mehr Gerechtigkeit geprägt gewesen wäre, das heißt von Organisationsweisen, die von sich aus mehr soziale Gerechtigkeit und weniger Armut und Marginalisierung von Bevölkerungsgruppen gewährleistet hätten.

Warum hat die gegenwärtige Gesellschaft das rechte Maß verloren?

Normalerweise setzt sich in der Welt die Demokratie in irgendeiner Form durch: als repräsentative, als partizipative, als kommunitäre, soziale und ökologisch-soziale Demokratie. Doch es kann auch passieren, dass eine Partei in exklusiver Weise ihr Gesellschaftsprojekt durchsetzen will und die Macht durch Wahlen oder durch bewaffnete Gewalt erringt. So entstehen die starken Regierungen, die Diktaturen

mit ihren Sicherheits-, ja Unterdrückungsapparaten. Fast immer geht von den Staatsapparaten Gewalt aus, etwa in Gestalt von willkürlichen Verhaftungen, Verfolgung, Folter, Vertreibung aus dem Land, ja sogar Mord.
Der englische Philosoph Thomas Hobbes (1588–1679) hat einmal treffend bemerkt:

> So setze ich als allgemeine Neigung der ganzen Menschheit an die erste Stelle ein ständiges und rastloses Verlangen nach Macht und wieder Macht, das erst mit dem Tod aufhört. Und die Ursache hiervon liegt nicht immer darin, dass ein Mensch sich intensivere Freude erhofft, als er bereits erreicht hat, oder dass er mit bescheidener Macht nicht zufrieden sein kann, sondern dass er sich Macht und Mittel zu einem guten Leben, die er gegenwärtig hat, nicht sichern kann, ohne mehr zu erwerben. (Hobbes 1996, 81)

Die Macht darf sich also nicht als schwach erweisen. Wenn sie es ist, schließt sie Bündnisse mit anderen Mächten, um selber zu erstarken. Hier kommen der Ehrgeiz und die Störung des dynamischen Gleichgewichts ins Spiel, die dafür sorgen, dass einige und bestimmte Gruppen mehr Macht anhäufen als andere und damit leichter an die zentrale Macht gelangen. So nutzen sie diesen Status, um sich Vorteile zu verschaffen und Unterschiede in Ungleichheiten zu verwandeln. Auf diese Weise geht das rechte Maß verloren, und es öffnet sich das Tor für Konflikte, Spannungen und auch Hass.
Die Macht stellt die große Versuchung des Menschen dar, denn sie verschafft ihm den Eindruck, er sei ein „kleiner Gott“, der über das Schicksal der anderen bestimmen kann. Es wurde schon gesagt, dass „jede Macht korrumpiert“. Sie bedient sich unerlaubter Mittel, um stärker zu werden, wie Bestechung, Steuerhinterziehung usw. Und es wurde auch bereits gesagt, dass die „absolute Macht absolut korrumpiert“. Sie bedient sich aller erlaubten und unerlaubten Mittel, um sich zu behaupten und die anderen Mächte zu kontrollieren. Diese Feststellungen enthalten viel Wahrheit. Doch der Sinn für das rechte Maß und die Mäßigung der Kräfte geht völlig verloren.

Der Aufbau der Zivilgesellschaft und der sozialen Bewegungen

Eine Gesellschaft weist umso mehr Zusammenhalt auf, als sie auf eine dynamische, kritische und partizipative Zivilgesellschaft setzt. Es sind für Gewöhnlich die sozialen Bewegungen wie bei uns in Brasilien die Landlosenbewegung, die Obdachlosenbewegung, die Bewegung der Schwarzen, der Frauen, die Menschenrechtsgruppen, die Vereinigungen für die Volksgesundheit, für eine gute Bildung, und auf ökologischem Gebiet die Organisationen für die Erhaltung von Grünanlagen und auch für die Verschönerung von Städten.

All diese Aktivitäten entfalten sich auf der Basis von Freiwilligkeit, Kooperation und Gemeinschaftsarbeit. Genau in diesem Bereich kommen die Werte des rechten Maßes zum Tragen, damit niemand Privilegien genießt oder zurückgelassen wird.

Es gibt keine Demokratie hoher Intensität ohne eine gut organisierte und partizipative Gesellschaft, die zugunsten von Schwächeren zu verzichten versteht und die versucht, Übertreibungen zu vermeiden, welche in der Schaffung von Ungleichheiten münden. Von besonderer Bedeutung sind die Vereinigungen für Solidarität und gegenseitige Hilfe, die an der Peripherie entstehen. Dies ist das vorzügliche Gebiet der Praktizierung des rechten Maßes. Ein jeder arbeitet nach seinen Möglichkeiten mit und bekommt das, was er am meisten braucht. Im Allgemeinen sind der Kristallisationskern dieser Organisationen und NGOs die Rechte, die vom Staat verweigert werden, wie etwa die elementaren sanitären Anlagen, der Bau von Krippen und Schulen, der öffentliche Verkehr und die Präsenz von Sicherheitsorganen zum Schutz vor Übertreibungen bei Festen und Versammlungen, auf denen es nicht selten zu Gewalttätigkeiten kommt.

Ein Volk entsteht nur als Ergebnis der Vernetzung aller sozialen Bewegungen und der aktiven Beteiligung der organisierten Zivilgesellschaft. Andernfalls gibt es nur eine ungeordnete Menschenmasse, die dem Bruch jeden rechten Maßes ausgeliefert ist.

Das rechte Maß: unbegrenzte und sozialökologische Demokratie

Mit einer organisierten Zivilgesellschaft und deren verschiedenen Bewegungen werden die sicheren Grundlagen für eine stabile Demokratie gelegt. Es besteht Übereinstimmung darüber, dass unter den vielen Formen der Machtausübung und der Organisation der Gesellschaft die Demokratie die beste ist, und zwar, weil sie das verwirklicht, was ihr Name meint: Herrschaft des Volkes. Die Grundidee ist einfach: Alles, was alle angeht, muss auch von allen bedacht, diskutiert und entschieden werden. Von ihrer Definition selbst her hat Demokratie das rechte Maß zur Voraussetzung, denn sie beinhaltet Partizipation und Integration aller.

So ist es bis heute in den kleinen Kantonen der Schweiz, in denen eine direkte Demokratie praktiziert wird. Doch mit wachsender Zahl der Staatsbürger wurde diese direkte Demokratie praktisch nicht mehr möglich. Man führte also das System der von den Bürgern gewählten Vertreter, Repräsentanten, ein. So entstand die repräsentative Demokratie als die auf der ganzen Welt vorherrschende Regierungsform.

Um diese Art von Demokratie zu verbessern, wurde auch, hauptsächlich auf Vorschlag von sozialen Bewegungen, die partizipative Demokratie geschaffen, in der Mitglieder der Zivilgesellschaft über ihre jeweiligen Bewegungen (für Land, Obdach, Gesundheit, Bildung, Agrarreform, soziale Rechte und gegen Gewalt gegen Frauen und andere) an den politischen Entscheidungen mitwirken, kritisch über sie wachen und dabei helfen, sie umzusetzen. Man spricht in diesem Zusammenhang auch von kommunitärer Demokratie, die in den Gemeinschaften ökologischer Landwirtschaft, der Farbigen und unter den Organisationen an der Peripherie der großen Städte lebendig ist. Hier wird das rechte Maß im Sinne von Partizipation sowie Gleichheit der Geschlechter und der Menschen aller sexuellen Orientierungen leichter gelebt.

Man propagierte die Demokratie auch als einen universalen Wert, der in der Familie, in den Gemeinden, innerhalb der Gewerkschaften, in den Schulen und vor allem in den politischen Parteien gelebt werden soll. Hier handelt es sich um Demokratie als Möglichkeit der Teilhabe aller, ohne irgendjemanden auszuschließen, und als Ausdruck des Status als Bürger sowie der alltäglich praktizierten Partizipation. In diesem Sinne spricht man von einer unbegrenzten Demokratie, das heißt von einer offenen, stets der Verbesserung in dem Maße fähigen Wirklichkeit, in dem das Staatsbürgerbewusstsein und der Sinn für kollektive Verantwortung für das Gemeinwohl wachsen.

Das Bewusstsein davon, dass wir Teil der Natur sind, und das Bewusstsein von den Rechten der Natur und der Mutter Erde veranlassen viele bereits dazu, die Lebewesen der Natur als neue Bürger und Bürgerinnen, die unseren Respekt verdienen, einzubeziehen. Hauptsächlich wurden bereits die Rechte der Mutter Erde als tragende Grundlage aller Formen von Demokratie und gesellschaftlicher Organisation definiert. In einigen Ländern gibt es bereits ökologische Verfassungen, die solche Rechte enthalten. Daher kommt der Vorschlag einer sozioökologischen Demokratie.

Wir haben es mit einer umfassenden Demokratie zu tun, die alle übrigen Lebewesen mit einbezieht, welche mit uns am Leben im Gemeinsamen Haus teilhaben. Alles, was existiert und lebt, verdient es, zu existieren und zu leben. Deshalb müssen alle Lebewesen respektiert werden, denn sie verfügen über ihre Eigenständigkeit und ihre eigene Weise, sich in das Gesamtgefüge der Gesellschaft zu integrieren.

Was wären unsere Städte ohne die Grünflächen, ohne die Bäume und Parkanlagen, ohne die Tiere und die Naturlandschaften mit ihren Flüssen, Bergen und Wiesen? Sie wären nicht menschlich. Ein Grund mehr, um die Lebewesen der Natur in diesen neuen ökologischen Vertrag mit einzubeziehen, der mit Sicherheit die am meisten entwickelte Gestalt der Demokratie verwirklicht. Dann werden wir

wahrhaftig das rechte Maß erreicht haben, das alle Lebewesen der Natur mit einschließt.
Der größte Traum jedoch ist eine planetarische Demokratie, wenn sich die Menschheit schließlich der Tatsache bewusst wird, dass sie eine besondere Spezies ist, die mit anderen Spezies im selben Gemeinsamen Haus lebt. Alle mit ihren jeweiligen kulturellen, sprachlichen, künstlerischen und spirituellen Besonderheiten werden sich gegenseitig in echter Geschwisterlichkeit annehmen. Ist das eine Utopie? Mag sein. Doch es ist eine notwendige Utopie, wenn die Geschichte ihr Reifestadium erreicht. Sie stellt das dar, was sein muss. Und was sein muss, verfügt über historische Kraft.

Von der Kultur der Herrschaft zur Kultur des rechten Maßes

Die Kultur ist es, die einem Volk eine Seele verleiht, denn mittels der Kultur bringt es das Beste von sich zum Ausdruck: seine Gewohnheiten, seine künstlerischc Kreativität in der Literatur, der Dichtkunst, der Musik, seine vielen Wissensweisen, seine Religionen, seinen Lebensstil, die Organisationsform der Städte, vor allem aber manifestiert sich diese Kultur darin, dass ein Volk bemerkenswerte Persönlichkeiten, Männer wie Frauen, hervorbringt, die der Geschichte eines Ortes, ja einer ganzen Region zur Ehre gereichen.

Gegen die Kultur der Übertreibung, der Verschwendung und Selbstzerstörung

Doch hinsichtlich des rechten Maßes bedarf es einiger Kritik und Unterscheidung. Es gibt Kulturen unterschiedlicher Art. Einige sind Kulturen der Herrschaft über andere, die ihre Lebensweise, ihre Sitten und Geschmäcker sowie ihr Weltverständnis den übrigen aufzwingen. Während der gesamten Kolonialzeit und der Sklaverei war genau dies die bestimmende Kultur.

Angesichts dieser Kulturen gibt es aber auch Widerstandskulturen. Sie bringen ihre eigenen Werte, ihre eigene Weise, sich der Kontrolle der Herrschenden zu entziehen, hervor, sie erfinden ihre eigene Form der Ablehnung und Formen des organisierten Kampfes, sie schaffen kritische Musik und stärken oppositionelle Bewegungen. Kolonisierung und Sklaverei waren niemals friedlich. Es gab Widerstand, Revolten und in Brasilien Tausende von Quilombos, also Freiheitsdörfer entflohener Sklaven, die das belegen. Während der bleiernen Zeit der Militärdiktatur seit 1964 entstand eine Widerstandskultur hoher Qualität in der Musik, in der Dichtkunst, im Film.

Doch es gibt auch Kulturen der Befreiung. Es genügt nicht, einfach Widerstand zu leisten. Man muss Fortschritte erzielen. Im Allgemeinen wird ein alternatives Gesellschaftsmodell ausgearbeitet, man entwickelt entsprechende Taktiken und Konfrontationsstrategien, wobei man nicht selten das eigene Leben aufs Spiel setzt. Die Kultur der Befreiung bringt ihre Führungspersönlichkeiten, ihre Aktivistinnen und Märtyrer, ihre Künstler und Künstlerinnen, ihre neuen künstlerischen Ausdrucksformen und Werte hervor, und all dies aus der Perspektive, die unterdrückte Freiheit zu entfesseln und eine neue Weise des Lebens und Zusammenlebens zu beginnen. Es entstand sogar ein anfanghaftes ökologisches Denken der Bewahrung der Natur.

Doch die Kultur des Widerstands und die Kultur der Befreiung waren bislang nicht stark genug, um der Kultur der Herrschaft des Kapitals die Stirn zu bieten und sie zu überwinden. Wenn ein System seine ihm eigene Kultur hervorbringt, dann infiltriert es die Gesellschaft auf allen Ebenen und festigt auf diese Weise seine Herrschaft. Es wird schwieriger, es zu bekämpfen und zu überwinden. Doch die Übertreibungen, die es hervorbringt, und das Sprengen eines jeden rechten Maßes insbesondere hinsichtlich der Verschlechterung der Lebensbedingungen an der Peripherie, die der willkürlichen Polizeigewalt ausgesetzt ist, führen zu Kritik und Empörung. Das kann der Beginn von Revolten und Veränderungsprozessen sein.

Gegen die Vorherrschaft der Kultur ohne rechtes Maß

Wohin wir auch schauen, überall stoßen wir auf dasselbe Phänomen: auf der einen Seite Übertreibung hinsichtlich der materiellen Güter, hinsichtlich des luxuriösen Reichtums und der Genussmittel in den Händen einer kleinen Gruppe von Menschen; auf der anderen Seite eine exorbitante Zahl von Armen, von Millionen, die man am Wegrand liegen lässt, die an die Peripherie der Städte und an die unwohnlichsten Orte gespült werden.

Mit Fug und Recht können wir behaupten, dass wir in einer Kultur leben, die den humanitären Sinn eines jeglichen rechten Maßes und des Gleichgewichts aller fundamentalen Faktoren des gesellschaftlichen Lebens verloren hat – eines gesellschaftlichen Zusammenlebens, das ein Minimum an Gerechtigkeit und auskömmlichen Verhältnissen garantiert und in der Lasten und Vorteile unter allen gleich verteilt sind. Doch im Gegenteil: Einige wenige leben auf Kosten der Mehrheit. Schlimmer als die Wirtschaftskrise, die strukturell verankerte Korruption und die korrumpierte Politik ist das Fehlen eines dauerhaften Gespürs für Seinesgleichen. In beschämender Weise werden sie aus der Öffentlichkeit verbannt und in die stinkenden Viertel an der Peripherie abgeschoben, als wären sie keine Menschen. Die Verachtung und gewalttätigen Übergriffe, denen einst die Sklaven ausgesetzt waren, bekommen nun sie zu spüren.

Die Klassen, die über das Geld, die Macht, das Wissen und die Medien verfügen, verschwenden für ihren luxuriösen Konsum Tonnen von Lebensmitteln, die auf dem Müll landen, während sie doch bei Beachtung von bestimmten Hygienevorschriften den Hunger von Tausenden stillen könnten.

So kommt es zu einem widersprüchlichen Phänomen: Einige sind aufgrund einer übertriebenen Ernährung fettleibig, andere wiederum sind aufgrund des Verzehrs von Produkten schlechter Qualität übergewichtig. In beiden Fällen sind das rechte Maß und der Sinn für Selbstbeschränkung verloren gegangen. Doch es werden nicht nur

Lebensmittel verschwendet, sondern auch Güter jeglicher Art wie Kleidung, Möbel, Maschinen. Und auch Zeit wird vergeudet.
Was man nicht kennt, sind die berühmten drei „W“: Weniger, Wiederverwenden und Wiederverwerten. Hinzufügen müsste man die Weigerung, jeder verführerischen Werbung zu unterliegen, die Wertschätzung eines jeden Lebewesens, weil sie alle es verdienen, zu existieren und zu leben, die Wiederaufforstung, soweit sie nur möglich ist, um die Treibhausgase zu reduzieren, und den von den Bäumen durch die Fotosynthese gelieferten Sauerstoff zu vermehren, und die Wiederherstellung des Gleichgewichts im Hinblick auf Feuchtigkeit und Regen, ohne die das Leben unmöglich wird.
Bei all diesen Phänomenen hat sich die Irrationalität gegen jegliche Vernunft und gegen die Rechte des Herzens durchgesetzt, wo der Sinn für Gleichgewicht und die Suche nach dem rechten Maß, für Liebe, Solidarität, Empathie, Ethik und Spiritualität verankert ist. Es steht für die Dimensionen, die den Menschen erst zum Menschen machen und die sozialen Ungleichheiten verringern.
Die gefährlichste Realität, die wir geschaffen haben, ist wahrscheinlich das bereits erwähnte Prinzip der Selbstzerstörung. Die Militärmächte haben sich in ihrem Bestreben nach immer mehr Macht und danach, die anderen zu beherrschen, mit einem Arsenal von chemischen, biologischen und nuklearen Waffen ausgestattet, das alles Leben auf Erden mehrmals vernichten kann.
Dies ist der höchste Ausdruck der verrückt gewordenen „Vernunft“ ohne jegliche Selbstbegrenzung. Es ist Ausdruck höchster Verachtung des Lebens und der Natur selbst. Der unersättliche, ungezügelte Hunger hat bewirkt, dass die Geldeliten jegliche Vernunft verloren haben. Sie wurden so dumm, dass sie alles zulassen, sogar die Vernichtung des menschlichen Lebens und der Natur auf dem ganzen Planeten.

Ist ein Banker mehr wert als einer, der sich um die Armen auf der Straße kümmert?

Immer dann, wenn eine Gemeinschaft oder eine Gesellschaft die Macht zur unbegrenzten Akkumulation materieller Güter, die ins Bruttoinlandsprodukt eingehen, zu ihrer strukturierenden Achse macht, führt sie die Spaltung ein zwischen denen, die etwas haben, und denen, die nichts haben. Sie verliert das rechte Maß hinsichtlich des Zugangs zu lebenswichtigen Gütern und begünstigt Habsucht und Gier.

In diesem Zusammenhang sollten wir an das weise Wort des Meisters aus Nazaret denken: „Hütet euch vor jeglicher Habgier. Auch wenn man viel hat, so liegt der Sinn des Lebens nicht im Besitz." (Lk 12,15) Und er fuhr fort: „Einer, der viele Güter angehäuft hatte, sagte zu sich selber: Ruh dich aus, iss und trink und lass es dir gut gehen. Da sprach Gott zu ihm: Du Narr, diese Nacht noch werden sie dir das Leben nehmen. Wem wird dann all das gehören, was du angehäuft hast?" (Lk 12,19–21) Der Mann aus dem Glcichnis hat jeden Sinn eines rechten Maßes und eines rechten Gleichgewichts verloren.

Die direkteste Konsequenz dieser Habgier, die nur für sich selbst Güter anhäuft, wird in den Gewaltverhältnissen sichtbar, die zwischen den Gruppen herrschen, welche sich gegenseitig die Macht streitig machen, sie zeigt sich in einer Verschärfung des Klassenkampfes oder im Entstehen einer Kriminalität, die der Gier entspringt, immer mehr haben zu wollen, und deren erste Opfer die Armen selbst sind. Für diese macht man keine Sozialpolitik, die für Inklusion und Beteiligung der Bürger sorgen würde, bzw. wenn man überhaupt eine solche macht, dann ist sie völlig unzureichend. Weil sie wenig produzieren und wenig konsumieren, werden sie uninteressant für das System der Akkumulation. Sie werden ökonomisch als Nullen betrachtet.

Der Glücksindex: die Kultur des Menschlichen

Ich betone noch einmal, was ich bereits zuvor erläutert habe: Alles, was wirklich zählt, uns zu Menschen und glücklich macht, findet in die Berechnung des Bruttoinlandsprodukts (BIP) keinen Eingang, weil es schlicht keinen in Geld auszudrückenden Wert besitzt: die Liebe, die Freundschaft, die Solidarität, das Mitleid, die Erhabenheit, die Poesie, die Musik, die großen Texte der Literatur, der Zauber des Universums, die Verbundenheit mit der Gegend, in der wir geboren sind, die Verbundenheit mit den Menschen, die wir verehren und die für uns aufgrund ihrer Ethik, ihrer Religiosität und ihrer Spiritualität Vorbilder des Menschseins geworden sind. Hier schließe ich mich der Entscheidung der Regierung von Bhutan an, die den Index des Bruttoinlandsglücks eingeführt hat, dessen Grundlage hauptsächlich menschliche Werte sind, sodass die Wirtschaft lediglich einen Faktor unter anderen bildet, nicht einmal den wichtigsten.

Ein Banker zählt mehr als ein Priester, der sein Leben den Leuten auf der Straße widmet. Ein stattliches Bankkonto zählt mehr als die Zeit, die man aufwendet, um Todkranke zu pflegen, damit sie dankbar von dieser Welt Abschied nehmen können.

Für die herrschende Gesellschaft stellt es einen Skandal dar, wenn Menschenrechtsgruppen und andere für die Befreiung der Unterdrückten Engagierte, deren es so viele in Lateinamerika und der Karibik und auf anderen Kontinenten gibt, eine vorrangige Option für die Ausgegrenzten und vom herrschenden System wie Abfall Behandelten treffen. Sie tun es, weil sie in den Armen Menschen sehen, die unabhängig von ihrer sozialen Situation, ob sie nun ein Bankkonto oder sonstigen Besitz haben oder nicht, über Würde und Rechte verfügen.

Sie alle sind Menschen, geliebte Kinder der Mutter Erde, die Schutz und Fürsorge verdienen, und sie tragen eine unverletzliche Heiligkeit in sich, die sie zu Kindern Gottes macht. Sie sind jene, die Jesus „meine geringsten Brüder und Schwestern“ nennt, in denen er sich

selbst verbirgt. Und er will, dass man ihm einen Dienst erweist, indem man ihnen dient.
Praktisch auf allen Gebieten, insbesondere aber in der Welt der Medien, hat sich eine Kultur der Gewalt in ihrer exzessivsten Form etabliert. Die Filme stellen immer mehr Gewalt und Zerstörungspotenzial mit erschreckenden Mitteln dar.
Auf diesem Gebiet gibt es keine Grenzen der Grausamkeit. Man darf sich nicht wundern, wenn diese virtuelle Gewalt zur realen Gewalt wird, wenn Jugendliche andere Jugendliche in den Schulen umbringen oder wenn organisierte Gruppen rund um den Drogenhandel und den abscheulichen Menschenhandel, um den Handel mit menschlichen Organen entstehen oder es zu Verbrechen an Menschen mit einer anderen sexuellen Orientierung kommt. Die Zahl der Femizide ist erschreckend hoch.
Man muss hier, was das Fehlen einer jeden Mäßigung und jeder Suche nach einem dynamischen Gleichgewicht in allen Verhältnissen, in der Gesellschaft und insbesondere gegenüber der Natur betrifft, nicht weiter ins Detail gehen. Entweder erfinden sich die Menschen als Menschen neu und werden solidarisch, friedvoll und fähig zum Verzicht auf den unbändigen Impuls, immer mehr zu wollen, oder wir pflastern eine Straße zu einem gemeinsamen Massengrab, von der es keine Rückkehr gibt.
Wie niemals zuvor in der Geschichte sind wir für unser Schicksal verantwortlich, das untrennbar mit dem Schicksal des Lebens selbst auf diesem kleinen und strahlenden Planeten verbunden ist. Wir sollten uns an die Worte der Heiligen Schrift erinnern, in denen der Schöpfer uns vor folgende Wahl stellt: „Ich rufe den Himmel und die Erde als Zeugen an: Ich lege dir vor Leben und Tod, Segen und Fluch. Wähle das Leben, damit du mitsamt deinen Nachkommen lebst.“ (Dtn 30, 19)
Die Vernunft, die gleichbedeutend ist mit dem Sinn für das rechte Maß und das Überleben, rät uns dazu, den Vorschlag des Schöpfers anzunehmen und uns für das Leben zu entscheiden, das erhabens-

te Geschenk, das uns das Universum gemacht hat und das uns der Schöpfer anvertraut hat, damit wir es bewahren und pflegen. Dann werden wir eine Zukunft haben und weiter in Glanz und Ausstrahlung gedeihen, denn genau dafür sind wir in diesem Universum und auf diesem Planeten Erde.

Von der Kultur der Übertreibung zur Kultur des rechten Maßes

Die große Herausforderung, vor der wir stehen, lautet: Wie schaffen wir den Übergang von einer Kultur, die auf Übertreibung der Akkumulation von materiellen Gütern beruht und dabei die Natur ausplündert und Millionen von Menschen in die Armut und ins Elend stürzt, zu einer Kultur, deren Grundlagen das rechte Maß und die Mäßigung sind? In Letzterer gedeihen die menschlich-spirituellen Werte der Selbstbeschränkung, der Mäßigung, des Mittelwegs, des Gleichgewichts, der Kooperation, der Anerkennung und Annahme des anderen, der grenzenlosen Geschwisterlichkeit, des Respekts vor der Natur und der Würde jeder menschlichen Person und der Öffnung auf das Unendliche hin.
Dieser Übergang ist dringend an der Zeit angesichts der ernsten Situation des Planeten, der einem unvergleichlichen ökologischen Notstand ausgeliefert ist. Die Infrastruktur für die Garantie des materiellen Lebens haben wir mehr als genug entwickelt. Wenn es entsprechend Solidarität und Menschlichkeit gäbe, dann könnte sie allen Bewohnern des Planeten ein anständiges Leben in Würde sichern. Mit den wirtschaftlichen und technisch-wissenschaftlichen Mitteln, über die wir bereits verfügen und deren Grundlagen gefestigt sind, könnte das tatsächlich erreicht werden. Vom Reich der Notwendigkeit würden wir schließlich ins Reich der Freiheit gelangen. Doch die Habgier und das Fehlen des rechten Maßes verhindern dies. Aber es können immer Veränderungen stattfinden. Die Geschichte ist auf

die Zukunft hin offen und kann uns überraschen. Betrachten wir ein Beispiel hierfür.

König Midas tauschte Gold gegen die Sorge um die Natur ein

Es gibt einen antiken Mythos aus der griechischen Kultur, der von König Midas' maßloser Gier nach Gold erzählt. Er ist das wahre Beispiel für die Logik des Kapitals, das ohne jegliches Maß immer mehr will. Doch wir müssen immer mit dem Unwägbaren rechnen. Das Geschick der Menschen ist nicht ein für allemal fatalistisch festgelegt. Sie können sich ändern und einen neuen Lebensweg einschlagen. So verhielt es sich auch mit König Midas.

Vor undenklicher Zeit war Midas ein reicher König. Er lebte glücklich mit seiner Tochter in seinem Schloss in der Nähe von Athen. Doch er wurde von einem maßlosen Ehrgeiz ergriffen. Obwohl er reich war, wollte er weiter immer mehr Reichtum anhäufen. Er war fasziniert von Gold und noch mehr Gold. Er sammelte Goldmünzen und verbrachte viele Stunden damit, sie mit gierigen Blicken zu zählen.

Eines Tages bekam er Besuch vom Gott Dionysos (dem lateinischen Bacchus), der Schutzgottheit der Weinstöcke und des Weins. Er kam mit seiner Gruppe von Männern hierher wegen des guten Weines, den sie ohne große Zurückhaltung zu sich nahmen. Sie waren alle schon halb betrunken. Grund des Besuches war es, Dank abzustatten. Dionysos' Ziehvater hatte ein wenig zu viel getrunken, war eingeschlafen und hatte den Kontakt zur Gruppe verloren. Die Bauern hatten ihn gefunden und ihn, der immer noch halb betrunken war, zum König Midas gebracht. Midas war zwar reich, aber sehr gastfreundlich. Er nahm den alten Ziehvater von Dionysos auf und behandelte ihn mit aller Ehrerbietung.

Als Dionysos das erfuhr, fühlte er sich verpflichtet, dem König einen Besuch abzustatten und ihm eine Belohnung zukommen zu lassen. Er sagte zum König: „Ich habe gehört, was du für meinen Adoptivvater getan hast, und ich bin dir dankbar. Ich weiß auch, dass du das Gold sehr schätzt. Bitte mich nur um einen Gefallen, den ich dir erfüllen kann."

Midas erkannte die Chance, seine Sammlung von Goldmünzen noch zu vergrößern. Er sagte zu Dionysos: Wenn du mir wirklich einen Gefallen tun willst, dann bitte ich dich, dass alles zu Gold werden möge, was ich berühre." „Nun, dein Wunsch sei dir sogleich erfüllt", sprach Dionysos. „Du wirst sehen: Alles, was du berührst, wird zu Gold werden." Midas war sehr zufrieden und ging trunken vor Glück über ein so vielversprechendes Geschenk. Er berührte ein Blatt von einem Baum, und es wurde zu Gold. Er las einen kleinen Stein vom Boden auf, und auch er wurde zu Gold. Er pflückte einen rosafarbigen Granatapfel, und er wurde sofort zu Gold.

Als er seinen Palast betrat, rief er die Dienerschaft zu sich und befahl ihnen, sie mögen ein großes Festmahl vorbereiten, um diese große Belohnung zu feiern. Sie brachten zuerst das Brot. Kaum hatte Midas es berührt, wurde es zu Gold. Sie brachten ihm ein Glas Wein, doch als seine Lippen ihn berührten, wurde aus dem Wein flüssiges Gold. Auf einer riesengroßen Platte servierte man ihm einen gebratenen Fasan. Als er ihn berührte, wurde er ebenfalls zu Gold. Alles, was sie ihm an Speisen brachten, wurde zu Gold.

Voller Verzweiflung rief er seine Tochter, damit sie ihm helfe. Doch als er sie berührte, wurde auch sie zu einer goldenen Statue. Da wurde ihm klar, dass er sein Gold vermehren konnte, wie er nur wollte, aber dass er schließlich vor Hunger sterben würde. Er bat dringend darum, dass man Dionysos zu ihm rufe, und sagte ihm: „Sieh nur, was mit mir passiert, Dionysos. Alles, was ich berühre, wird zu Gold." Dionysos lachte und meinte: „War es nicht genau das, was du verlangt hast?" Von nun an wirst du unter dem geflügelten Wort von „Midas' Berührung" in die Geschichte eingehen." „Bitte, Dionysos", flehte Midas. „Befreie mich von diesem Fluch, denn die Goldmünzen kann ich nicht essen, und so werde ich vor Hunger sterben."

Voller Mitleid gab Dionysos ihm die Anweisung: „Geh zum nächsten Fluss, nimm einen Krug voll Wasser aus dem Fluss und sprenge dieses Wasser auf die in Gold verwandelten Gegenstände, und sie werden wieder das, was sie vorher waren."

Midas tat voller Demut und Scham, wie ihm geheißen wurde. Doch als er sich hinabneigte, um Wasser aus dem Fluss zu schöpfen, berührte er den Sand, der ebenfalls zu Gold wurde. So bergen die Flüsse bis heute Gold in ihrem Bett, und zuweilen gibt es dieses Gold auch an ihren Uferhängen, was bis heute die Habgier der Goldgräber anzieht.

Midas kam mit einem großen Krug voll Wasser zurück. Als erstes besprengte er seine Tochter, die zu einer Goldstatue geworden war, und voller Glück erlangte sie ihren Normalzustand wieder. Er umarmte und küsste sie von Herzenslust. Er sprengte Wasser auf das Geschirr und auf die Kristallbecher, und alle waren auf einmal nicht mehr aus Gold. Sie wurden das, was sie immer gewesen waren.

Das rechte Maß hat König Midas zur Umkehr bewogen

König Midas war von seinem harten Schicksal so gedemütigt und voller Scham wegen seiner übertriebenen Gier nach Gold, dass er das Schloss verließ. Er dachte viel nach und wurde sich dessen bewusst, dass er keinerlei Mäßigung gekannt und kein rechtes Maß in seinem Begehren, Gold zu besitzen, gefunden hatte.

Er entschloss sich, mitten in einem benachbarten Wald zusammen mit den Schutzgottheiten des Waldes, den sogenannten Nymphen, zu leben. Mit viel Umsicht züchtete er Blumen, beschnitt er die fruchtbringenden Bäume, fütterte er die Tiere und war entzückt vom Vogelgezwitscher. Nie wieder dachte er an das Gold, das er in exzessiver Weise angehäuft hatte. Das rechte Maß, das er bei allem, was er tat, einhielt, verschaffte ihm große Freude und großes Glück. Alles wuchs so, wie es sein sollte. Im Leben des Midas vollzog sich die große Umkehr: Ein Leben, das von einem wertvollen materiellen Gut, dem Gold, bestimmt gewesen war, tauschte er gegen ein Leben voller menschlicher und ökologischer Güter. Kein Gold der Welt konnte ihm sein Glück in der Gemeinschaft mit allen Lebewesen der Natur wettmachen.

Sollten Sie eines Tages in diese Gegend unweit von Athen kommen und das halb verlassene Schloss besuchen, dann werden Sie in jedem

Winkel und an allen Tischen Goldmünzen finden. Doch niemand möge sie berühren, denn die Hände und Finger könnten ebenfalls zu Gold werden.

Die übertriebene Gier nach Gold oder der maßlose Wunsch nach immer mehr Besitz kann niemals glücklich machen. Das Glück stellt sich ein, wenn man sich selbst mäßigt und sich mit dem zufrieden gibt, was man hat, frei vom Begehren, immer mehr haben zu wollen. Man wird nur glücklich, wenn man seinen eigenen Reichtum nicht vermehrt und stattdessen andere glücklich macht, oder den Reichtum dazu benutzt, den Bedürftigsten oder deren Bewegungen zu helfen, die Gerechtigkeit für alle und den Zugang zu den für ein Leben in Würde nötigen Dingen durchsetzen wollen.

Ob es wohl möglich ist, dass die von Midas vollzogene Umkehr auch in der Menschheit stattfindet? Wir haben eine für die Gewährleistung des Lebens grundlegende Phase durchgemacht: Wir haben eine Infrastruktur geschaffen, die den leiblichen Bedürfnissen der Menschen gerecht wird. Dies war das Reich der Notwendigkeit.

Das langsame Erwachen des Bewusstseins bei den Unternehmern

Nicht alle Unternehmer sind Ausbeuter und gierig. Es gibt unter ihnen auch diejenigen, die den Lauf der Geschichte verfolgen, auf die Wissenschaft hören und die ökologischen Alarmglocken, die auf dem ganzen Planeten läuten, ernst nehmen. Sie sind sich dessen bewusst, dass alle ins Verderben gestürzt werden können. Es gibt keine Häfen und Oasen der Rettung für einige wenige. Wir wissen, dass einige Dutzend großer Konzerne eine gemeinsame Absichtserklärung unterzeichnet haben, in der sie versichern, den Faktor Ökologie in ihren Produktions- und Vermarktungsprozess mit aufzunehmen.

Doch es gab auch umfassendere Ideen wie etwa den Vorschlag des Nobelpreisträgers James Tobin (1918–2002). Er meinte: Wenn man die internationalen Finanztransaktionen mit einem Steuersatz von

nur 0,1 % belasten würde, dann würde das ausreichen, um den Hunger in der Welt zu besiegen. Weil es dem System an entsprechender Fähigkeit fehlt, fand er keine Resonanz. Dieses System will lediglich die Gewinne für sich und die Aktionäre immer mehr vergrößern. Tobins Idee verbreitete sich bis in die Zeit des Ausbruchs des Corona-Virus, aber sie stieß stets auf taube Ohren. Die Mächtigen schenkten ihr zu keinem Zeitpunkt Gehör. Und auf diese Weise gehen wir aufgrund des weltweiten ökologischen Notstands und der globalen Erwärmung einer großen Krise der Menschheit entgegen. Dies ist der Preis, den wir für die herrschende kapitalistische Kultur zahlen, die egoistisch und unempfänglich für das Leid des Nebenmenschen ist.
Die möglichen Überlebenden einer sozioökologischen Katastrophe oder eines Atomkriegs, bei dem die Formel gilt: 1 + 1 = 0, da beide Kontrahenten ein elendes Schicksal an der Überlebensgrenze erwartet, werden ganz neu anfangen müssen. Bereits Albert Einstein bemerkte mit schwarzem Humor: Der nächste Krieg nach einem Atomkrieg wird wieder mit Steinen und Stöcken geführt werden. Dies wäre der kulturelle Niedergang der Menschen, die auf die Bedingungen ihrer Anfangszeit zurückgeworfen wären.
Gesellschaftlich engagierte Menschen unter den Unternehmern versuchen die Treibhausgase zu verringern, der Natur den größtmöglichen Schutz angedeihen zu lassen, Gewässer und Wälder zu erhalten, und zusammen mit Vereinigungen der Zivilgesellschaft arbeiten sie an der Verbesserung der Lebensqualität der gesamten Region mit, der sie angehören. Das gilt nicht nur für die unmittelbare Umgebung ihrer Produktionsstätten, sondern sie fühlen sich mitverantwortlich für das gesamte Ökosystem rund um die Region, in der sie produzieren.
Dieses kollektive Erwachen des Bewusstseins ist entscheidend dafür, dass sich eine ökologische Kultur entwickelt und dass umweltfreundliche Verhältnisse entstehen. Wir haben nicht viel Zeit. Die Zeiger der Uhr laufen gegen uns. Doch wenn sich die Menschheit angesichts der unmittelbaren Gefahr ihres Untergangs dessen bewusst

wird, dass die einzige Alternative zum Massengrab die Veränderung ist, dann wird sie sicherlich der Veränderung und dem Überleben den Vorzug einräumen.

Wir könnten eine neue Phase durchmachen – das Erdzeitalter Ökozoikum, in dem die Sorge um das Leben in all seiner Vielfalt das Hauptanliegen einer planetarisch gewordenen Gesellschaft ist. Auf diese Weise bräche das Reich der Freiheit an, in dem die von den Zwängen des materiellen Lebens befreiten Menschen sich dem widmen, was nur sie tun können. Zum Beispiel der Musik, der Malerei, der Lektüre, dem Film, der Landschaftsfotografie, ökologischen Wanderungen, der Pflege von Pflanzen, der Organisation von Meditationsgruppen, der produktiven Erholung und der Feier des Lebens unter dem Wohlwollen der Sonne, die uns praktisch alles gibt.

Ich glaube, dass dies der geheime Sinn ist, nach dem die gesamte Geschichte und der gesamte Prozess der Anthropogenese, der Entwicklungsgeschichte des Menschen, strebt und der seit jeher den Herzenswunsch des Menschen darstellt. Was seinen Ursprung im tiefsten Geheimnis des Menschen hat – der Wunsch nach vollkommener schöpferischer Freiheit –, entfaltet auch die historische Kraft, Wirklichkeit zu werden, wenn auch spät. Dies wäre schließlich die Welt der von dem Streben nach immer mehr Akkumulation Befreiten, die Mäßigung und rechtes Maß ins Zentrum von allem rücken, was sie tun.

Die Folge davon sind Glück, Heiterkeit und Ruhe ohne böse Überraschungen.

Ethik und Spiritualität des rechten Maßes

Es ist allgemein anerkannt, dass das rechte Maß, die Mäßigung, der Mittelweg und der Ausschluss jeglicher Art von Übertreibung und Anmaßung einen zentralen Stellenwert innerhalb der ethischen Verhaltensweisen innehaben.

Die klassische Ethik des Altertums kannte vier Kardinaltugenden: Weisheit, Gerechtigkeit, Mut und rechtes Maß. Derjenige lebt gemäß dem rechten Maß, der es versteht, sich selbst im Hinblick auf den anderen oder auf die Natur Grenzen zu setzen.

Die gesamte Ethik des Aristoteles, die den größten Einfluss auf die Ethik im Abendland hatte, beruht auf der richtigen Mitte zwischen zwei Extremen, auf dem „nicht zu wenig und nicht zu viel“ oder auf dem rechten Maß. So ist für ihn der Mut zwischen der Feigheit als dem einen Extrem und der Tollkühnheit als dem anderen Extrem angesiedelt. In der Mitte liegt genau das rechte Maß, der Mittelweg, das „nicht zu viel und nicht zu wenig“, das dynamische Gleichgewicht.

Die Göttin des rechten Maßes, Ma'at, wurde von den alten Ägyptern besonders verehrt. Der Pharao wählte sie zum Leitstern seiner Herrschaft. Diese bestand darin, das rechte Maß und die Ordnung in der Gesellschaft und auch in der Natur zu garantieren. Die Ägypter waren es, die das Bild jener Gottheit mit verbundenen Augen und einer Waage in der Hand entwarfen, die bis heute bekannt ist. Sie ist das Sinnbild für Unparteilichkeit und rechtes Maß.

Die Griechen verehrten ganz besonders die Göttin Nemesis, deren Aufgabe es war, dafür zu streiten, dass in allen Dingen das rechte Maß herrsche. Wehe dem, der seine eigenen Grenzen überschritt! Das nannten sie Hybris, das heißt übertriebene Selbsteinschätzung und Überheblichkeit. Dies galt auch für die Sieger der Olympischen Spiele oder für einen in der Schlacht siegreichen Feldherrn. Sie mussten Maß halten und auf das rechte Maß achten; darin bestand die Tugend der Sterblichen. Eine Überschreitung der eigenen Grenzen würde eine Strafe der Götter nach sich ziehen.

Das Hauptmerkmal des rechten Maßes ist in jedem Fall die Selbstkontrolle, die Selbstbegrenzung, das dynamische Gleichgewicht und die Mäßigung. Diese Haltungen haben nichts mit der Mittelmäßigkeit zu tun, die stets das Leichteste wählt und sich weigert, den Schwierigkeiten des Lebens die Stirn zu bieten.

Im Gegensatz dazu trägt das rechte Maß mitsamt den daraus sich ergebenden anderen Tugenden zum Zusammenhalt der Gesellschaft bei und beinhaltet auch die Kunst, Konflikte zu überwinden oder auszugleichen und gegebenenfalls Gewalttätigen entgegenzutreten. Immer wenn das rechte Maß zur Geltung kommt, herrscht Friede zwischen allen und auch im Verhältnis zur Natur.

Solche Werte sind nicht nur in der Rationalität verankert und werden nicht nur als solche gelebt. Da es Werte sind, gehören sie der Welt der Erhabenheiten an und haben ihre Wurzeln in der empfindenden und emotionalen Vernunft. Daraus schöpfen sie die Energie, die bewirkt, dass sie angenommen und praktisch umgesetzt werden.

Die Werte haben eher im Herzen als in der Vernunft ihren Sitz. Die Vernunft kann sie beschreiben und über ihre Notwendigkeit Betrachtungen anstellen. Doch die Energie, das Pathos, das dafür sorgt, dass sie in konkrete Gesten und in konkretes Handeln übersetzt werden, entspringt dem Herzen. Hier sind die Leidenschaft und die Begeisterung verortet, die bewirken, dass sie vom Kopf zum Herzen und von dort zu den tätigen Händen gelangen. Wenn sich das Herz mit dem Verstand vereint, dann läuft alles zur Zufriedenheit und das Handeln ist von Erfolg gekrönt.

Wenn sich jemand am rechten Maß orientieren will, dann muss er es zunächst in sich selber haben. Dies wurde innerhalb der ägyptischen Auffassung stark betont. Die Suche nach dem rechten Maß stellt sich nicht automatisch ein. Es muss aus Überzeugung, von innen heraus, vom Herzen gesucht und seinem Wesen nach gelebt werden.

Hier kommt die Spiritualität ins Spiel. Sie ist mehr als ein bloßes Begreifen. Sie beinhaltet ein Fühlen und einen Prozess der Verinnerlichung. Sie ist nicht bloß *logos* (Verstehensstruktur), sie beinhaltet auch *pathos* (tiefes Empfinden), eine wahre Leidenschaft, die sich nicht zwangsläufig aus dem Wissen ergibt. Sie verfügt über ihr eigenes Organ, das Herz, in dem das innere Feuer, die Liebe, die Entschlossenheit, der Mut zum Engagement, die Bereitschaft, nach dem rechten Maß im Sinne der Selbstbeschränkung und Selbstbeherrschung, die die Übertreibungen verhindern und stets den mittleren, sichereren und effektiveren Weg suchen, zu leben, beheimatet sind.

Wir leben befangen in der Welt der Mittel, ohne klar zu bestimmen, was ihr Zweck ist. Nicht die Mittel sind es, nicht die Wissenschaft und die Technik, die uns die Ziele anbieten, die dem menschlichen Leben Sinn verleihen und eine lebenswerte Zukunft garantieren. Wer dieser Illusion anhängt, der befindet sich auf einem düsteren Weg ohne Rückkehr.

Aus unserer Spiritualität heraus definieren wir die Ziele, die uns aus dem derzeitigen absoluten Fehlen eines jeden rechten Maßes und der Selbstbegrenzung herausführen können. In unserer maßlosen Gier sind wir an die Grenzen der Erde gestoßen. Wir fürchten, dass wir auch die Grenzen unserer Geschichte auf diesem glänzenden Planeten erreicht haben.

Zum Schluss möchte ich mir die Worte des irischen Revolutionärs James Connolly zu eigen machen, mit denen er sich gegen die von den Engländern betriebene Zerstörung der Natur dieses kleinen und leidgeplagten Landes gewandt hat: „Mäßigt euch und seid bescheiden: Wir wollen nur die Erde retten."

VI. Träume, Utopien, Lieder und Hoffnung auf unserem Weg

Der gemeinsame Traum von der universalen Geschwisterlichkeit: Franz von Assisi und Franziskus aus Rom

Wir befinden uns im 13. Jahrhundert. Die feudale Welt ist im Niedergang begriffen. Es vollziehen sich große Umwälzungen: von einer ländlichen Welt zu einer urbanen, von einer stabilen, an die Scholle gebundenen Welt zu einer Welt in Bewegung, von einer Welt des Vassallentums und der Hierarchien zu einer Welt der Stadtgemeinde und der Zünfte, in der sich die Bürger als gleich und frei empfinden. Es entstehen städtische Gemeinschaften, die unabhängig sind von den Burgherren. In der Stadtgemeinschaft schließen alle Bewohner einen Pakt, um die Freiheit zu erhalten, sich gegenseitig zu verteidigen und nicht länger als Vassallen und Untergebene, sondern als freie Menschen zu leben.
Zentrale Gestalten und Protagonisten sind die Kaufleute. Sie reisen in alle Länder, wo es Märkte gibt, um Waren zu kaufen und zu verkaufen: Italien, Frankreich, Flandern, ja einige schaffen es sogar nach China. Sie wollen Geld verdienen und ein Vermögen machen.

Der Weg eines Jugendlichen: Armut und universale Geschwisterlichkeit

Eine neue Welt bricht an. Sie hat einen starken Einfluss auf kirchliche Gruppen, meist Jugendliche und Laien. Sie fühlen sich nicht von Päpsten, Bischöfen und Priestern repräsentiert, die zu großen Herren geworden waren, die Paläste und Ländereien besaßen und mit den Mächtigen der Zeit, Königen, Grafen und Fürsten, verbunden waren. Sie akzeptieren die neue Welt, die aus brüderlichen Vereinigungen von Gleichen besteht, die stolz auf ihre Freiheit sind. Innerhalb dieser Welt, die langsam aus dem feudalen Schlaf erwacht, beginnen männliche und weibliche Laien auf eigene Faust das Evangelium der offenen Geschwisterlichkeit und den Geist der Armut zu leben, so wie es Jesus selbst tat. Sie ziehen aus und predigen in den Volkssprachen und nicht in Latein, sie wandern von Dorf zu Dorf und sind stets auf dem Weg. Es ist die bekannte Armutsbewegung von Männern und Frauen, die insbesondere in Italien und in Südfrankreich entsteht. Es ist ein Christentum im Aufbruch.

Sich die Sehnsüchte der neuen Zeit zu eigen machen

Das Evangelium wird nur dann zur guten Nachricht von der Nähe Gottes, wenn man es mit den Herausforderungen der Zeit konfrontiert, diese annimmt, sie verwandelt und damit der Botschaft Jesu ein neues Gesicht verleiht. Genau das war bei diesen Bewegungen aus dem 13. Jahrhundert der Fall, und das betraf auch den Sohn eines reichen Kaufmanns.

Es gibt natürlich recht erfolgreiche Kaufleute, die ihr Vermögen zur Schau stellen. Ihre Kinder genießen den Reichtum der Eltern. Sie bilden dann die *jeunesse dorée*, die sich bei nächtlichen Festen und lautstarken Gelagen austobt und dabei französische Liebeslieder intoniert. Unter ihnen ragt einer heraus: Er ist der Sohn eines reichen Stoffhändlers, der mit einer Französin verheiratet ist, die er auf seinen Handelsreisen in Südfrankreich kennengelernt hatte.

Der junge Franziskus wird zum Partykönig ausgerufen. Ihn zeichnen eine ansteckende Begeisterung, eine überbordende Fröhlichkeit und eine unbestreitbare Qualität als Anführer aus.

In einer bewaffneten Auseinandersetzung zwischen seiner Stadt und der Nachbarstadt geriet er in Gefangenschaft. Ganze elf Monate war er gefangen und krank. Es war eine Zeit vielen Nachdenkens und einer kritischen Bestandsaufnahme seines bisherigen Lebens. Er wurde sich der Flüchtigkeit des Lebens bewusst, das er führte. So machte er eine große Krise durch. Jede Krise hat eine reinigende Wirkung und lässt die Menschen reifen.

Als er aus der Gefangenschaft heimkam, war er zurückgezogen. Er wollte sich nicht mehr an den Festen der Jugendlichen beteiligen. Er entdeckte die Kehrseite dieser reichen Gesellschaft, zu der er und seine Familie gehörten: die Weber, die unter elenden Bedingungen arbeiteten, die Schreiner und Schmiede, die für Hungerlöhne arbeiteten, die Dienstboten, die in schmutzigen Winkeln schliefen. Diejenigen, die es nicht schafften, innerhalb der Gemeinschaft der Stadt ihren Platz zu bekommen, waren von Scham erfüllt, wurden arm und zogen um Essen bettelnd von Haus zu Haus.

Diese Entdeckung war für diesen reichen jungen Mann eine deprimierende existenzielle Erschütterung. Hatte er als junger Mann, der das Leben genoss, diese Welt unter der Oberfläche, versteckt in den Kellern der reichen Welt der Mitglieder der Stadtgemeinschaft, nicht wahrgenommen? Er zieht sich nun aus dieser aufstrebenden und im Überfluss schwelgenden Welt zurück.

Er begab sich zu einer mittelalterlichen, dunklen Kapelle und sah an der Wand ein Bild vom gekreuzigten Christus im byzantinischen Stil. In diesem Antlitz, das immer wieder zu betrachten er nicht müde wurde, entdeckte er die Zärtlichkeit und tiefe Menschlichkeit Gottes. Je mehr er dieses süße Antlitz betrachtete, umso mehr wurde ihm bewusst, dass dieser Gott nichts mit dem Reichtum seiner Stadt oder mit der herrschaftlichen Macht der Bischöfe und Päpste oder der großen Klöster mit ihren ausgedehnten Ländereien und ihren Knechten und schon gar nichts mit dem Gott der reichen Kaufleute zu tun hatte, wie sein Vater einer war.

Von Mitleid ergriffen ging er ins Stofflager seines Vaters und begann, die Stoffe an viele der Armen zu verteilen. Natürlich hielten ihn der Vater und die alten Freunde für verrückt. Doch er war sehr entschlossen und traf eine radikale Entscheidung: Er ging zu den Leprakranken, um bei ihnen zu wohnen. Sie waren aus der Stadt entfernt worden und gezwungen, ihr Leben in abscheulichen Unterkünften zu fristen. Er aß mit ihnen vom selben Teller. Wenn Jesus – so dachte der junge Mann –, wie es bei Paulus in dessen Brief an die Philipper heißt, seine unermessliche Güte dadurch zeigte, dass er auf seine göttlichen Vorrechte verzichtete und ein Mensch wurde wie wir: Warum sollte er dann nicht genau diesem Beispiel folgen?

Er verbrachte nun seine Zeit entweder bei den Leprakranken oder in der kleinen dunklen Kapelle mit dem Bild des Gekreuzigten und seinem milden, sanften und gütigen Antlitz. Er entdeckte, dass ganz in der Nähe noch eine ganz alte kleine Kapelle war, die der heiligen Maria von den Engeln geweiht war. Sie war verlassen und voller Löcher. Er brauchte drei Jahre, um sie als Maurer zu renovieren, und als Einsiedler betete er und sang fröhlich französische Lieder, die er von seiner französischen Mutter gelernt hatte.

Eines Tages wohnte er der Messe bei und hörte den Teil des Evangeliums, in dem Jesus von der Aussendung der Jünger spricht: „Geht und verkündet, dass das Reich Gottes bereits nahe ist. Nehmt weder Gold noch Silber oder Geld mit, tragt weder Gürtel noch einen Beutel für den Weg und auch keine zwei Gewänder, keine Schuhe und keinen Stab." Diese Worte lösten in ihm eine heftige Emotion aus, als ob ihn ein Strahl durchdrungen und seine ganze Seele verwandelt hätte. Nun rief er voll Freude aus: „Das ist es, was ich will, das ist es, was ich suche und was ich von ganzem Herzen zu tun wünsche."

Seitdem machte er sich auf den Weg durch die Dörfer und wünschte dabei immer „Pax et bonum", Frieden und Gutes, und die Ankunft des Reiches Gottes. Für ihn war das Reich Gottes kein Reich, kein Ort oder irgendeine Macht. Reich Gottes war für ihn der Ausdruck für die Nähe Gottes, für die grundlegende Entscheidung Gottes für die Armen. Zu verkünden, dass das Reich Gottes nahe herbeigekommen und bereits unter uns ist, bedeutete, dass es für alle, auch für die Undankbaren und Schlechten, war. Es hieß zu verkünden, dass es einen guten und barmherzigen Gott gibt, der beschlossen hatte, den

Menschen nahe zu sein. So schlecht einer auch sein mag, niemals ist er außerhalb dieses Reiches, dessen Wesen Liebe und unendliche Barmherzigkeit ist. Jesus ist dieses gegenwärtige, sanfte, demütige, arme Reich. Er hat ein so inniges Verhältnis zu Gott, dass er ihn sogar *Abba*, lieber Papa, nennt.

Das Charisma lässt eine neue Bruderschaft entstehen

Es ist erstaunlich: Alte Freunde begeisterte das Beispiel dieses Sohnes der Stadt. Auch sie übernahmen die Werte, die der Geschwisterlichkeit und der Gleichheit, der Grundlage des Zusammenhalts und Bestands der Vereinigungen und Zünfte, entsprangen. Er konfrontierte sie mit dem armen und demütigen Jesus, wie er uns in den Evangelien vorgestellt wird. Zusammen mit den alten Kumpanen, mit denen er gefeiert hatte, begann er Bruderschaften zu gründen und das Leben mit ihnen zu teilen. In kurzer Zeit waren es schon Massen. Sogar eine sehr liebe Freundin aus alten Tagen, die Tochter eines großen Herrn, floh nachts aus dem Haus und schloss sich der Bruderschaft an.

Dieser Sohn der Stadtgemeinde erfasste die Sehnsucht nach Freiheit und neuen Formen der Vereinigung und wollte von der Praxis Jesu und dem Geist des Evangeliums her eine entsprechende Antwort darauf geben. Er büßte seine Begeisterung und seine Fröhlichkeit keineswegs ein. Er lebte froh und sang die Liebeslieder der Troubadours und lobte Gott zusammen mit den Lerchen. Für ihn war der Schöpfer so in allen Dingen gegenwärtig, dass er sie zärtlich Brüder oder Schwestern nannte. Das sagte er nicht nur mit dem Mund. Es kam ihm aus dem Herzen, und er empfand sie wirklich als Brüder und Schwestern und allesamt als Kinder ein und desselben Schöpfers. Er befahl, selbst die wilden Kräuter zu respektieren, denn auf ihre Weise sangen auch sie das Lob Gottes.

Es beherrschte ihn der Wunsch nach einer universalen Geschwisterlichkeit zwischen den Menschen und mit allen Wesen der Natur. Doch das war noch nicht genug. Er sehnte sich nach der Einheit der ganzen Schöpfung, aller Menschen und der Natur. Es gab noch eine andere Welt, die der Muslime, die ebenfalls in diese universale Geschwisterlichkeit einbezogen werden musste. Da ein Kreuzzug gegen sie im Gange war, begab er sich da hin, und unter Einsatz seines eigenen Lebens mache er sich auf den Weg, um den Sultan zu treffen. Sie verbrachten mehrere Tage im Geist einer großen Freundschaft und Brüderlichkeit miteinander. Keiner von beiden versuchte den anderen zu bekehren, sie lebten vielmehr als Brüder zusammen, beteten gemeinsam und respektierten jeweils die Überzeugungen des anderen. Für diesen Mann des Evangeliums sollte der Sultan, auch wenn er kein Christ war, auch zur Geschwisterlichkeit ohne Grenzen gehören und auf diese Weise die Schöpfung unter dem Regenbogen der Güte Gottes vereinen.

Die große Versuchung: Was ist das rechte Maß zwischen Charisma und Organisation?

Als die Zahl der Anhänger sehr groß wurde, kam es zu einem Problem: Wo sollte man sie zum Schlafen unterbringen? Wie sollte man sie ernähren? Der Brauch, den er im Geist des Evangeliums eingeführt hatte, war es gewesen, sie in kleinen Gruppen auszuschicken, dort zu schlafen, wo sie aufgenommen wurden, und ohne jede andere persönliche Sicherheit als die der eigenen Hände Arbeit, der Almosen oder der göttlichen Vorsehung zu leben. Aber was sollte man mit den neu Dazugekommenen machen, die ihm auch folgen wollten? Es musste einen Ort geben, wo sie bleiben und ins Leben nach dem Evangelium eingeführt werden konnten, wie es dieser einzigartige junge Mann, der Sohn des reichen Kaufmanns, mutig in Angriff genommen hatte. Man war nun gezwungen, Einsiedeleien und kleine Konvente zu errichten.

Franziskus sah sich nun vor einer Sackgasse, aus der er keinen Ausweg wusste. Auf keinen Fall wollte er von seinem anfänglichen Ideal des Wanderlebens abrücken, das übrigens sogar vom damaligen

Papst gebilligt worden war. Andererseits musste er sich in verantwortlicher Weise um seine neuen Brüder kümmern. Niemals kam es ihm in den Sinn, sie fortzuschicken.
Was tat er nun, voller Zweifel angesichts dieser zwei Werte, nämlich seinem persönlichen Weg des Lebens nach dem Evangelium und der Probleme der Neuen, die ihm folgen wollten? Er bat sich eine Zeit des Gebets und des Nachdenkens aus. Er blieb allein, betete und weinte und bat um die Erleuchtung, die ihm scheinbar von keiner Seite zuteil wurde. Doch plötzlich sagte er zu sich selbst: Steht nicht im Evangelium des heiligen Johannes das Wort Jesu geschrieben: „Wenn einer zu mir kommt, schicke ich ihn nicht fort"? Wie ist es möglich, nicht in Widerspruch zur Haltung des Meisters zu geraten? Doch er fand sein rechtes Maß: Er ließ zu, dass man das Mindestmaß an Zufluchtsstätten für all diese Neuen baute, unter der Bedingung, dass er selbst seinen anfänglichen Traum weiter verwirklichen konnte: in äußerster Armut mit den Leprakranken und Armen zu leben. Mit dieser Entscheidung bewahrte er die Einheit der Bruderschaft und rettete seinen Traum. Alle Traurigkeit wich nun von ihm, und die Sonne begann wieder in seinem Herzen zu strahlen.
Man erzählt, dass seine Identifikation mit dem armen und gekreuzigten Jesus so radikal war, dass plötzlich Wundmale auf seinen Händen und Füßen auftauchten. Er litt viel aufgrund dieser Wundmale und wegen seiner Augen, denn die Sonne Ägyptens, wo er den Sultan getroffen hatte, hatte ihn fast blind werden lassen. Plötzlich ergriff ihn mitten in der Nacht eine solche innere Freude, dass er zu singen begann. Er komponierte ein Gedicht, dessen Sinn die Hochzeit zwischen dem Bruder und Herren Sonne und der Herrin und Mutter Erde war. Aus dieser Verbindung gingen alle Dinge hervor, die er in seinem Hymnus besang, der heute unter dem Namen „Sonnengesang" bekannt ist.
Die äußere Ökologie erfuhr ihren Widerhall in der inneren Ökologie, denn das, was er besang, war mehr als die Sonne, die Erde, der Wind und das Wasser. Es waren symbolische und archetypische Elemente

einer ganzheitlichen Ökologie, die alle Dinge mit dem Herzen Gottes und seinem eigenen Herzen verband.
Als er starb, wollte er, dass man ihn nackt auf den Boden, die Mutter Erde, lege. Es war seine vollkommene Gemeinschaft mit ihr. Er starb im Alter von 46 Jahren und sang dabei Lieder auf Französisch.
Dieser junge Mann, der Sohn der mittelalterlichen Stadtgemeinde, ist kein anderer als Franziskus von Assisi (1181–1228), den man auch den letzten Christen oder den Ersten nach dem Einzigen, Jesus Christus, oder auch einfach den *fratello* und *poverello* nennt, wie er es selbst gern wollte.

Von einem, der „vom Ende der Welt herkommt": Die Sorge um das Gemeinsame Haus

Das Beispiel dieses Sohnes der Stadt Assisi fand seinen Widerhall durch die Jahrhunderte. Es traf auf einen, der „vom Ende der Welt kam", der die Armen liebte und sie in den sogenannten „Elendsvierteln" besuchte. Er ging in ihre Häuser, hörte ihre Klagen und nahm auch an ihren Kämpfen Anteil. Er diskutierte mit den Mächtigen in öffentlichen Ämtern, die eine kompensatorische, paternalistische und assistentialistische Politik verfolgten. Er sagte ihnen: Auf diese Weise werdet ihr diese Menschen für immer in Armut und Abhängigkeit belassen. Wir brauchen keine bloße Hilfe, sondern soziale Gerechtigkeit. Durch soziale Gerechtigkeit werden die Rechte dieser Menschen garantiert, die ihren vitalen, sozialen, kulturellen und auch spirituellen Bedürfnissen entsprechen. Ohne soziale Gerechtigkeit wird es niemals sozialen Frieden geben. Keine soziale Maßnahme – darauf bestand er mit Nachdruck – für die Armen, die die Armen nicht selbst beteiligt, wird eine Lösung für sie darstellen.

Ein Mann, der das Evangelium der Befreiung lebt

Aufgrund seiner Liebe zu den Armen und seines Kampfes für soziale Gerechtigkeit machte er sich die Theologie der Befreiung in

der Gestalt zu eigen, wie sie in seinem Land unter dem Druck der Militärdiktatur betrieben wurde. Es ging darin um die Befreiung des unterdrückten Volkes und der zum Schweigen gebrachten Kultur.
Er wurde überwacht und verleumdet. Er musste schwere Entscheidungen treffen: die Entscheidung, entweder das Leben von Verfolgung und Folter bedrohter Mitbrüder zu retten oder zuzulassen, dass sie inmitten der Armen arbeiteten und ihr Schicksal teilten. Er gab sich der Vorsehung Gottes anheim.
Er wurde Bischof und danach Kardinal. Er lehnte es ab, in einem Bischofspalais zu wohnen, und lebte stattdessen in einem kleinen Appartment, bereitete sich selbst das Essen zu und schaffte das Auto ab, das man ihm zur Verfügung stellte. Er nahm lieber den Bus oder die U-Bahn wie alle oder er ging einfach allein zu Fuß. Morgens ging er selbst im Kiosk an der Ecke die Zeitungen des Tages kaufen.
Zur allgemeinen Überraschung von Kirche und Welt verzichtete der seinerzeit amtierende Papst auf seine belastende Aufgabe. Er fühlte sich in demütiger Haltung zu schwach, um die schwerwiegenden Probleme in Angriff zu nehmen, die die Kirche intern bedrängten und sie dessen beraubten, was seiner Meinung nach ihr größtes Pfund war: der moralischen Autorität. Es gab verbrecherischen Missbrauch an Unmündigen und Veruntreuung von Geldern der Vatikanbank.
Die Kirche hatte sich vor den Augen der Weltöffentlichkeit noch niemals so demoralisiert und zu Komplizen von Verbrechen gemacht gefühlt. Wer von den Kardinälen würde es wagen, unter diesen Bedingungen den Stuhl Petri zu besteigen? Es herrschte allgemeine und beschämende Verwirrung.
Und siehe, es stieg weißer Rauch auf: Habemus Papam! Wer wird es wohl sein? Woher kommt er wohl? Es wurde ein fast unbekannter Name verkündet. Als er gewählt war, traf er persönlich die Wahl eines Namens für sein Pontifikat, den kein Papst jemals zuvor benutzt hatte: Er zeigte sich am berühmten Fenster des riesigen Vatikan-Gebäudes. Er grüßte alle mit einem „Guten Abend“ (bona sera). Er

bat darum, dass die Gläubigen ihn segnen mögen, bevor er seinerseits ihnen den Segen spendet.
Er stellte sich als Bischof von Rom, und nicht in erster Linie als Papst, vor. Er schlug vor, die Kirche nicht mithilfe des kanonischen Rechts, sondern in Liebe und unter Zusammenarbeit aller zu leiten. Auf diese Weise könne er zum „Animator", zum Ermutiger von Glaube und Hoffnung aller werden und in diesem Sinne zum Papst der Weltkirche.
Er wollte nicht im päpstlichen Palast wohnen, der voller Bilder großer Maler der Renaissance und voller Zeichen des Reichtums ist. Er, der „vom Ende der Welt" herkam, der zum Freund des unterdrückten, zum Schweigen gebrachten aber um seine Befreiung kämpfenden Volkes geworden war, sollte in einem Palast wohnen? Wie kann sich einer in einem päpstlichen Palast wohlfühlen, der die Elendsviertel kennt?
Er zögerte keinen Augenblick. Er zog in ein Gästehaus für Priester, die aus der ganzen Welt nach Rom kamen, um einige Probleme ihrer Ortskirchen zu lösen.

Ein Gast unter Gästen außerhalb der päpstlichen Gemächer

Im Haus, in dem er zu wohnen beschloss, im Gästehaus Santa Marta in der Nähe des Vatikans in Rom, wollte er kein besonderes Zimmer für sich, das üblicherweise reich geschmückt und sehr geräumig war. Er wollte nicht einmal ein besonderes Essen. Er wollte ein Gast sein wie die anderen Gäste, um mit ihnen zusammen zu sein, sich mit ihnen zu unterhalten und zu erfahren, wie sie die Welt und die Kirche sahen. Er reihte sich in die Schlange ein, um sich vom Essen zu holen, das für alle zubereitet wurde. Mit jenem Humor, den er niemals vermissen lässt, sagte er im Gedanken an die Päpste der Vergangenheit, die ein entsprechendes Schicksal erlitten hatten: „Auf diese Weise ist es schwieriger, mich zu vergiften."

Seine erste Ansprache zeigte deutlich, was ihm am Herzen lag: Er wollte eine arme Kirche für die Armen. Dies war eine sanfte Kritik an der Gestalt, die die Kirche bereits seit Jahrhunderten angenommen hatte: reich, von Prunkbauten und wertvollen Kunstwerken umgeben, den Palästen der Fürsten näher als der Grotte von Betlehem, angesichts der der Jugendliche aus Assisi, der sich zum Evangelium bekehrt hatte, die erste Weihnachtskrippe erfunden hatte.

Gleich nachdem er die Ernennung zum Papst nach langem Zögern angenommen hatte, flüsterte ihm ein befreundeter Kardinal ins Ohr: „Vergiss die Armen nicht.“ Da spürte er eine innere Erleuchtung und dachte: Ich werde den Namen dieses jungen Mannes aus der Stadtgemeinde Assisi annehmen. Der Name allein wird an sich schon eine Botschaft sein. Zudem hatte noch niemals in der ganzen Kirchengeschichte ein Papst einen solchen Namen gewählt. In einem Palast wohnen zu müssen, diese fürstlichen Gewänder anzulegen, die Titel zu benutzen, die man von den römischen Herrschern übernommen hatte, wäre für den *Poverello* ein Affront gewesen.

Als man ihm die berühmte „mozzetta“ über die Schultern legen wollte, also jenen mit Edelsteinen besetzten Umhang, der stets von den römischen Kaisern als Symbol ihrer absoluten Macht getragen wurde, lehnte er das entschieden ab und sagte zum Zeremonienmeister: „Nimm diesen Umhang und heb ihn als Erinnerung auf.“ Er akzeptierte lediglich ein weißes und einfaches Gewand wie das eines guten Freundes von ihm, Dom Hélder Câmara. Er lehnte das mit Edelsteinen besetzte Brustkreuz ab und behielt sein eigenes, aus einfachem Eisen gefertigtes.

Mit einem, der von außerhalb des europäischen Christentums herkam, begann ein neuer Stil des Papstamtes. Der Papst war nicht länger ein Fürst, sondern ein Mensch, ein Christ unter anderen Christen. Im Päpstlichen Jahrbuch, einem dicken Band, in dem sich die Namen aller Dikasterien (so etwas wie Ministerien), die dem Papst zu Diensten sind, und auch die Anschriften aller Bischöfe der Welt finden, gibt es eine erste Seite, die für die Dutzenden von Titeln reserviert ist, welche einem Papst beigelegt werden. Franziskus ordnete ganz einfach an, all diese Titel zu entfernen und stattdessen neben den jeweiligen Namen des Papstes zu setzen: NN, Bischof von Rom.

Eine Kirche im Aufbruch und als Feldlazarett

Papst Franziskus nahm dieselbe Haltung an, die auch den Mann aus der Stadtgemeinde Assisi auszeichnete: die Suchbewegungen und die großen Sehnsüchte der gegenwärtigen Welt zu ergründen, die Menschen nicht zu verurteilen und sie sofort moralisch einzustufen, sondern sie einfach anzunehmen, wie sie sind, und ihnen eine Antwort zu geben, die ihnen, ausgehend von der Botschaft des Nazareners und vom Beispiel des Jugendlichen aus der Stadt Assisi, Erleichterung verschafft und Freude bringt. Er prägte einen Ausdruck, der alles sagt und darüber hinaus eine verhüllte Kritik an der Art von Kirche darstellt, die er geerbt hat: „Ich möchte eine Kirche im Aufbruch … im Aufbruch hin zu den Rändern des Lebens, im Aufbruch hin zu den Problemen der Welt, im Aufbruch insbesondere hin zur Welt der Armen, Leidenden und Flüchtlinge aus Afrika und dem Mittleren Osten."

Warum eine Kirche im Aufbruch? Die Antwort ist einfach: In den Jahrzehnten zuvor wurde unter dem Pontifikat seiner beiden Vorgänger – ich will hier weder ihre Namen nennen oder sie kritisieren – eine in sich verschlossene Kirche, eine Kirche als Burgfestung geschaffen, wobei man dachte, von allen Seiten von Feinden umzingelt zu sein: den Feinden aus der modernen Welt, den Vertretern eines kritischen Denkens, den Gegnern eines Autoritarismus und der Einschränkung der Gedankenfreiheit und der Möglichkeiten, andere Weisen des Christseins und des Lebens als Christ zu entwerfen. Das Gegenbild dieser in sich verschlossenen Kirche ist eine „Kirche im Aufbruch", eine Kirche, die sich nach den Worten von Papst Franziskus als Feldlazarett versteht. Dahin kommen Verwundete jeglicher Art. Völlig egal, woher ihre Wunden rühren: Es sind Menschen in einer Notlage. Man muss ihnen helfen, ohne danach zu fragen, woher sie kommen, wie sie moralisch einzustufen sind oder welcher Ideologie sie sich verbunden fühlen. Nichts dergleichen. Es zählt nur, dass sie Menschen sind, denen geholfen werden muss. Dies ist die Aufgabe der Kirche als Feldlazarett.

Es gibt keine ewige Verdammnis: Die grenzenlose Barmherzigkeit

Zwei Werte, die dem Evangelium entsprechen und Ausdruck der Humanität sind, inspirieren das Handeln des Papstes: das Beispiel des historischen Jesus, der arm und ein Freund der Armen war und die Nähe Gottes für alle, für die Guten und Schlechten, Gerechten und Ungerechten gleichermaßen, verkündete; und die grenzenlose Barmherzigkeit Gottes, die der Psalm 103 so ergreifend zum Ausdruck bringt: „Er klagt nicht für immer an und verharrt nicht für ewig im Groll, denn er kennt unser Wesen und denkt daran, dass wir Staub sind. Wie ein Vater Mitleid empfindet für seine Kinder, so erbarmt sich ihrer der Herr.“ Sagte der Papst nicht einmal eingedenk der Barmherzigkeit Gottes, die keine Grenzen kennt: „Es gibt keine ewige Verdammnis. Die Barmherzigkeit triumphiert über die Gerechtigkeit“? Gott kann niemals auch nur eines seiner Kinder, die er in Liebe geschaffen hat, verloren geben, und er lässt vielleicht auf seine Weise die Schlechten und Perversen eine strenge und reinigende Regeneration durchlaufen, um sie zum Haus zurückzuführen, das ihnen von aller Ewigkeit her bereitet wurde.

Nachdem er sich lange Zeit genommen hatte für eine „Unterscheidung der Geister“, wie sie für seinen Orden, die Jesuiten, typisch ist, identifizierte er drei große Probleme, die auch gegen die größten Widerstände in Angriff genommen werden müssten: Wie kann die Kirche ihre verloren gegangene moralische Autorität wiedererlangen? Wie kann man ihren zentralen Wahrheitskern wieder zur Geltung bringen, nämlich dass sie eine gute Sache für die ganze Menschheit ist, dass sie wie der Jesus des Jugendlichen aus Assisi barmherzig, demütig und einfach menschlich ist? Wie geht man mit den Dingen um, die in fast allen Kirchen nur als moralische Verirrung und Gegenstand der Buße und des Beichtsakraments gelten, in Wahrheit aber wahre Verbrechen, nämlich Missbrauch an Jugendlichen, sind? Solche Vertreter der Kirche, von Kardinälen bis zu einfachen Priestern und Ordensleuten, die zuweilen recht berühmt sind, dürfen nicht einfach anderswo hin versetzt werden in der Sorge, den bereits völlig eingebüßten guten Ruf der Kirche zu wahren, sondern man muss sie für ihre Verbrechen vor ein ziviles Gericht bringen. Das ist die Wahrheit und das ist die Demut, die man von einer Kirche erwartet, die den Opfern Barmherzigkeit erweisen und tiefgreifende Veränderungen vornehmen will.

Dieser Mann kam nicht aus der alten europäischen Christenheit, die an Päpste gewöhnt war, die von Prunk und einem Getue umgeben waren, als ob sie Pharaonen oder mittelalterliche Herrscher wären. Er nahm jene Werte an, die er von seiner Kirche der Peripherie, der Peripherie der Welt und der Elendsviertel, der Träume von einem befreienden Christentum mitbrachte – einer Kirche, die eine vorrangige, nicht ausschließliche Option für die Armen, gegen die Armut und für die Befreiung der Armen getroffen hat. Dieser gütige, liebenswürdige und lächelnde alte Mann hatte den Mut zur Erneuerung, den Mut, die Wahrheit zu leben und zu sagen.

In der Kirche gibt es sehr wohl Korruption, Karrierismus und schwerwiegende moralische Verfehlungen, die weit entfernt sind vom Geist des Evangeliums. Der Papst entschloss sich zu null Toleranz, was die Missbrauchsfälle betrifft. Die zivilen Gerichte mögen urteilen und Strafen verhängen, wenn nötig auch Gefängnisstrafen. Doch vor allem müsse man die Opfer anhören, sie trösten, ihnen die verlorene Hoffnung wieder schenken und die entsprechenden Wiedergutmachungen leisten. All dies tat er im Lichte der Barmherzigkeit, der Königin unter allen Tugenden, denn sie öffnet sich dem anderen nicht nur in Gestalt der Liebe, sondern sie öffnet sich für die Schwächsten, ist an ihrer Seite, gibt ihnen Hoffnung und einen neuen

Lebenssinn. In diesem Geiste nahm er die Erneuerung der Moral der Familie in Angriff. Seine Inspiration war Jesu Praxis der bedingungslosen Liebe und der grenzenlosen Barmherzigkeit. Seinem diesbezüglichen Hauptdokument gab er den vielsagenden Namen *Amoris laetitia*, also „Freude der Liebe“. Er schließt niemanden aus, auch nicht Menschen mit einer anderen sexuellen Orientierung, insbesondere die Homosexuellen nicht. Er hatte den Mut, einem jungen Homosexuellen zu sagen: „Gott hat dich so gemacht. Gott liebt dich, und auch ich liebe dich.“
Was die Veruntreuung der Gelddepots des Vatikans betrifft, in denen sich die Almosen der Christen aus der ganzen Welt und die Pensionsfonds für die Kleriker im Ruhestand und die kranken Kleriker befinden, räumte er gründlich auf. Er berief Laien als Experten und stellte die Vatikanbank wieder in den Dienst, für den sie einst gegründet wurde: in den Dienst der Nächstenliebe.

Wenn es um das Leben der Armen geht, kann man sich nur auf eine Seite stellen: auf die der Armen

Bei seiner Unterscheidung der Geister wurde ihm sonnenklar, dass das große gegenwärtige Problem die Abermillionen von Armen sind. Sie sind die Opfer einer „Wirtschaft, die tötet“, wie er prophetisch anklagte, einer Wirtschaft nämlich, die ein zweifaches beklagenswertes Unrecht begeht: ein *soziales*, indem sie Millionen aus dem herrschenden System ausschließt und sie in Armut und Elend stürzt, und ein *ökologisches*, indem sie die Natur und ganze Ökosysteme zerstört und die natürlichen Grundlagen gefährdet, welche das Leben der Erde selbst erhalten. Dieser Art von gegen das Leben und die Natur gerichteten Wirtschaft setzt er das entgegen, was „die Ökonomie des Franziskus“ genannt wird. Es handelt sich hierbei um eine weltweite Bewegung, die vor allem die Jugendlichen erfasst und der es darum geht, eine andere Art von Wirtschaft zu erfinden, eine menschliche, solidarische, bioökologische Wirtschaft, die Politik

und Ökonomie in den Dienst des Lebens stellt und den Markt auf den Platz dahinter verweist.
Wenn es um die Armen geht, dann gibt es keine zwei Seiten, sondern nur einen einzigen Standort: den an ihrer Seite. So erhebt dieser Mann seine sanfte Stimme zur Verteidigung von Tausenden von Flüchtlingen und Migranten aus dem Mittleren Osten und aus Afrika, die vor Krieg und Hunger fliehen. Fast alle werden zurückgewiesen. Vor Hunderten von Flüchtlingen aus Afrika auf der Insel Lampedusa kritisierte er mit scharfen Worten die moderne Kultur und bezeichnete diese als eine „Kultur der Gleichgültigkeit", die die Fähigkeit verloren hat zu weinen, den Schmerz der Geschwister zu empfinden und in ihrem Egoismus und mit ihren Privilegien kalt bleibt.
Ja er sagt noch mehr: Die Flüchtlinge seien nur hier, weil wir seinerzeit dort waren, ihre Territorien besetzten, ihre Völker unterwarfen und ihre Reichtümer raubten. Ihr Europäer – so sagte er – wurdet dort toleriert, und nun wollt ihr diese Menschen nicht bei euch aufnehmen. Wir müssen die Geschwisterlichkeit ohne Grenzen leben, damit alle auf diesem Planeten, der das Gemeinsame Haus aller ist, einen Platz haben.

Sorge um das Gemeinsame Haus, das zusammenzubrechen droht

Bald wurde ihm klar, dass zu den Armen die große Arme, die Mutter Erde, zählt. So wie das System des Todes die Menschen, die Klassen, die Völker, die Natur und das Leben ausbeutet, so unterwirft es auch die Mutter Erde insgesamt einem Regime der Überausbeutung. Es saugt ihr fast alle natürlichen Güter und Fähigkeiten so sehr aus, dass wir bereits an die Grenzen dessen gestoßen sind, was sie ertragen kann. Wenn die Hauptachse des Christentums der Befreiung die Option für die Armen, gegen ihre Armut und für ihre Befreiung ist, dann muss sie auch für die Mutter Erde gelten, die zur großen Armen gemacht wurde, die nach Befreiung schreit. In diesem Sinne schrieb Papst Franziskus zwei Enzykliken, die ihn an die Spitze der weltweiten Diskussion um die Ökologie rückten: *Laudato si'. Über die Sorge für das gemeinsame Haus* (2015) und *Fratelli tutti* (2020). Er schlägt keine reduktionistische Ökologie vor, die sich auf die grüne Dimension beschränkt. Im Gegenteil: Er führt die *ganzheitliche Ökologie* ins päpstliche Lehramt ein. Diese umfasst die Umwelt, das Soziale, die Wirtschaft, die Kultur und die Spiritualität. Er bezieht das moderne Paradigma mit ein, demzufolge alle Wirklichkeiten stets in Banden tiefer Kooperation wechselseitig miteinander verbunden sind. Er zitiert aus dem Katechismus der Katholischen Kirche, in dem es in poetischer Sprache, aber inhaltlich sehr treffend heißt:

> Die gegenseitige Abhängigkeit der Geschöpfe ist gottgewollt. Die Sonne und der Mond, die Zeder und die Feldblume, der Adler und der Sperling – all die unzähligen Verschiedenheiten und Ungleichheiten besagen, dass kein Geschöpf sich selbst genügt, dass die Geschöpfe nur in Abhängigkeit voneinander existieren, um sich im Dienst aneinander gegenseitig zu ergänzen. (*Laudato si'*, 86)

Er plädiert für eine ökologische Mystik der Mutter Erde, „um eine Leidenschaft für den Umweltschutz zu fördern“ (*Laudato si'*, 216). In *Fratelli tutti* stellt er zwei Paradigmen einander gegenüber: Das ist zunächst das der Moderne, dessen Grundlage der *Wille zur Macht* im Sinne von Herrschaft über alles ist und das den Menschen als den *dominus*, den Herrn und Gebieter über die Natur und die Erde und nicht als Teil von ihnen versteht. Diesem Paradigma des *dominus* (des Herrn und Gebieters) setzt er das des *frater* entgegen, demgemäß alle Menschen untereinander und im Verhältnis zu den anderen Lebewesen Geschwister sind. Wir empfinden uns als Teil der Natur und haben die ethische Aufgabe, den Garten Eden zu hüten und zu pflegen. Dies ist das Paradigma, das uns retten wird und das verhindern wird, dass wir alle in einen tödlichen Abgrund stürzen.

Entweder retten wir uns alle gemeinsam, oder niemand kann sich retten

Der Papst zeigt ein klares Bewusstsein dessen, dass wir uns in einem ökologischen Alarmzustand befinden, und warnt deshalb: „Wir befinden uns alle im selben Boot. Entweder retten wir uns gemeinsam oder es rettet sich niemand."
Er besitzt die Kühnheit zu sagen: „Auch in der Politik gibt es Raum, um mit Zärtlichkeit zu lieben […] die Bedürftigen, die Schwachen, die Armen …" (*Fratelli tutti*, 194). Und er stellt die Frage, was die Zärtlichkeit ist, und gibt selbst die Antwort darauf: „Sie ist die Liebe, die nah und konkret wird. Sie ist eine Bewegung, die vom Herzen ausgeht und zu den Augen, den Ohren, den Händen gelangt." (*Fratelli tutti*, 194)
Zusammen mit der Zärtlichkeit entsteht eine „Politik der Freundlichkeit", die einen „Seelenzustand [bedeutet], der nicht rau, grob oder hart ist, sondern gütig und sanft, der stützt und tröstlich ist. Die Person, die diese Eigenschaft besitzt, hilft anderen, ihr Dasein besser zu ertragen" (*Fratelli tutti*, 223).
In Sorge um die Rettung des Lebens, die die Erhaltung der Regenwälder voraussetzt, berief er in Rom die *Synode für Amazonien* ein, um der Bedeutung dieses riesigen Ökosystems, das sich über acht Länder erstreckt, für die ganze Menschheit und für die Sendung der Kirche selbst gerecht zu werden.

Der Traum von der Einheit der Schöpfung und einer Geschwisterlichkeit ohne Grenzen

Wie der junge Mann aus der Stadt Assisi ist auch dieser Papst durchdrungen vom Geist der Einheit der Schöpfung, die auch die gesamte Menschheit mit umfasst. In *Fratelli tutti* stellt er den Traum von einer Geschwisterlichkeit ohne Grenzen und einer universalen Liebe als die Grundpfeiler vor, die die neue Art und Weise, das Gemeinsame Haus zu bewohnen, stützen werden.

So wie der Mann aus Assisi auszog, um dem Sultan zu begegnen, so suchte auch er den ökumenischen Patriarchen Bartholomaios von der orthodoxen Kirche auf. Ebenso kam er in den Vereinigten Arabischen Emiraten mit dem Imam Al Azhar Amed Al Tayyeb zusammen, um gemeinsam ein wichtiges Dokument zu unterzeichnen, das den Titel trägt: *Über die menschliche Geschwisterlichkeit für den Frieden der Welt und das gemeinsame Zusammenleben.*

Die Zeit drängt so sehr, dass alle Wissensgebiete und Gemeinschaften ihren Beitrag leisten müssen, um für das Leben insgesamt und für unsere Zivilisation eine Zukunft zu gewährleisten. Der Papst lädt alle Religionen und spirituellen Wege dazu ein, dies mit ihren besten Werten zu verstärken und Entscheidendes beizusteuern.

Mit seinem Aufschrei für die Armgemachten der Welt, mit seiner mutigen Kritik am System des Todes, in dem wir leben, mit seiner leidenschaftlichen Liebe zur Natur und zur Mutter Erde, mit seinem Bemühen um Frieden in der Welt erweist er sich als ein großer Prophet, der die herrschenden Zustände anklagt und eine bessere Zukunft ansagt und zu einer herausragenden, wenn nicht gar zur bedeutendsten religiösen und politischen Führungspersönlichkeit unserer Zeit wurde.

So wie der junge Mann aus Assisi aus dem Umbruch hervorging, der die feudale Welt durch die Welt der Gemeinden und der neuen Geschwisterlichkeit der Bürger ablöste, so hat auch der zuvor unbekannte Papst begriffen, an welch großem Wendepunkt die Welt steht: am Wendepunkt von einer Welt der Nationen hin zur neu zu schaffenden Wirklichkeit, dem Gemeinsamen Haus.

Der eine wie der andere haben die Herausforderungen ihrer jeweiligen Zeit nicht einfach weggeschoben. Sie verstanden es, die Sehnsucht nach Geschwisterlichkeit und Einheit der ganzen Schöpfung aufzugreifen. Inspiriert vom Handeln Jesu, der alle mit einschloss, strebt dieser Papst im Geist des Mannes aus Assisi nach demselben Traum, der in der Sprache des Volkes so schön zum Ausdruck kommt: *Die Seele kennt keine Grenze, kein Leben ist ihr fremd.*

Der Mann, von dem wir sprachen, ist kein anderer als der Argentinier Jorge Mario Bergoglio (* 1936), der „vom Ende der Welt“ kam und der 266. Papst der römisch-katholischen Kirche wurde: Franziskus von Rom.

Franz von Assisi und Franziskus von Rom: Das rechte Maß für das Gemeinsame Haus

Zwei Männer waren von Gott gesandt, beide in einer ähnlichen Übergangszeit von einer Welt zur anderen: von der feudalen Welt zur Welt des städtischen Gemeinwesens bzw. von einer Welt der Nationen zum Gemeinsamen Haus. Sie wurden gesandt, um die Schöpfung zu heilen, um Sorge zu tragen für das Leben und um das rechte Maß, die Schönheit, die Unversehrtheit und die Großzügigkeit der Mutter Erde zu gewährleisten.

Beide schlugen sie denselben Traum vor: die Schöpfung unter dem Zeichen der universalen Geschwisterlichkeit als Frucht des Verzichts auf alle Macht im Sinne von Herrschaft und einer Liebe ohne Grenzen zu vereinen: Franziskus von Assisi und Franziskus von Rom.

Beide repräsentieren den Prototyp und den Archetyp einer Welt, die ihr rechtes Maß und ihr wahres Gleichgewicht gefunden hat. Ohne diese Werte gibt es keine Geschwisterlichkeit ohne Grenzen, keine universale Liebe und keinen dauerhaften Frieden.

Die Seele hat keine Grenze, kein Leben ist ihr fremd, alle Utopie steht uns strahlend vor Augen.

Eine Konkretisierung für unseren Kontext

Bruno Kern

„Zum ersten Mal in der Geschichte", so schreibt Erich Fromm bereits in den Siebzigerjahren, „hängt das physische Überleben der Menschheit von einer radikalen seelischen Veränderung des Menschen ab." (Fromm 1979, 21) Im Kontext der heutigen Ökologiebewegung muss ein solcher Satz allerdings verständnisloses Kopfschütteln auslösen. Ein zügiger Ausbau der erneuerbaren Energien, der Einsatz einer effizienteren Technik und eine intelligente Beeinflussung der Märkte (CO_2-Steuern) – so konnte man es auf jeder Fridays-for-Future-Demo hören – garantieren uns eine „grüne" Zukunft, die uns keine der vielen Annehmlichkeiten unserer Industriegesellschaft vermissen lässt. Die umfassende Biosphärenkrise der Menschheit auf ein technisch zu bewältigendes Problem zu reduzieren ist derzeit eine der gefährlichsten Ideologien, da sie uns von der eigentlichen politischen Aufgabe dispensiert, nämlich: Wie bauen wir eine solidarische Gesellschaft auf einer wesentlich schmaleren materiellen Basis auf? Eine ehrliche Bestandsaufnahme unserer Situation (Ich habe sie in meinem Buch „Das Märchen vom grünen Wachstum" im Detail geleistet; vgl. Kern ²2020) führt uns sehr schnell zur Einsicht: Wir kommen an einer drastischen Reduktion des absoluten Verbrauchs an Energie und Ressourcen nicht vorbei. Wir können das, was uns jetzt noch aus fossilen Quellen zur Verfügung steht, bei Weitem nicht „substituieren". Industrielle Abrüstung heißt die Herausforderung. Nicht nur der wachstumsgetriebene Kapitalismus, sondern auch die Industriegesellschaften, wie wir sie kennen, stehen zur Disposition. Die katholische Kirche in Deutschland hat bereits in den Siebzigerjahren im Papier *Unsere Hoffnung* der Würzburger Synode ein geschärftes Bewusstsein von dieser Situation an den Tag gelegt:

> Mit zunehmender Deutlichkeit erfahren wir heute, […] dass die Grenzen der wirtschaftlichen Expansion, die Grenzen des Rohstoff- und Energieverbrauchs, die Grenzen des Lebensraums, die Grenzen der Umwelt- und Naturausbeutung eine wirtschaftliche Entwicklung aller Länder auf jenes Wohlstandsniveau, das wir gegenwärtig haben und genießen, nicht zulassen. Angesichts dieser Situation wird von uns – im Interesse eines lebenswürdigen Überlebens der Menschheit – eine einschneidende Veränderung unserer Lebensmuster, eine drastische Wandlung unserer wirtschaftlichen und sozialen Lebensprioritäten verlangt […]. Es werden uns neue Orientierungen unserer Interessen und Leistungsziele, aber auch neue Formen der *Selbstbescheidung*, gewissermaßen der *kollektiven Aszese* abverlangt. (Unsere Hoffnung, IV, 4: Für eine lebenswürdige Zukunft der Menschheit; Hervorhebung B. K.)

Dem Paradigma der rein technischen Machbarkeit, das mit maximalem Materialeinsatz und einer im wahrsten Sinn des Wortes „gnadenlosen" Vorwärtsstrategie ökoimperialistischer Projekte (Wasserstoffimporte, Lithium-Abbau, Ressourcenausplünderung für „grüne Technik" auf Kosten der Bevölkerung im globalen Süden) ein „Weiter so" mit anderen Mitteln garantieren will, haben wir uns das Paradigma der *Rückkehr zum menschlichen Maß* anzueignen, uns auf das Menschengerechte innerhalb der Eingebundenheit in natürliche Zusammenhänge zurückzubesinnen. Erst so bekommt Erich Fromms Satz einen Sinn. Und wenn er recht hat, dann wird dies zum entscheidenden Prüfstein von Religion: Ob sie überhaupt eine Daseinsberechtigung hat oder nicht, muss sich daran erweisen, ob sie sich angesichts der tiefen zivilisatorischen Krise der Menschheit als Sinnressource bewähren kann, die das notwendige Handeln motiviert. Auf solche Sinnressourcen wird es entscheidend ankommen. Die gewaltige Transformation, die wir zu bewältigen haben, kann zumindest in den Industrieländern an keine unmittelbaren Interessen anknüpfen.

Wir sind vielmehr auf eine kritische Masse von Menschen angewiesen, die bereit sind, gegen ihre eigenen unmittelbaren Interessen zu handeln.

Unsere Endlichkeit akzeptieren lernen

Es spricht sehr viel für die Vermutung, dass das Prometheus-Projekt der gnadenlosen Ausplünderung der Erde das Verdrängen und Leugnen der „Grundlosigkeit" und Endlichkeit unseres Daseins zur Voraussetzung hat. Weil sich Sterblichkeit nicht abschütteln lässt, wird beschleunigt. Die religiöse Antwort auf die Kontingenz, die Nicht-Notwendigkeit und Endlichkeit unseres Daseins, ist die Notwendigkeit aus Freiheit, aus der Bejahung unseres Daseins durch den freien Schöpferwillen Gottes, das Verständnis unserer eigenen Existenz als eines verdankten Daseins. Diese religiöse Antwort ist nicht zwingend und wurzelt letztlich selbst in unserer freien Stellungnahme zu diesem Dasein. Unabhängig davon, ob wir aber eine religiöse oder eine dezidiert atheistische Antwort darauf geben oder die Frage einfach mit dem Verweis auf ihre Unbeantwortbarkeit agnostisch von uns weisen, stehen wir als Menschen alle unter dem Anspruch, unsere *Conditio humana*, die konkrete Verfasstheit unseres endlichen Daseins, anzunehmen. Die Akzeptanz unserer eigenen Endlichkeit ist letztlich auch die Voraussetzung für die Hinwendung zum schwachen, gefährdeten Dasein. Die Ausblendung der Dimension der „Unverfügbarkeit" unseres Daseins hat ein aggressives Weltverhältnis und einen Verlust an Empathiefähigkeit zur Folge. Die Einsicht, die Erfüllung der eigenen Existenz nicht selbst leisten zu können und zu müssen, befreit uns von einem Perfektionierungswahn, der allem weniger Vollkommenen, mit Defekten Behafteten, keinen Raum mehr lässt. Auf der Würde des Angeschlagenen, von Spuren des Verfalls Gezeichneten, ja selbst sinnlos verloren Scheinenden zu beharren gehört aber nun gerade zum innersten Kern der jüdisch-christlichen Tradition. Die blindwütige Verabsolutierung der

instrumentell-technischen Vernunft, die unsere Moderne mit all ihren fatalen Folgen der Ausbeutung von Mensch und Natur geprägt hat, hat vermutlich viel mit der unzureichenden Kontingenzbewältigung zu tun. Umgekehrt gilt: *Gerade ein kompromissloser Kampf für das Leben setzt Akzeptanz der Endlichkeit voraus.*
Die Verdrängung der Endlichkeit unseres Daseins, die gerade auch in den grünen Technikillusionen zum Ausdruck kommt, ist die psychische Entsprechung zum System des wachstumsgetriebenen Kapitalismus. Die lateinamerikanische Befreiungstheologie hat uns gelehrt, dass es hier um eine im strengen Sinne theologische, und eben nicht nur sozialethische Frage geht, das heißt, dass hier Gott selbst auf dem Spiel steht. Die religiöse Anmaßung des Kapitalismus, sein widergöttlicher Charakter, ist letztlich in seinem ihm eingeschriebenen Wachstumszwang begründet, in dem seine Tendenz liegt, sich zu „totalisieren“, alle geografischen Räume, aber auch alle Sphären des menschlichen Lebens zu durchdringen und unser Denken und Empfinden zu kolonisieren. Genau in diesem Sinne ist für Drewermann dieses Wirtschaftssystem

> … weit mehr […] als ein bloß ökonomischer Organisationszustand der Gesellschaft. Es ist […] imstande, die Dynamik seiner eigenen Maßlosigkeit jedem Hersteller, jedem Händler, jedem Käufer, jedem und allen also, aufzuzwingen. Sein immanenter Wachstumsdruck verinnerlicht sich als Motiv der Unersättlichkeit … (Drewermann 2017, 364)

Industrielle Abrüstung

Die Rede vom ökologischen „Umbau“ der Industriegesellschaft ist inzwischen über alle politischen Lager hinweg zum Gemeinplatz geworden. Unterstellt wird dabei, dass wir die nötigen Reduktionen und schließlich die CO_2-Neutralität allein mittels effizienterer technischer Verfahren erreichen, dass wir die Energie, die bislang aus fossilen Quellen stammt, problemlos durch erneuerbare Energien substituieren können. Wer allerdings seriös rechnet, kommt an dem Befund nicht vorbei, dass ein Umbau in den reichen Industrieländern zwangsläufig mit einem *Rückbau* einhergehen muss, dass wir den absoluten Verbrauch an Energie und anderen Ressourcen drastisch absenken müssen. Eigentlich sagt es einem der Hausverstand: Erneuerbare Energiequellen weisen eine viel geringere Energiedichte auf als fossile, sie haben ein beschränktes Potenzial und ihre ehrlich gerechnete Energiebilanz ist eher ernüchternd (im Detail aufgezeigt in Kern ^{2}2020). Die meisten Energiewendeszenarien verschiedener Umweltorganisationen und Umweltinstitute legen bereits die verkürzte Fragestellung zugrunde, wie viel an fossiler Energie man in welchem Zeitraum durch erneuerbare Energien substituieren muss. Den konkreten Nachweis der entsprechenden Potenziale bleibt man dabei in der Regel schuldig. Die unbequeme Einsicht, dass wir an einer absoluten Reduktion des Verbrauchs nicht vorbeikommen, wird tabuisiert. Dazu kommt, dass die Diskussion meist auf die Elektrizität verkürzt wird, die aber in Deutschland lediglich 20 % des Endenergieverbrauchs ausmacht.

Der Endenergieverbrauch in Deutschland, der neben elektrischem Strom Raumwärme, Verkehr, Prozessenergie etc. umfasst, beträgt derzeit jährlich 2500 TWh. Eine im Auftrag des WWF erstellte Studie hat errechnet, dass in Deutschland ein Potenzial von erneuerbaren Energien ausgeschöpft werden könnte, das insgesamt 700 TWh bereitstellt (Ökoinstitut / Prognos 2019). Auch wenn da und dort etwas optimistischer gerechnet wird – das Bundesumweltamt etwa geht von einem Potenzial von 800 bis 900 TWh aus –, klafft eine große Lücke zwischen unserem derzeitigen Energieverbrauch und dem, was uns aus erneuerbaren Quellen theoretisch zur Verfügung steht. Diese Lücke wird auch nicht mithilfe von Importen aus sonnenreichen Gegenden wie etwa Nordafrika zu füllen sein. Wer sich etwa mit dem inzwischen gescheiterten Desertec-Projekt auseinandergesetzt hat, das lediglich 15 % des Strombedarfs der EU decken sollte, und den gigantischen Materialaufwand ehrlich in der Energiebilanz berücksichtigt (vgl. Kern ^{2}2020, 75), der weiß auch um die Grenzen dieser Potenziale – abgesehen davon, dass Deutschland nicht das einzige Land sein dürfte, das hier entsprechende Begehrlichkeiten entwickelt.

Es führt also kein Weg daran vorbei: Das heutige Niveau an industrieller Produktion ist mit ökologischer Nachhaltigkeit nicht vereinbar. Es muss ein möglichst rascher und konsequenter Rückbau eingeleitet werden. Diesen möglichst konkret zu beschreiben und aufzuzeigen, wie er solidarisch zu gestalten wäre, ist m. E. nun die vordringliche Aufgabe. Sehen wir uns den Befund für einige Bereiche exemplarisch näher an:

Von größter Bedeutung ist in Deutschland eine ökologische *Verkehrswende*. Der Verkehr ist zurzeit für etwa 20 % der Kohlendioxid-Emissionen und für einen Gesamtenergieverbrauch von etwa 750 TWh verantwortlich. Die Umstellung auf alternative Antriebe hilft da wenig. E-Fuels und Brennstoffzellen auf Wasserstoffbasis weisen einen sehr schlechten Effizienzgrad auf. Der zusätzliche Strombedarf für E-Autos kann aus erneuerbaren Quellen nicht gedeckt werden, zumal wenn man bedenkt, dass Kohlendioxidneutralität in anderen Bereichen einen erheblichen zusätzlichen Strombedarf bedingt – etwa wenn die Öl- und Gasheizungen durch Wärmepumpen ersetzt werden. In die Gesamtbilanz mit einzubeziehen ist aber darüber hinaus bereits die Automobilproduktion! 48 % des in der Erzeugung sehr energieintensiven Aluminiums (eine erzeugte Tonne frisst 14 MWh Strom!), 26 % des Stahls und 12 % der Kunststoffe fließen derzeit in die deutsche Automobilproduktion. Die vorgelagerten Ausrüstungsindustrien, die Produktion entsprechender Fertigungsmaschinen, Roboter, etc., ist dabei noch gar nicht berücksichtigt. Das E-Auto verschärft dieses Problem noch: Die schwere Batterie, deren Erzeugung selbst bereits mit einem erheblichen CO_2-Ausstoß verbunden ist, muss durch mehr Leichtbauweise (mehr Aluminium, mehr Kohlenstoffverbundfasern …) kompensiert werden, sodass ein E-Auto bereits in der Produktion erheblich mehr Energie und Ressourcen verbraucht als ein vergleichbarer Benziner oder Diesel. Die derzeit in Deutschland zugelassenen 48 Millionen PKWs, geschweige denn die weltweit eine Milliarde Autos, auf alternative Antriebe umzustellen, ist – allein schon aufgrund der Knappheit der dafür nötigen Rohstoffe wie etwa Lithium, Grafit und Kobalt – schlicht absurd. Ökologische Verkehrswende kann deshalb nur den konsequenten *Abschied vom motorisierten Individualverkehr* bedeuten. Mein Vorschlag lautet deshalb: Spätestens ab dem Jahr 2030 sollten keine PKWs mehr für den rein privaten Gebrauch zugelassen werden (ausgenommen sind natürlich Einsatzfahrzeuge, Taxis inklusive Transporttaxis, Betriebsfahrzeuge für Handwerker, gemeinschaftlich verwaltete E-Auto-Pools in abgelegenen Regionen des ländlichen Raums; das wären nicht mehr 48 Millionen, sondern etwa 5 Millionen PKWs …). Ein entsprechender Ausbau des öffentlichen Verkehrs kann, wie das Beispiel Schweiz zeigt, auch abgelegene Siedlungen im ländlichen Raum sinnvoll anbinden. Allerdings können wir das heutige Verkehrsaufkommen nicht im Verhältnis eins zu eins auf öffentliche Verkehrsmittel verlagern. Dies würde eine Vervielfachung der Kapazitäten bedeuten, die weder logistisch machbar noch ökologisch sinnvoll wäre. Die Reduktion der Notwendigkeit von Mobilität ist eine anspruchsvolle strukturpolitische Aufgabe. Die Eindämmung des Güterverkehrs durch eine Regionalisierung der Wirtschaft, die derzeit auch an den Vorgaben des EU-Binnenmarkts scheitert, ist unabdingbar. Darüber hinaus werden wir auch ein anderes Verhältnis zur Mobilität entwickeln und uns von bestimmten Ansprüchen verabschieden müssen. So sind Kurzstreckenflüge unter 1000 km schlicht zu verbieten; für Langstreckenflüge bietet sich die Vergabe von Kontingenten pro Person an.

Ein weiterer Problembereich ist die *Bauindustrie*, die unter anderem 35 % des bei uns erzeugten Stahls verbraucht. Die Stahlerzeugung ist nicht nur mit einem erheblichen Energieverbrauch verbunden, darüber hinaus fällt auch prozessbedingt – durch die Herauslösung des Sauerstoffs – Kohlendioxid an. Nun gibt es technisch ausgereifte Verfahren, die das Reduktionsmittel Koks durch Wasserstoff ersetzen und das so gewonnene Roheisen in Elektrolichtbogenöfen zu Stahl weiterverarbeiten. Die Effizienz kann noch dadurch gesteigert werden, dass man den Wasserstoff aus Wasserdampf gewinnt und hierfür die Abwärme der Hochöfen nutzt. Doch auch bei Ausschöpfung all dieser Möglichkeiten: Dieser „grüne Stahl" wird uns angesichts des knappen Angebots an der nötigen Energie (etwa zur Wasserstofferzeugung) nur in erheblich geringeren Mengen zur Verfügung stehen. Die Umstellung des heutigen Niveaus der Stahlproduktion auf emissionsfreie Verfahren erfordert etwa 130 TWh mehr Strom! Allein das größte Stahlwerk Deutschlands (Thyssen Krupp bei Duisburg) bräuchte bei Umstellung auf grünen Stahl etwa 3500 zusätzliche Windturbinen – mehr als derzeit in ganz Nordrheinwestfalen installiert sind.

Die *Zementherstellung* – allein sie verschlingt bislang insgesamt 28 TWh Energie – ist nicht nur energieintensiv (Kalkstein muss auf 1400 Grad Celsius erhitzt werden), durch die Zerkleinerung des Kalksteins werden große Mengen von darin gebundenem CO_2 prozessbedingt freigesetzt. Auch wenn man also den nötigen Energiebedarf durch alternative Verfahren verringert, betrifft dies nur den geringeren Teil des Kohlendioxidausstoßes. Wenig bekannt ist auch, dass zum Bauen geeigneter Sand (Wüstensand ist dies nicht!) inzwischen ein sehr knapper Rohstoff ist. Unausweichlich ist eine *absolute Reduktion der Bautätigkeit*, das heißt ein vollständiger Verzicht auf Prestigebauten und auf alles, was der alten, fossilen Infrastruktur dient. Was den nötigen Wohnraum betrifft, ist die Sanierung von Bestandsbauten zu priorisieren und es sind Mechanismen der Umverteilung des vorhandenen Wohnraums politisch zu entwickeln. Laut Statistischem Bundesamt existieren in Deutschland etwa 2,3 Mio. Wohnungen mehr als Haushalte registriert sind. Umverteilungsspielraum scheint also vorhanden zu sein. Die Baugenehmigungsverfahren sind so zu reformieren, dass sie überzogene Größenordnungen, freistehende Einfamilienhäuser, etc. verhindern. Jenseits von Stahl und Beton müssen wir in Zukunft auf alternative Bauwei-

sen, vor allem auf Holzbau, setzen, der inzwischen, wie unter anderem das Beispiel Österreich zeigt, hoch entwickelt ist.
Auch für die wichtige Branche *Chemieindustrie* gilt, dass man sie im Prinzip vollständig treibhausgasneutral gestalten könnte, dass man sowohl die prozessbedingten (etwa durch CO_2-freie Herstellung von Wasserstoff und Ammoniak für die Kunstdüngerherstellung) als auch die durch die Wärmeerzeugung bedingten Emissionen (etwa für das sogenannte Steamcracking, mittels dessen die langen Kohlenwasserstoffverbindungen aufgespalten werden) vollständig vermeiden könnte. Eine im Auftrag des Verbands der chemischen Industrie erstellte Studie, die sogenannte „Roadmap der deutschen chemischen Industrie" (vgl. Roadmap Chemie 2050, 2019), hat bei entsprechender Umstellung der technischen Verfahren allerdings einen zusätzlichen Strombedarf von 685 TWh errechnet – das ist deutlich mehr als der derzeit insgesamt in Deutschland erzeugte Strom! Man kommt also auch in diesem Bereich um eine erhebliche Reduzierung der Gesamtproduktion nicht herum. Neben den bereits besprochenen Bereichen Bauindustrie (22 %) und Automobilindustrie (12 %) weist derzeit vor allem die Verpackungsindustrie einen *Kunststoffbedarf* in erheblichem Umfang auf (35 %). Gerade in diesen Bereich aber könnte man sehr einfach ordnungspolitisch eingreifen: Ein erheblicher Anteil der heutigen Kunststoffverpackungen (Lebensmittelkonserven aller Art, Reinigungsmittel, Getränkebehälter, Kosmetika …) könnte ohne Weiteres durch entsprechende Mehrwegsysteme ersetzt werden. Einwegflaschen aus Plastik könnte man kurzerhand ebenso verbieten wie Weißblech-Aluminiumdosen. Für einen verbleibenden Rest von schwer vermeidlichen Kunststoffverpackungen könnte man durch Vorschreiben von Farb- und Sortenreinheit eine hohe Recyclingquote sicherstellen. Damit hätte man neben der Emissionsvermeidung gleichzeitig die Müllproblematik zu einem erheblichen Teil behoben. Eine Rückkehr von der derzeitigen Agrarindustrie zu einer *bäuerlichen Landwirtschaft*, die auf Kunstdünger verzichten kann, macht die Ammoniak-Herstellung mittels des energieinten-

siven Haber-Bosch-Verfahrens überflüssig. Nur ein Herunterfahren der Produktion mithilfe solcher einschneidender Maßnahmen wird eine vollständig emissionsfreie chemische Industrie ermöglichen.
Anhand dieser drei großen Bereiche wird exemplarisch deutlich, in welcher Dimension wir einen Rückbau von Produktion und Konsum möglichst rasch bewerkstelligen müssen. Zu betonen ist dabei, dass dies bei entsprechendem politischen Willen mit den jetzt schon zur Verfügung stehenden ordnungspolitischen Instrumenten möglich ist. Klugerweise wird man, um eine Mehrheit von Menschen auf diesem schwierigen Weg mitzunehmen, mit all den Maßnahmen beginnen, die niemandes Lebensqualität tangieren, sondern schlicht kapitalistischem Leerlauf Einhalt gebieten. Die Verpackungsindustrie wurde bereits genannt. Die Lebensdauer eines Großteils von Haushaltsgeräten, elektronischen Geräten, usw. könnte durch wirksame Maßnahmen zur Eindämmung der „geplanten Obsoleszenz“, durch Vorschreiben von entsprechenden Gewährleistungsfristen erheblich verlängert werden, und durch Anforderungen an das Produktdesign bezüglich Reparier- und Recyclingfähigkeit im Sinne des Prinzips „cradle to cradle“ könnte man die Produktion in diesem Bereich deutlich verringern.
Es sollte allerdings nicht verschwiegen werden, dass ein konsequent vorangetriebener Rückbau auch eingeschliffene Konsummuster einer großen Bevölkerungsmehrheit infrage stellt. Das betrifft auch die Vielzahl digitaler Endgeräte, den heute so selbstverständlichen Besitz eines Smartphones, etc. Dass in Deutschland jährlich ca. eine halbe Million Tonnen Elektroschrott produziert wird, ist nicht zuletzt darauf zurückzuführen, dass Neuanschaffungen von Geräten über die Kurzlebigkeit der Software und die kurzen Zeiträume, in denen Sicherheitsupdates geliefert werden, erzwungen werden. Auch dies könnte der Gesetzgeber relativ leicht eindämmen. Mittelfristig wird der selbstverständliche Besitz meist mehrerer digitaler Endgeräte nicht mehr möglich sein. Stattdessen sind öffentliche Nutzungsmöglichkeiten des Internets zu schaffen. Die Digitalisierung ist in-

zwischen bereits für 10 % unseres Stromverbrauchs verantwortlich – mit steigender Tendenz. Besonders viel energieverschlingende Anwendungen, allen voran das Streaming, werden unterbunden werden müssen.

Die Knappheit der zur Verfügung stehenden Ressourcen hat eine Verwendungskonkurrenz zur Folge. Das heißt: Wir werden uns politisch darauf verständigen müssen, wofür wir diese Ressourcen einsetzen: für den Bau von Kreuzfahrtschiffen oder für genügend MRT-Geräte in unseren Krankenhäusern.

Politisch auszuhandeln wäre darüber hinaus, auf welche Produkte wir völlig verzichten wollen, weil sie keinerlei gesellschaftlichen oder individuellen Nutzen aufweisen, sondern im Gegenteil schädlich, krankmachend, gefährlich sind. An erster Stelle ist hier natürlich die *Rüstungsproduktion* zu nennen. Es ist an Absurdität kaum mehr zu überbieten, dass wir uns mit einem gigantischen Ressourcenaufwand auf künftige Kriege um knapper werdende Ressourcen vorbereiten (vgl. dazu Zumach ^{2}2005). Allein Rüstung und Militär sind nach Auskunft des UN-Generalsekretärs Antonio Guterres weltweit für mindestens 5 % der Treibhausgasemissionen verantwortlich. Angesichts der Tatsache, dass wir unser Budget an Treibhausgasen längst überschritten haben, ist dies nicht mehr hinzunehmen. Ein ausnahmsloses Verbot von Rüstungsexporten und eine Beendigung der Beschaffung durch die Bundeswehr sind nicht nur friedenspolitisch geboten, sondern angesichts der knappen Ressourcen unausweichlich. Angesichts der heutigen Potenziale an Destruktivkraft auch bereits unterhalb der Schwelle von Massenvernichtungswaffen ist auch ein – völkerrechtlich noch als legitim betrachteter – „Verteidigungskrieg" keine verantwortbare Option mehr. Die Antwort auf einen Aggressor kann heute sinnvollerweise nur in Strategien einer *sozialen Verteidigung* bestehen.

Darüber hinaus ist auch zu bedenken, dass der nötige Umbau der Infrastruktur (etwa in den Bereichen Energieversorgung inklusive Aufbau von Speicherkapazitäten oder Verkehr) mit einem erheblichen

materiellen Rebound verbunden ist, das heißt zunächst selbst in erheblichem Maß Energie und Ressourcen verschlingt. Dies muss an anderer Stelle umso konsequenter kompensiert werden.
Natürlich müssen wir diesen Rückbau solidarisch gestalten und dafür sorgen, dass die materielle Existenz der betroffenen Menschen gesichert ist. Kurzfristig wird in vielen Bereichen der Umbau einen Bedarf an Facharbeitskräften bewirken, etwa für den Ausbau des öffentlichen Verkehrs. Langfristig bedeutet der Ausstieg aus der Industriegesellschaft, wie wir sie kennen, in etlichen Bereichen einen Mehrbedarf an menschlicher Arbeitskraft, etwa in der Landwirtschaft, in Reparaturbetrieben und im traditionellen Handwerk. Darüber hinaus besteht heute schon ein deutlicher Mehrbedarf an Arbeitskräften im Pflege- und Erziehungssektor.
Um die Menschen bei diesem gewaltigen notwendigen Rückbau der Industriegesellschaft materiell abzusichern, hat Helge Peukert vorgeschlagen, mittels Zentralbankgeld (das heißt unabhängig von den Einnahmen der kapitalistischen Wachstumsmaschine) einen sozial-ökologischen Beschäftigungssektor aufzubauen. Ein von der Zentralbank als „Schenkgeld" ausgegebenes „bedingtes Grundeinkommen" (im Unterschied zu einem bedingungslosen Grundeinkommen soll dies durchaus an eine notwendige, zumutbare Arbeitsleistung gekoppelt sein, etwa zur Beseitigung von Umweltschäden, etc.) kann den Menschen die mit dieser Transformationen verbundenen Existenzängste nehmen und sie zu aktiven Akteuren dieses Wandels machen (vgl. Peukert 2021, 465–479).
Unter dem Strich aber ist das entscheidende Wohlstandsversprechen, das mit einem Rückbau der Produktion verbunden ist, ein neuer Zeitwohlstand. Die insgesamt weniger aufzuwendende Zeit im Produktionsbereich kann schlicht durch allgemeine Arbeitszeitverkürzung (Wochen- und Lebensarbeitszeit) gerecht verteilt werden. Dem Verlust an Konsummöglichkeiten, die zum Teil recht fragwürdig sind und gerade aufgrund der Vielzahl der Optionen unser Lebensglück gar nicht vermehren können, wird also ein deutliches Mehr an Zeit

gegenüberstehen, das wir für die Gestaltung unserer Beziehungen, für das aktive Mitwirken an unserem sozialen Umfeld und für die Entwicklung unserer Persönlichkeit zur Verfügung haben. Unsere Lebenszeit ist schließlich die knappste und wertvollste Ressource, die wir haben.

Ökotheologie der Befreiung

Der ökologische Rückbau ist kein rein technisches Problem. Er muss aktiv von einer Mehrzahl von Menschen mitgetragen werden, wenn wir unsere demokratischen Ansprüche nicht aufgeben wollen. Die tiefen Einschnitte in unsere eingeschliffenen Konsum- und Verhaltensweisen sowie die nötige Solidarität mit den Opfern der Klimakatastrophe werden uns einiges abverlangen. Wie können wir angesichts zu erwartender Katastrophen nie gekannten Ausmaßes verhindern, dass wir psychisch abstumpfen, dass wir nur noch um den Preis des Empathieverlusts selbst überleben? Der ökologische Rückbau ist unmittelbar mit der Frage nach den Sinnressourcen verbunden, die wir mobilisieren können. Religion und spirituelle Wege haben darauf kein Monopol, werden aber vermutlich einen unverzichtbaren Beitrag leisten müssen.

Leonardo Boff und Mark Hathaway machen in ihrem grundlegenden Werk *Die Weisheit des Kosmos* darauf aufmerksam: Dem globalen Kapitalismus entspricht heute als Bewusstseinsform eine – säkulare – *Kosmologie der Herrschaft*, ein Weltbild, das dem Interesse an der gnadenlosen Ausplünderung der Natur entgegenkommt und die Individuen durch Vermittlung von Gefühlen der Ohnmacht, der Resignation und durch die Verinnerlichung eines Suchtverhaltens hierfür gefügig macht. Die ökonomischen Verhältnisse haben ihre psychische Resonanz in den Phänomenen Verleugnung, Verzweiflung und Sucht. Der Verfestigung dieser systemkonformen Verhaltensweisen dient eine bestimmte Auffassung von der Wirklichkeit insgesamt und vom Platz des Individuums darin. Es ist eine Sichtweise vom Kosmos insgesamt, die keineswegs mehr vereinbar ist mit den Erkenntnissen der neueren Naturwissenschaften. Das Alltagsbewusstsein der Menschen geht üblicherweise aus von einem determinierten, mechanistischen Kosmos, dem keinerlei Sinn eingestiftet ist, von der Evolution des Lebens, die im neodarwinistischen Sinne lediglich von den Mechanismen der Zufallsmutation und des Konkurrenzkampfes um das Überleben der am besten Angepassten geprägt ist … Diese Weltsicht entspricht exakt dem Interesse an der rücksichtslosen Ausbeutung der Natur und der Alleinherrschaft eines ökonomischen Nutzenkalküls. Eine ganzheitliche Kosmologie hingegen, wie sie Hathaway und Boff ausgehend von den neueren Erkenntnissen der Naturwissenschaften skizzieren, stellt eine Bedrohung dar für die herrschende Gesellschaftsordnung. Solange Natur und Mensch nur als komplexe Maschinen betrachtet werden, sind wir auch nur auf technologische und materielle Bedürfnisse reduziert. Das Prometheus-Unternehmen der Industriegesellschaft erfordert eine Sichtweise der Evolution und der Biosphäre, die einer indifferenten Zufallswelt die umwälzende Kraft des Fortschritts entgegensetzen kann. Befreiendes Handeln im Sinne von Solidarität und Nachhaltigkeit bedarf aber, will es nicht selbst wieder illusionär werden, einer Grundlage in der Kosmogenese selbst. „Wenn der Kosmos keinen Sinn offenbarte, würde unser Leben letztlich auf einen Kampf ums Überleben oder vielleicht auf das Streben nach unmittelbarem Vergnügen reduziert. Würde es sich in einem weiten Kontext wirklich lohnen, nach einer echten Befreiung zu streben und einen Weg zu suchen, in Harmonie mit der größeren Lebensgemeinschaft der Erde zu leben?“ (Hathaway / Boff 2021, 391)

Der Kosmologie der Herrschaft stellen Hathaway und Boff eine Kosmologie der Befreiung gegenüber: Anstelle eines fragmentierten, Maschinen-artigen Universums, das sich aus toten, miteinander nicht verbundenen Dingen zusammensetzt, legen die neue Kosmologie und die Quantenphysik nahe, dass wir es grundlegend mit einer Wirklichkeit dynamischer Beziehungen zu tun haben, innerhalb derer Raum, Zeit, Energie, Materie und Geist Teil eines größeren Zusammenhanges sind. Vor allem aber *offenbart die Evolution des Kosmos als ganzen und der Erde im Besonderen einen allem zugrunde liegenden Sinn*, eine Richtung hin zu größerer Vielfalt, Gemeinschaft und Interiorität.

Befreiung wird hier also innerhalb einer kosmischen Perspektive als der Prozess aufgefasst, im Verlauf dessen das Universum selbst sein Potenzial im Sinne einer je höheren Ausdifferenzierung, Verinnerlichung (Interiorisation und Selbstorganisation) und Gemeinschaft entfaltet. Damit erhält das Engagement für gesellschaftliche Befreiung, das ein neues Verhältnis zur außermenschlichen Kreatur mit einschließt, erst seine tragfähige Grundlage und seinen Hoffnungshorizont jenseits aller berechtigten Verzweiflung.

Literatur

Drewermann, Eugen, Vom Krieg zum Frieden (Kapital & Christentum, 3), Ostfildern 2017.

Die Erd-Charta. Hg. von ÖIEW und BUND, Diemelstadt-Wethen [4]2003.

Fromm, Erich, Haben oder Sein. Die seelischen Grundlagen einer neuen Gesellschaft, München 1976.

Hathaway, Mark / Boff, Leonardo, Die Weisheit des Kosmos. Ein zukunftweisendes Weltbild. Mit einem Vorwort von Fritjof Capra, Münster 2021.

Hobbes, Thomas, Leviathan, Hamburg 1996.

Hobsbawm, Eric, Das Zeitalter der Extreme. Weltgeschichte des 20. Jahrhunderts, München 1998.

Kern, Bruno, Das Märchen vom grünen Wachstum. Plädoyer für eine solidarische und nachhaltige Gesellschaft, Zürich [2]2020.

Laotse, Tao te king. Text und Kommentar, München 1978.

Marx, Karl, Das Elend der Philosophie, in: MEW 4, 65–182.

Melo Neto, João Cabral de, Tod und Leben des Severino. Pernambukanisches Weihnachtsspiel, Wuppertal 1975.

Monod, Théodore, Et si l'aventure humaine devait échouer?, Paris 2002.

Ökoinstitut / Prognos, Zukunft Stromsysteme II. Regionalisierung der erneuerbaren Stromerzeugung. Studie im Auftrag des WWF, Februar 2019.

Peukert, Helge, Klimaneutralität jetzt!, Marburg 2021.

Ratzinger, Joseph, Einführung in das Christentum, München 1968.

Roadmap Chemie 2050. Auf dem Weg zu einer treibhausgasneutralen chemischen Industrie in Deutschland. Eine Studie von DECHEMA und FutureCamp für den VCI, September 2019.

Tolstoi, Leo, Volkserzählungen, Leipzig 1956.

Unsere Hoffnung. Ein Beschluß der Gemeinsamen Synode der Bistümer in der Bundesrepublik Deutschland (Heftenreihe: Synodenbeschlüsse, 18), Bonn 1975.

Verissimo, Enrico, Die Lilien auf dem Felde. Ein Arztroman, Wien o. J.,

Zumach, Andreas, Die kommenden Kriege. Ressourcen, Menschenrechte, Machtgewinn – Präventivkrieg als Dauerzustand?, Köln [2]2005.

Theologie: Forschung und Wissenschaft

Ida Raming
55 Years of Struggle for Women's Ordination in the Catholic Church
A Pioneer looks back: individuals – documents – events – movements
55 years of struggle for women's ordination in the Roman Catholic Church – this lifelong effort by the theologian Ida Raming – together with her pioneering compatriots, some of whom have passed away – are described in this documentation. She is deeply convinced that a fundamental renewal of the church can only be achieved together with women who are no longer subject to discrimination – and not without them. Beginning with the Vatican Council (1962–1965), this endeavor has stretched across several phases of church history all the way into the present. Numerous documents bearing witness to internal church developments, conflicts and international movements are related in a vivid, gripping manner from the perspective of the author. The international Women Priests Movement (RCWP/ARCWP), its inception and development, is also described in this context. This documentation offers an excellent aid in studying the epoch of church history dating from 1962.
Bd. 65, 2020, 138 S., 24,90 €, br., ISBN 978-3-643-91265-7

Leonardo Boff
Traum von einer neuen Erde – Bilanz eines theologischen Lebens
Deutsche Übersetzung: Bruno Kern
„Ich habe einen Traum ... 'Diese Worte aus der berühmten Rede, die Martin Luther King (1929–1968) kurz vor seinem Tod gehalten hat, kommen mir nun in den Sinn, da ich über achtzig Jahre alt und seit mehr als fünfzig Jahren Theologe bin. Ich blicke nun auf meine Zeit als Theologe zurück, die ich in diesem kleinen Buch darstellen will, doch meine Gedanken sind bei den jungen Leuten und mein Geist ist der Ewigkeit zugewandt."
So beginnt Leonardo Boff selbst diese kleine Bilanz seines Lebens und Wirkens als Theologe. Seine Beiträge zur Systematischen Theologie, zur Trinitätslehre, zur Christologie, zur Pneumatologie und zur Ekklesiologie, waren teilweise heftig umstritten, aber immer höchst fruchtbar und anregend. Boffs Verdienst ist es aber vor allem, die Befreiungstheologie konsequent zu einer Ökotheologie der Befreiung weiterentwickelt zu haben. Im Gespräch mit der neuen Kosmologie, der Quantenphysik, der Tiefenökologie, etc. entfaltet er hier ein neues Paradigma für die Theologie auf der Höhe der Zeit. Diese kleine Summe von Boffs theologischem Denken ist zugleich eine zutiefst spirituelle Lektüre.
Bd. 64, 2019, 212 S., 19,90 €, br., ISBN 978-3-643-91113-1

John Corrigan; Frank Hinkelmann (eds.)
Return to Sender
American Evangelical Missions to Europe in the 20th Century
Bd. 63, 2019, 152 S., 29,90 €, br., ISBN 978-3-643-91083-7

Ida Raming
55 Jahre Kampf für Frauenordination in der katholischen Kirche
Eine Pionierin hält Rückschau: Personen – Dokumente – Ereignisse – Bewegungen
Bd. 62, 2018, 138 S., 19,90 €, br., ISBN 978-3-643-14031-9

Josef Nolte
Savonarola – Michelangelo – Luther
Ergänzungen zur Reformationsgeschichte und weiterreichende Fragen
Bd. 61, 2018, 240 S., 34,90 €, br., ISBN 978-3-643-13857-6

Cloe Taddei-Ferretti
Even the Dogs
The Ordination of Women in the Catholic Church
Bd. 60, 2017, 276 S., 34,90 €, br., ISBN 978-3-643-90927-5

Michael Hoelzl
Theorie vom guten Hirten
Eine kurze Geschichte pastoralen Herrschaftswissens
Bd. 59, 2017, 324 S., 39,90 €, br., ISBN 978-3-643-90863-6

Religion – Geschichte – Gesellschaft
Fundamentaltheologische Studien
begründet von Prof. Dr. Dr. Johann Baptist Metz (†), Prof. Dr. Jürgen Werbick,
Prof. Dr. Johann Reikerstorfer
hrsg. von Prof. Dr. Ulrich Engel OP (Institut M.-Dominique Chenu, Berlin), Prof. Dr. Judith Gruber
(KU Leuven), Dr. Michael Hoelzl (University of Manchester)

Leonardo Boff
Gottes Leidenschaft mit den Armen – Der Gott der kleinen Leute
Zwischenbilanz 50 Jahre Theologie der Befreiung. Deutsche Übersetzung Bruno Kern.
Mit einem Vorwort von Jürgen Moltmann
Es ist ein einmaliger Vorgang innerhalb der mehr als zweitausendjährigen Geschichte der christlichen Kirchen: Zum ersten Mal entsteht ein grundlegender theologischer Neuansatz, ein neues Paradigma für das theologische Denken insgesamt, an der Peripherie der Weltgesellschaft und der Kirche. Die eigentlichen Subjekte dieser Theologie sind die Armen, ihre Gemeinden und Selbstorganisationen. Nach 50 Jahren beschreibt einer der Väter dieser neuen Theologie, Leonardo Boff, diesen radikalen Standortwechsel und zeigt anhand zweier zentraler Herausforderungen auf, wie sich die Befreiungstheologie selbst weiterentwickelt hat.
Bd. 55, 2021, 136 S., 19,90 €, br., ISBN-CH 978-3-643-91307-4

LIT Verlag Berlin – Münster – Wien – Zürich – London
Auslieferung Deutschland / Österreich / Schweiz: siehe Impressumsseite

Kontexte in BIOETHIK

James F. Drane
Medicine, Ethics and Religion
A Christian Bioethics and A Philosophy of Life. Preface: Fernando Lolas Stepke
Medicine, Ethics, Religion addresses three topics that inevitably will be confronted at some level in every human life. Academic understanding of all three fields provides background for entering the field of medicine.
Understanding of Bioethics is part of every contemporary student's higher education. The discipline is presented as an important background understanding of contemporary culture for students. This textbook is required reading for an entry-level course in bioethics or for an introductory philosophy course with a focus on medicine. It may also help readers to understand their own lives, adding e religious dimension to the practice of medicine.
The doctor-patient relationship, an analysis of contemporary culture, the impact of technology on human life and the interfaces between medical practice, bioethics, and religion are core themes of this volume.
Acta Bioethica Supplementa – Estudios transdisciplinarios, vol. 1, 2018, 174 pp., 34,90 €, br.,
ISBN-CH 978-3-643-91015-8

Fritz Jahr
Aufsätze zur Bioethik 1924 – 1948
Werkausgabe. Herausgegeben von Arnd T. May und Hans-Martin Sass
FRITZ JAHR (1895 – 1953), evangelischer Pastor in Halle an der Saale, prägt zuerst 1926 und dann prominenter 1927 den Begriff BIO-ETHIK in einem Leitartikel in der Zeitschrift „Kosmos" und formuliert als BIOETHISCHEN IMPERATIV: „Achte jedes Lebewesen grundsätzlich als einen Selbstzweck und behandle es nach Möglichkeit als solchen!" Er entwickelt damit in kritischer Auseinandersetzung mit dem Kategorischen Imperativ von Kant das Konzept einer situativen und abwägenden Ethik und den Rahmen für eine künftige integrative und globale Bioethik. Die Sammlung der zwischen 1924 und 1948 in verstreuten wissenschaftlichen, theologischen und ethischen Zeitschriften erschienenen Aufsätze von Fritz Jahr beleuchtet nicht nur die historische Entwicklung der Bioethik, sondern will auch zur Weiterentwicklung einer integrativen und globalen Bioethik beitragen.
Ethik in der Praxis/Practical Ethics – Materialien/Documentation, Bd. 14, 2. Aufl. 2013, 160 S., 24,90 €, gb.,
ISBN 978-3-643-12137-0

Fritz Jahr
Essays in Bioethics 1924 – 1948
Edited and translated by Irene M. Miller and Hans-Martin Sass
Ethik in der Praxis/Practical Ethics – Materialien/Documentation, vol. 15, 2013, 136 pp., 29,90 €, gb.,
ISBN-CH 978-3-643-90337-2

Iva Rinčić; Amir Muzur
Fritz Jahr and the Emergence of European Bioethics
Ethik in der Praxis/Practical Ethics – Studien/Studies, vol. 43, 2019, 154 pp., 34,90 €, br.,
ISBN-CH 978-3-643-91134-6

Hans-Martin Sass
Cultures in Bioethics
Ethik in der Praxis/Practical Ethics – Studien/Studies, vol. 40, 2016, 260 pp., 39,90 €, br.,
ISBN-CH 978-3-643-90755-4

Michael Cheg-tek Tai
Harmonizing Bioethics
Global Way in Integrating People and Values
Ethik in der Praxis/Practical Ethics – Studien/Studies, vol. 49, 2020, 264 pp., 39,90 €, br.,
ISBN-CH 978-3-643-91360-9

Lehr- und Studienbücher zur Philosophie

Wulf Kellerwessel
Religionskritik in der Perspektive theoretischer Philosophie
Einführung – Überblick – Diskussionen
Diese Einführung behandelt die Geschichte und die Hauptthemen der theoretischen philosophischen Religionskritik vom Mittelalter bis in die Gegenwart. In hohem Maße einbezogen ist die philosophische Religionskritik durch die Analytische Philosophie. Dabei wird mit Mitteln der Analytischen Philosophie auch die zeitgenössische Analytische Religionsphilosophie kritisch untersucht. Schwerpunkte bilden die kontroversen Diskussionen um die „Gottesbeweise", die angenommenen Eigenschaften Gottes wie Allmacht oder Allwissenheit, das Theodizeeproblem, die aufklärerische Religionskritik, die Kritik an der Religion im Wiener Kreis, im Kritischen Rationalismus und in der modernen sprachanalytischen Philosophie.
Bd. 2, 2017, 196 S., 24,90 €, br., ISBN 978-3-643-12797-6

Wolfgang Lenzen
Sex, Leben, Tod und Gewalt
Eine Einführung in die angewandte Ethik / Bioethik
Auf der Basis einer unkontroversen „Minimalethik", dem Nichtschädigungsprinzip „Neminem laede", setzt sich das Buch mit einem weiten Spektrum brisanter moralischer Fragen auseinander. Diskutiert werden zentrale Probleme des Alltags, speziell solche der Sexualmoral (u.a. Homosexualität, „Unzucht", Ehebruch, Pornographie, Prostitution), der Bioethik (u.a. Abtreibung, Sterbehilfe, Organhandel, Klonen, Prä-Implantations–diagnostik, Embryonenforschung), der Tierethik sowie der ethischen Zulässigkeit staatlicher Gewalt im Kontext „humanitärer Interventionen" und der Anwendung von „Folter" zum Beispiel zur Abwehr terroristischer Bedrohungen.
Bd. 1, 2013, 344 S., 19,90 €, br., ISBN 978-3-643-11151-7

LIT Verlag Berlin – Münster – Wien – Zürich – London
Auslieferung Deutschland / Österreich / Schweiz: siehe Impressumsseite